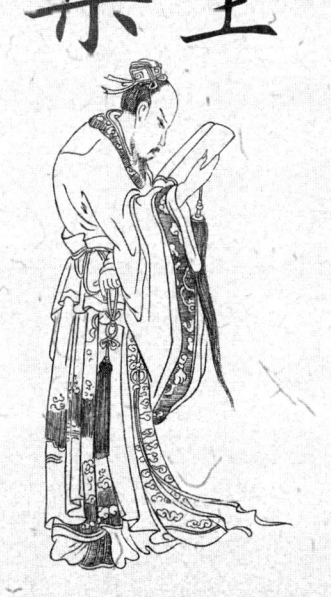

增補校正邵康節先生梅花周易數全集

［宋］邵雍◎撰

［明］喻有功◎輯　鄭同◎校

華齡出版社

责任编辑：薛　治
责任印制：李未圻

图书在版编目（CIP）数据

增补校正邵康节先生梅花周易数全集/（宋）邵雍撰；（明）喻有功辑. —北京：华龄出版社，2017.6
ISBN 978-7-5169-1012-2

Ⅰ.①增…　Ⅱ.①邵…②喻…　Ⅲ.①《周易梅花数》—研究　Ⅳ.①B992.2

中国版本图书馆CIP数据核字（2017）第153615号

书　　名：	增补校正邵康节先生梅花周易数全集
作　　者：	（宋）邵雍　撰　（明）喻有功　辑
出版发行：	华龄出版社
印　　刷：	三河市九洲财鑫印刷有限公司
版　　次：	2017年9月第1版　2017年9月第1次印刷
开　　本：	720×1020　1/16　　印　张：19
字　　数：	300千字
定　　价：	58.00元

地　　址：	北京市西城区鼓楼西大街41号	邮　编：100009
电　　话：	（010）84044445	传　真：84039173
网　　址：	http://www.hualingpress.com	

梅花周易数序

是数相传为宋邵康节先生作。余按：康节之学，具在《皇极经世》一书，而经世实用则周天之数。一十二万九千六百，分部而倍之，以极乎二万八千二百一十一兆九百九十万七千四百五十六亿，以尽乎万物之数。大而天地，小而动植飞走，莫不有数存焉。初无二云轨与策者，且轨策之数，非康节作也。载观祝泌《经世钤》，其传康节之学，乃云以字翻切，视何声音，配为天地卦，以卦中动静起元会运世，得数若干，以属何甲乙数，因之以定万物之生灭。纤微曲折，推测惟艰。一差百谬，千里毫厘。是故非一时所能辨也。然世称康节应答如响，亦及神速如是，意者必极易简之术，一览了然。若轨策者，其遗法欤？不然及经世以千百十零配元会运世，而轨策与之同法，若出一人之手。以万一千六百当万物之数，则出于《易·系辞》。是此数为康节撰，否则宋儒精于《易》者仿《皇极经世》而为之耳。史称康节妙悟神契，多所自得，遇事能尽知，盖其灵台虚明，随物所用，皆可推测。或用数式，或不用数式。轨式、策式、皇极、翻切之法，譬如轮扁斲轮，得心应手。及其明也，若悬镜于前，空然无物，一切色相，不能遁形。则吉凶得失，岂妄诞语哉。大约占断之法有三，有见物成卦，用事断事，无假于数，若占牡丹与西林寺之类。有用老阳老阴之数四，以之而为策，若答应选与家宅之类。有用少阳少阴四阴之数，以之而为轨，若占出行与鼓腹之类。其为法虽殊，而发明易理则一也。喻君混初，数学渊源于康节，遨游海内，独窥易理，采摘百家，汇而成帙，曰《周易悬镜》，欲付剞劂氏以广其传，问序于余。余惟康节《皇极经世书》，读者如入暗室，茫然无睹，得是说而照之，可辨毛发。然则此镜之悬也，不独可照今人之吉凶悔吝，亦可照古人之微词奥义，是则可传也。吾以是知喻君盖进乎数矣。谨序。

梅花周易数序

圣教远而易家微，《连山》、《归藏》，世不可考矣。惟《周易》盛传于世，而秦汉以来，学者鲜窥其微。虽以康成、辅嗣之辈，斐然各成一家，而易义弥远，矧其他乎。有宋邵尧夫先生，独深于《易》，观其自著《无名公传》，曰："年五十求学于天地，遂尽天地之情。"夫天地太极也，太极易也。尽其情斯了其义，此固自得之学，而李穆、希夷之授受，究竟殆非一日矣。予尝思之，宇宙广矣，品汇庶矣，试就目前捻取一物而推之，事理征应，酬答如响，此无他，万类一神，理也。神理一而形气非二，仁人一体之视，于此认察最为亲切。邵子弄丸余暇，玩物观理，触处洞然，意在斯乎。他日以加一倍法，深与程伯子之悟。而至语程叔子，谓知易数之知天，不如知易理之知天。邵子易学之精益验矣。二程子未及竟学，而章惇欲学之，谓须十年不仕乃可，益知惇不足学也。是以邵子之书虽播海内，而彻始贯终，真传殊寥。盖邵子以心会易，以身用易者也。朱子《本义》、《启蒙》，称《易》为卜筮书，上通鬼神，下通事物，精入无容，粗该有象，天下道理，毕载其中，窃谓邵子知易之深者，莫朱子若也。我国朝以经义取士之明易学者，竟以文进，遂谓卜筮技艺而耻谈之，绘藻虽工，如易义及余爻？高安喻混初氏，嗜性命之奥，究象数之微，教授湖湘，游访闽粤，北抵燕冀，东寄吴越，足迹几遍天下。蒐罗易奥，逾四十年。剖志异人，讲授良多。而晚得新都胡走方先生契论，始会心学，集以大成，演《周易悬镜》七卷。首明太极河图洛书之秘，次陈意言象数之微，又次阐先后天策轨之妙，又次载历代帝王经世甲子之序，而末纂《左》、《国》繇象占验并《郭氏洞林》附之。语最详悉，学者得此，《周易》如鉴照然。谓之"悬镜"，信不诬也。余谓曷梓之？混初子曰："此学明自邵子，失传余四百年，今幸散而复聚，忍殁箧中，令邵子称绝学乎？

顾传者传矣，而其不可传者性命之旨，孔子所阐言者也。《传》不云乎：人生而静，天之性也。心之静虚，与天合德。斯随所感遇，灵机自生，如镜之莹，形色洞别，故惟诚敬静虚功、深而力到者得之。不然宝象数而土苴性命，吾未见镜尘而能索之照也。"嗟乎！混初子不爱多方指授，取半生征验，揭以示人，其精神传是编矣。至语不传之秘在，使人人复自有之灵明。斯邵子有源，山中之功令也。故为之序。

钦差提督军务巡抚浙江等处地方
都察院右佥都御史虔南甘士价题

目　　录

梅花周易数序 …………………………………… 1

梅花周易数序 …………………………………… 2

梅花周易数卷一 …………………………………… 1

伏羲太极图 …………………………………… 1

则图周易之原 …………………………………… 1

伏羲始画八卦图 …………………………………… 2

经世天地四象图 …………………………………… 3

经世衍易图说 …………………………………… 3

经世天地四象图说 …………………………………… 4

六十四卦横图 …………………………………… 5

经世六十四卦数图 …………………………………… 6

伏羲规横图而圆之图 …………………………………… 7

天地交生六子图 …………………………………… 7

先天八卦方位图 …………………………………… 8

后天八卦方位图 …………………………………… 8

河图洛书 …………………………………… 9

河洛合一图 …………………………………… 9

伏羲六十四卦圆图 …………………………………… 10

伏羲六十四卦方图 …………………………………… 11

伏羲六十四卦方圆图 …………………………………… 13

闰月定明成岁图 …………………………………… 14

明魄朔望图 …………………………………… 15

图从中出	15
先后天八卦论	16
日月交会行次积闰之数	18
原卦论时	18
四时论卦	19
观变识物	20

梅花周易数卷二 …… 21

万物归一	21
观物存诚	21
观物心易	22
心易妙用	23
观物玄机	23
明炳几先	24
后天轨策歌	24
端法	25
端例卦	26
理	26
气	27
数	27
易	28
先天后天	28
尊阳卑阴	29
卦分爻位阴阳	29
卦爻分君臣	30
爻有应不应	30
爻分三才	31
爻分中正	31
画爻虚四者之别	31
卦爻变动有三	32

河图洛书	32
三圣取象例	35
象爻取象例	36
卦有逐爻取象	36
爻有以六位取象	37
卦分德象体材义	37
卦爻言数例	37
《易》为卜筮书	38
《本义》、《启蒙》主卜筮	38
辞说	39
变说	40

梅花周易数卷三 41

乾	41
坤	41
屯	42
蒙	42
需	43
讼	43
师	44
比	44
小畜	45
履	45
泰	46
否	46
同人	47
大有	47
谦	48
豫	48
随	49

蛊	49
临	50
观	50
噬嗑	50
贲	51
剥	51
复	52
无妄	52
大畜	53
颐	53
大过	54
坎	54
离	55
咸	55
恒	56
遁	56
大壮	57
晋	57
明夷	58
家人	58
睽	59
蹇	59
解	60
损	60
益	61
夬	61
姤	62
萃	62
井	63
困	63

井	64
革	64
鼎	65
震	65
艮	66
渐	66
归妹	67
丰	67
旅	68
巽	68
兑	69
涣	69
节	70
中孚	70
小过	71
既济	71
未济	72

梅花周易数卷四 73

卦原	73
变卦图	74
揲蓍考变占法	75
看数捷要	75
贞悔	75
理断	75
先后天辨	76
极深研几	77
三天说	77
观物策轨	77
体用总论	78

体立用行	79
卦辞协卜	79
卦气动静	79
元会运世论	80
定元会运世例	81
四象定局	82
后天物来方向之图	83
后天论	84
三要秘源	84
潜虚通要	85
玄黄克应歌	87
人品物数歌	89
求轨数法	91
上爻动式	91
下爻动式	92

梅花周易数卷五 … 93

起卦定例	93
起原策定例	94
起演策定例	94
后天原策数	94
阳九阴六用数度图	95
山火贲卦轨策例四爻动	95
后天参五错综之例	96
代筮法	96
卜易变通论	96
八卦用变吉凶诀	97
八卦性情所属	99
卦数相成之妙	99
迟逆断例	100

定事应迟速例	100
八卦内伏干支刑合等例	101
三刑六冲三合六合	101
十二月将神合	102
天禄	102
地禄	102
天赦日	102

梅花周易数卷六 ······ 103

象类说	103
天文类	103
卦	103
爻	103
翼	104
地理类	104
卦	104
爻	104
翼	105
岁月日时类	105
卦	105
爻	106
翼	106
人道类	106
卦	106
爻	107
翼	108
身体类	109
卦	109
爻	109
翼	111

古人类	111
爻	111
翼	112
邑国类	112
卦	112
爻	112
翼	112
宫室类	113
卦	113
爻	113
翼	113
宗庙类	114
卦	114
翼	114
神鬼类	114
爻	114
翼	114
祭祀类	115
卦	115
爻	115
翼	115
田园类	116
爻	116
谷果类	116
爻	116
翼	116
酒食类	116
卦	116
爻	117
翼	117

卜筮类	117
卦	117
爻	117
翼	118
祐命类	118
爻	118
翼	118
告命类	119
爻	119
翼	119
爵禄类	119
卦	119
爻	119
翼	120
车舆类	120
爻	120
翼	120
簪服类	121
爻	121
翼	121
旌旗类	121
爻	121
讼狱类	122
卦	122
爻	122
翼	122
兵师类	123
卦	123
爻	123
翼	123

田猎类	123
爻	123
金宝类	124
爻	124
翼	124
币帛类	124
爻	124
器用类	125
卦	125
爻	125
翼	125
数目类	126
卦	126
爻	126
翼	126
五色类	127
爻	127
翼	127
禽兽类	127
卦	127
爻	127
翼	128
鳞介类	128
卦	128
爻	128
翼	129
草木类	129
爻	129
翼	129
杂类	129

卦	129
爻	130

梅花周易数卷七 ... 131

占类说	131
卦占类	131
爻占类	132
卦爻道德例	135
卦	135
爻	135
翼	135
卜筮类	136
君道	136
卦	136
爻	137
臣道	138
爻	138
讼狱	138
卦	138
爻	138
兵师	139
卦	139
爻	139
家宅	140
卦	140
爻	140
婚姻	141
卦	141
爻	142
师友	142

卦	142
爻	142
见贵	143
卦	143
爻	143
仕进	144
卦	144
爻	144
君子	144
卦	144
爻	145
出行	145
卦	145
爻	146
舟车	148
卦	148
爻	149
旅	149
卦	149
爻	150
酒食	150
卦	150
爻	150
祭祀	151
卦	151
爻	151
祷雨	152
卦	152
爻	152
寇	152

爻	152
畜	153
卦	153
爻	153
卜筮为象占一说	154
八卦形象镜	155
乾	155
坤	156
震	158
巽	159
坎	160
离	161
艮	162
兑	163
吉星起例	164
凶星起例	165
旬中空亡	165
鲁都游都歌	165

梅花周易数卷八　167

策数占验	167
老人断例	169
少年占例	169
坠枝断例	169
推牛断例	170
推鸡断例	170
出征占例	170
无过搥腹呻吟断	170
占讼	171
气不舒状断	171

蒙头断	171
逃人断	171
失钗断	172
三十六宫春图	172
互卦图	173
八卦反对六爻互变	174
杂卦传	174
文王十二月卦炁图	176
时方吉凶	177
十应灵枢篇	181
易数十诀	182
断例条目	183
天时	183
风雨赋	183
年运	184
收成	184
国祚	184
军旅	184
堪舆	185
卜筑	186
身命	186
开剙	187
伉俪	188
麟孕	188
应制	189
文书音信及命下日期	189
除授	189
谒贵	190
问财	191
贸易	191

商贾 …… 191
　行旅 …… 192
　来归 …… 192
　期约 …… 193
　盗贼　失物 …… 193
　词讼 …… 194
　问疾 …… 194
　人物占 …… 195
　器物占 …… 195
　虚实占 …… 196
　忧疑占 …… 196
　闲居占 …… 196
　舟次占 …… 196
　饮食占 …… 197
　总断 …… 197
　资治论 …… 198

梅花周易数卷九 …… 199
　历代帝王经世甲子岁 …… 199
　一元 …… 203
　二元 …… 205
　三元 …… 208
　四元 …… 210
　五元 …… 213
　六元 …… 215
　七元 …… 218
　八元 …… 220
　九元 …… 223
　十元 …… 225
　十一元 …… 227

十二元 ·············· 230

十三元 ·············· 232

十四元 ·············· 235

十五元 ·············· 237

无情物数 ·············· 240

梅花周易数卷十 ·············· 241

左传筮法 ·············· 241

陈宣公筮公子完之生 ·············· 241

毕万筮仕于晋 ·············· 242

鲁桓公筮成季之将生 ·············· 243

秦伯伐晋卜徒父筮之吉 ·············· 243

晋献公筮嫁伯姬于秦 ·············· 244

晋文公筮勤王 ·············· 245

王子伯廖引易论公子 ·············· 245

晋知庄子引易论先縠之败 ·············· 246

晋厉公筮击楚子 ·············· 247

鲁穆姜筮往东宫 ·············· 247

郑太叔引易论楚子 ·············· 248

崔武子筮娶齐棠公妻 ·············· 249

秦医和引易对晋赵孟 ·············· 249

鲁庄公筮叔孙穆子之生 ·············· 250

卫孔成子筮立君 ·············· 251

鲁南蒯筮以费叛 ·············· 251

晋蔡墨引《易》对魏献子 ·············· 252

史墨举易对赵简子 ·············· 253

鲁阳虎筮救郑 ·············· 254

集国语 ·············· 254

晋筮立成公 ·············· 254

晋公子重耳筮得国 ·············· 255

晋大夫筮公子重耳归国	256
家语	257
孔子筮得贲	257
坤凿度	257
孔子筮得旅卦	257
附抄	258
丰丘濬步当改元	258
贲宋叶助占得子	258
晋叶少蕴筮生子	258
泰	259
归妹之睽	259
蹇	259
离之明夷	260
解之既济	260
乾之同人	261
乾之大有	262
睽	262
夬	262
小过	263
大过	263
郭氏洞林纂辑	264

梅花周易数卷一

伏羲太极图

则图周易之原

　　易有太极，是生两仪。两仪生四象，四象生八卦。此图乃伏羲之所作也。外一圈者，太极也。中分黑白，阴阳也，黑中含一点白，阴中之阳也。白中含一点黑，阳中之阴也。阴阳交互，动静相倚，周旋活泼，妙趣自然。其圈外左方自复一阳，驯至乾之三阳，起震而历离兑，以至于乾是已。右方自巽一阴，驯至坤之三阴，自巽而历坎艮，以至于坤是已。其间四正四隅，阴阳纯杂，随方有位。盖太极含阴阳、阴阳含八卦之妙，不假安排也。夫观此图，则阴阳浑沦，不外乎太极，而亦不离乎阴阳者，先天之易也。周子太极图，则阴阳显著，是皆太极之所为，而非太极之所倚，著定后天之易也。然而先天所以包括后天之理，后天所以发明先天之妙，明乎天之浑沦，则先天而天弗违，太极之体立矣；明乎道之显著，则后天而奉天时，太极之用行矣。若徒玩诸画象，谈诸空玄，羲、周作图之意荒矣。故周子诗云："画堂兀坐万几休，日暖风和草色幽。谁道二十年前事，如今只在眼睛头。"是太极之旨非容有分外，一举目之间，斯可以默契其妙矣。

伏羲始画八卦图

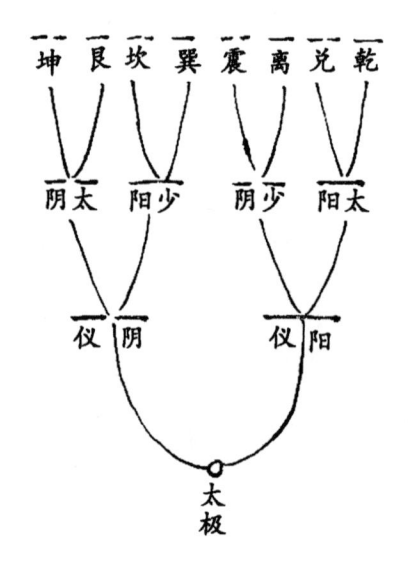

此明伏羲始画八卦也。八卦为小成之卦。三画而成。乾一，兑二，离三，震四，巽五，坎六，艮七，坤八，伏羲不是逐卦如此画，只是自太极理也。生两仪为第一画者二，阳仪 ——，阴仪 — —。两仪生四象为第二画者四，四象者，阳仪之上生一阳为太阳，一 ═；生一阴为少阴，二 ╪；阴仪之上生一阳为少阳，三 ╪；生一阴为太阴，四 ══。太阳，少阴，少阳，太阴，即所谓四象也。四象生八卦为第三画者八，太阳之上生一阳为乾☰，生一阴为兑☱；少阴之上生一阳为离☲，生一阴为震☳；少阳之上生一阳为巽☴，生一阴为坎☵；太阴之上生一阳为艮☶，生一阴为坤☷。所谓始画八卦者，此也。朱子曰："爻之所以有三奇偶，卦之所以三画而成者，皆是自然流出，不假安排。"此易学之纲领，开卷第一义，然古今未见有识者，至康节先生始传先天之学而得其说，且以为伏羲氏之易也。

经世天地四象图

乾南，坤北，离东，坎西，以四正卦乾坤离坎反覆,只是一卦。八卦中以此四卦为四正卦。居四方之正位。震东北，巽西南，艮西北，兑东南，以二反卦震反为艮,巽反为兑,本只震巽二卦,反而成四卦。八卦中以此四卦为震巽之变卦。居四隅不正之位。合而言之，天位乎上，地位乎下，日生于东，月生于西，山镇西北，泽注东南，风起西南，雷动东北，自然与天地大造化合。先天八卦，对待以立体，如此，其位则乾一坤八，兑二艮七，离三坎六，震四巽五，各各相对而合成九数。其画则乾三坤六，兑四艮五，离四坎五，巽四震五，亦各相对合成九数。九老阳之数，乾之象，而无所不包也。造化隐然，尊乾之意可见。其八卦之在横图也，则首乾，次兑，次离，次震，次巽，次坎，次艮，终坤，是为生出之序。及八卦之在圆图也，则首震一阳，次离兑二阳，次乾三阳；接巽一阴，次坎艮二阴，终坤三阴，是为运行之序。生者卦画之成，而行者卦气之运也。乾坤父母也，震巽长男女也，坎离中男女也，艮兑少男女也。乾统三女，坤统三男，本其所由生也。

经世衍易图说

太极为一，一生二，为动静；二生四，为阴阳刚柔；四生八，为太阳，太阴，少阳，少阴，太刚，太柔，少刚，少柔。动之大者为太阳，动之小者为少阳；静之大者为太阴，静之小者为少阴。太阳为日，太阴为月；少阳为星，少阴为辰。日月星辰交，而天之体尽矣。静之大者谓之太柔，静之小者谓之少柔；动之大者谓之太刚，动之小者谓之少刚。太柔为水，太刚为火；少柔为土，少刚为石。水火土石交，而地之体尽矣。太者得气之多，少者得气之少也。日月星辰丽乎天，而乾兑坤艮生矣。水火土石丽乎地，而离震坎巽生矣。日午中而气热，故为暑。月子中而气冷，故为寒。十干之星为阳而主昼，十二支之辰为阴而主夜，皆天之气也。水降而为雨，地气上腾也。火炽而生风，地气旁达也。地气夜升而为露，星殒有声而主雷，皆地之炁也。日月星辰自相交，而天之变尽于八卦，是天地之气凝结而生物。有物则有质，有质则有数。数者，尽天下之物则也。物之则，事之理，无不在焉。不明乎数，不明乎善也。不诚乎数，不诚乎身也。

经世天地四象图说

易与太极，其旨若相似，而致用实不同。易与太极八卦，名同而位殊，爻同而旨异。位殊者，观先天后天之图可识矣。旨异者，则易之乾为天为金，而极则为日为暑；易之坤为地为土，而极则为水为雨；易之震为雷为木，而极则为辰为夜；易之巽为风为木，而极则为石为雷。坎为水为月者，易也，极则为土为露矣。离为火为日者，易也，极则为星为昼矣。艮为山而极为风为火，兑为泽而极则为月为寒矣。易以占为仁，极以算为智。占者听圆变之蓍以求为见之象，算者布一定之卦以御无穷之数。占则取象于天，神之研几也；算则断在于人，智之极深也。神以知来，未尝不藏往；智以藏往，未始不知来。左为天，右为地，乾兑离震为日月星辰，坤艮坎巽为水火土石，体数有四，而布算之法皆原于此。

六十四卦横图

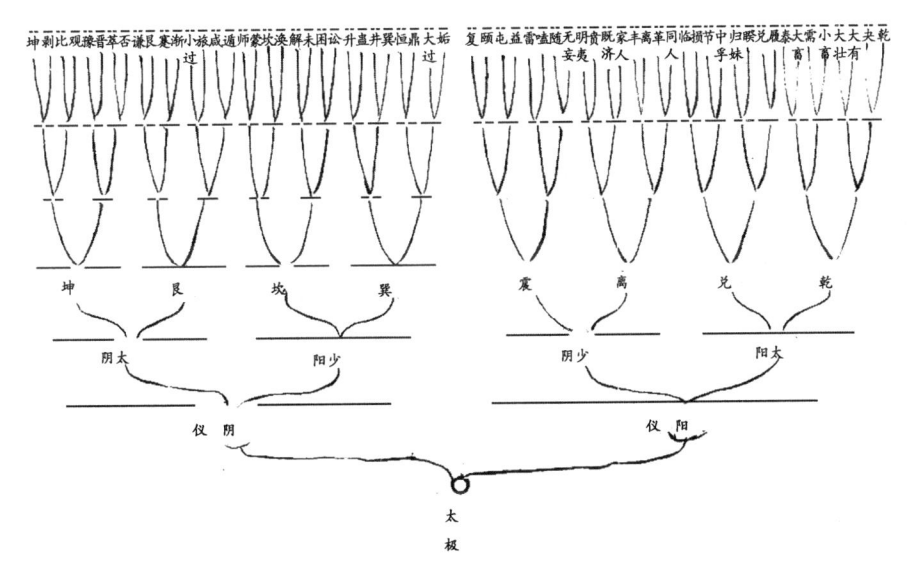

《传》曰："八卦成列，象在其中。因而重之，爻在其中矣。"伏羲重卦，亦不是连将三画安顿在上，只是因八卦既成，又自八卦上逐卦各生一阳一阴，则八分为十六卦；十六卦上又各生一阳一阴，则十六分为三十二卦；三十二卦上又各生一阳一阴，则三十二分为六十四卦，而六画卦成矣。以六十四卦横图观之，其乾亦首乾终坤，重乾居一，重兑居二，重离居三，重震居四，重巽居五，重坎居六，重艮居七，重坤居八。乾一坤八之序亦不易。且前三十二卦一画阳，便对后三十二卦一画阴；前三十二卦一画阴，便对后三十二卦一画阳。阴阳两边，各各相对，莫非自然之序。此伏羲先天之易，邵子谓一分为二，二分为四，四分为八，八分为十六，十六分为三十二，三十二分为六十四是也。朱子曰："某看康节易了，都看别人底不得。他说个太极生两仪，两仪生四象，又都无甚玄妙，只是从来更无人识。"

经世六十四卦数图 即先天图

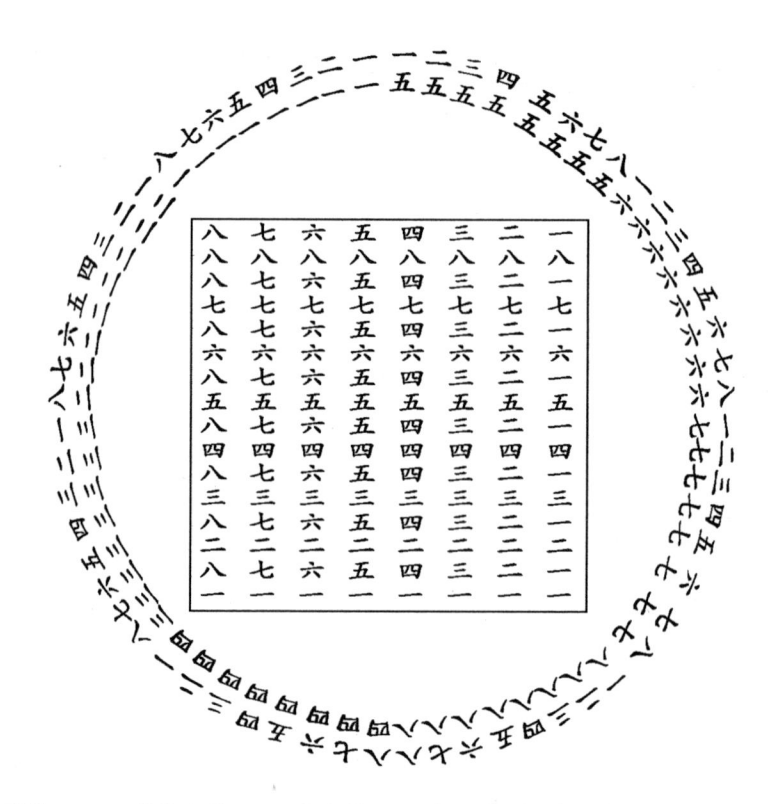

邵伯温曰："乾之数一，兑之数二，离之数三，震之数四，巽之数五，坎之数六，艮之数七，坤之数八，交相重而为六十四焉。乾兑离震，在天为阳，在地为刚，在天则居东南，在地则居西北。巽坎艮坤，在天为阴，在地为柔，在天则居西北，在地则居东南。阴阳相错，天文也。刚柔相交，地理也。"

西山蔡氏曰："八卦之数，乾一，兑二，离三，震四，巽五，坎六，艮七，坤八，先天之序也。一一为乾，以至八八为坤，参伍错综，无不备也。圆者为天，方者为地。一二三四为阳，五六七八为阴，即先天图也。一一起于南，八八终于北者，以少为息、多为消也。"

伏羲规横图而圆之图

圆图

巽起进而得未生之卦⋯⋯
震离兑乾
四三二一
以⋯⋯列之左方

坤艮坎巽
八七六五
以⋯⋯列之右方
中图起从⋯⋯

天地交生六子图

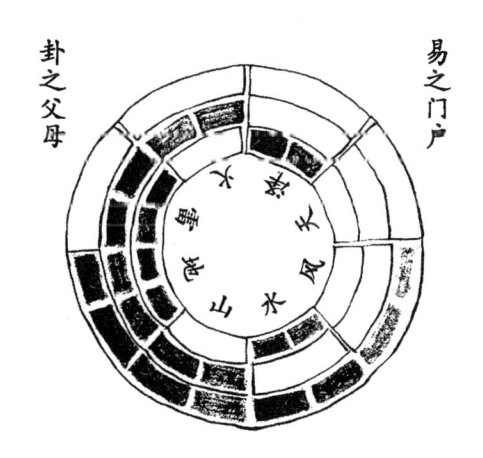

卦之父母　　易之门户

天风火泽地水山

先天八卦方位图

后天八卦方位图

河图洛书

河图　　　　　　洛书

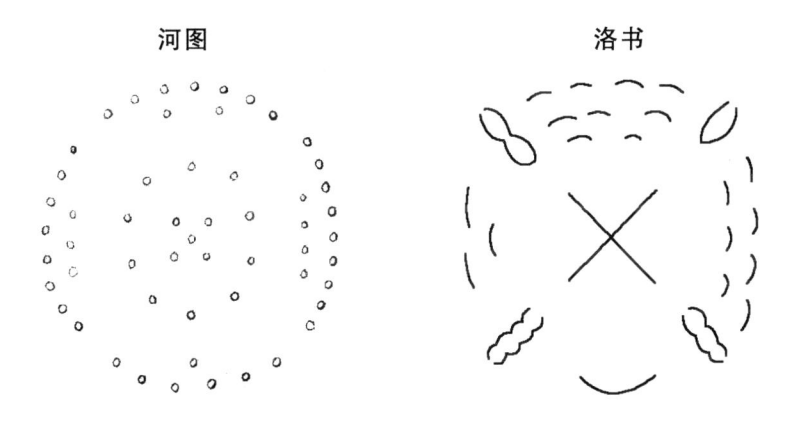

河洛合一图

　　一数至十数环列为图，河图洛书之总括也。平衡取之，而八宫交午相对则书也，交午取之而五位内外相合则图也。图书所出异地，所现异时，所托异物，五位与九宫其象异，五十与四十五其数异。然而一圆一方，一赢一缩，一左旋而相生，一右转而相克，相与为用，而不可相无者，则以其原同出于此故也。

伏羲六十四卦圆图

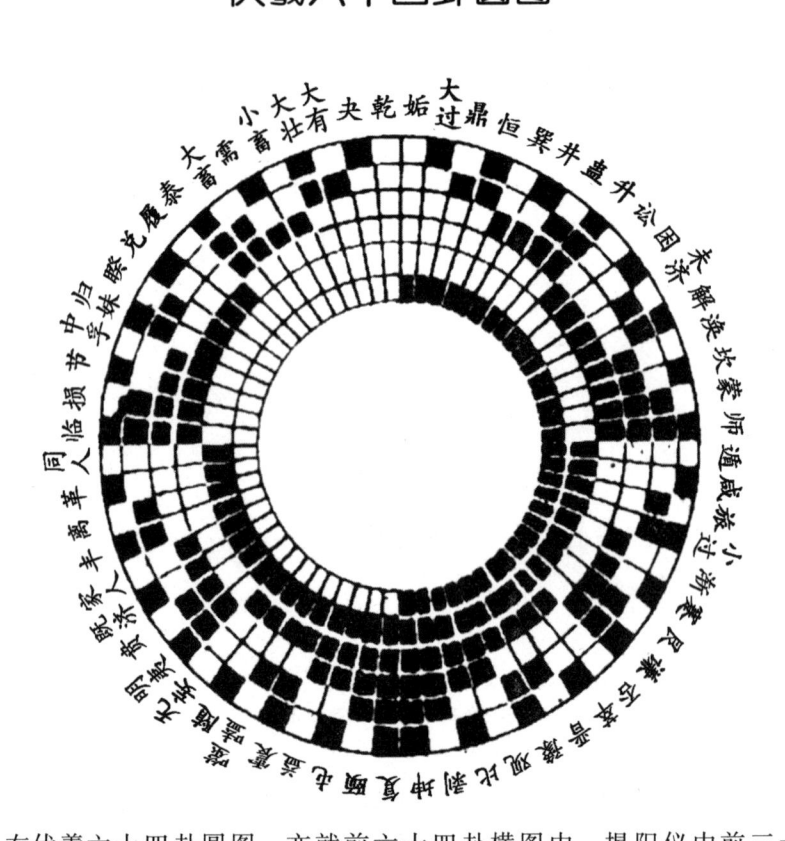

右伏羲六十四卦圆图，亦就前六十四卦横图中。揭阳仪中前三十二卦，自乾至复，居图左方东边，乾在南之半，复在北之半。揭阴仪中后三十二卦，自姤至坤，居图右方西边，姤在南之半接乾，坤在北之半接复。先自震复而却行，以至于乾；乃自巽姤而顺行，以至于坤。图成后，坤、复之间为冬至子中，同人、临间为春分卯中，乾、姤间为夏至午中，师、遁间为秋分酉中，自合四时运行之序。朱子曰：此图若不从中起以向两端，而但从头至尾，则此等类，皆不可通矣。

伏羲六十四卦方图

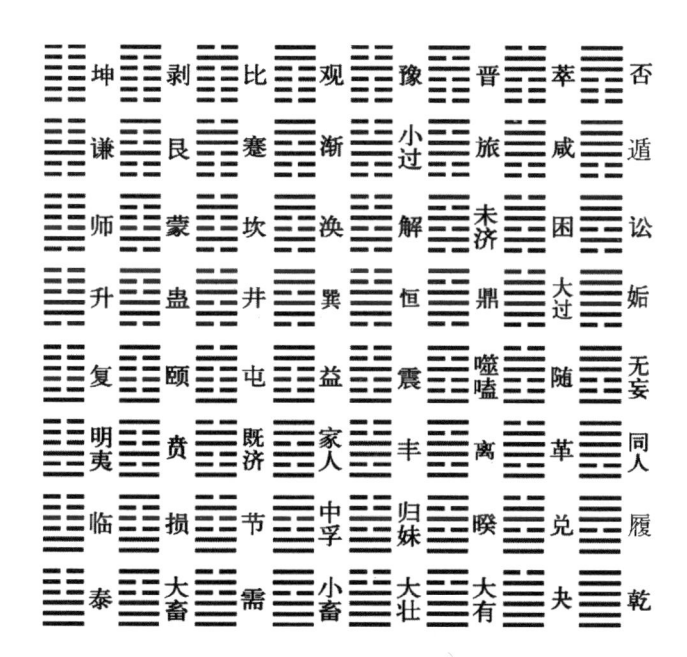

坤	剥	比	观	豫	晋	萃	否
谦	艮	蹇	渐	小过	旅	咸	遁
师	蒙	坎	涣	解	未济	困	讼
升	蛊	井	巽	恒	鼎	大过	姤
复	颐	屯	益	震	噬嗑	随	无妄
明夷	贲	既济	家人	丰	离	革	同人
临	损	节	中孚	归妹	睽	兑	履
泰	大畜	需	小畜	大壮	大有	夬	乾

愚按：此图乃生物变化之祖，其卦亦从中起也。自中起则震巽之一阴一阳，然后有坎离艮兑之二阴二阳，又然后成乾坤之三阴三阳。其序皆自内而外，内四卦四震四巽相配，而近有雷风相搏之象；震巽之外二十卦纵横有艮兑，有水火不相射之象；坎离之外二十卦纵横有艮兑，有山泽通气之象；艮兑之外二十八卦纵横，有乾坤有天地定位之象。四而十二，十二而二十，二十而二十八，皆有隔八相生之妙。又其中为震巽者各四，自是而为坎离者各八，而坎离之上下四震四巽复存焉。自震巽坎离之外而为艮兑者各十二，而艮兑之上下为震巽坎离者各四，又自震巽坎离艮兑之外为乾坤者各十六，而乾坤之上下为震巽坎离艮兑者又各四焉。此天地始终数图、律吕声音图、既济阴阳图，皆本于此。

阴阳二炁交乎震巽，象坎离会于黄庭，故阴至巽而伏，亦自巽而止；阳至震而休，亦自震而生也。自终始言之则为化机隐伏，自始终言之则为中虚待用。隐伏则无为，待用则善应，是以气至东北而物开，气至西北而物闭。

内一截三十二阳卦，西北角乾，东北角泰；外一截三十二阴卦，东南角坤，西南角否，亦四其十六而为六十四卦。又以元会运世分之，各四其六十四，以为二百五十六位之卦体，以主物于地。四四立体，四九为用。以见律吕声音之倡和，动植飞走之生死，坎离主之，属乎地道之刚柔。总之，承天时行，以生万物也。

先天自坤生者始于姤，皆在天地之中。复卦居中为冬至，自复至无妄，得二十八阴爻，二十阳爻，则阴渐消而阳渐长，为立春。自明夷至同人得二十阴爻，二十八阳爻，则日渐长而气渐温，为春分。自临至履得二十阴爻，二十八阳爻，日已长而炁已热，为立夏。自泰至乾得十二阴爻，三十六阳爻，则日极长而气极热，为夏至。自姤至升得二十阴爻，二十八阳爻，则阴渐长，阳渐消，为立秋。自讼至师得二十八阴爻，二十阳爻，日渐短而气渐凉，为秋分。自遁至谦得二十八阴爻，二十阳爻，日已短而气已寒，为立冬。自否至坤得十二阳爻，三十二阴爻，日极短而炁极寒，炁交冬至也。此月日星辰寒暑昼夜，谓之流行之易，言其与天地四时流行不息也。左边三十二阳卦，即春以发生，夏以长养；右边三十二阴卦，即秋以收敛，冬以包藏。共四其十六而六十四卦。又以春夏秋冬分之，各四其六十四，而为一千五百三十六爻之卦。炁以运行于天，乾旋坤转，而属乎天道之阴阳也。

伏羲六十四卦方圆图

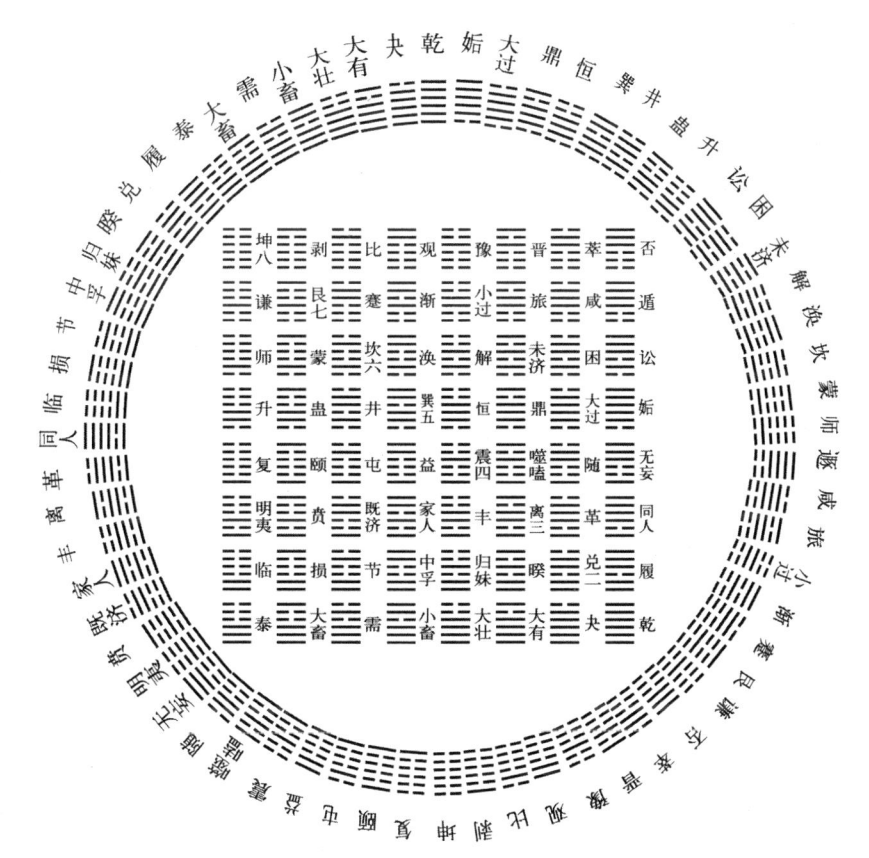

邵子曰："顺天而行是左旋也，皆已生之卦，故云数往者顺。逆天而行是右行也，皆未生之卦，故云知来者逆。"

圆图，见天地之顺。方图，见天地之逆。天地之运，不顺不行。天地之交，不逆不生。顺而行所以生物。逆而生所以自生。圆图自乾一至震四，自巽五至坤八，皆自南而北，自上而下，为顺。方图自乾一至震四，自巽五至坤八，皆自北而南，自下而上，为逆。圆于外者天也，天气右旋，而顺起于子中。方于内者地也，地气右转，而逆超于丑寅之间，其卦画自然配合之象，巧妙如此。

以上诸图，皆出邵氏。邵得之李之才挺之，挺之得之穆修伯长，伯长得之陈希夷先生，所谓先天之学。

《说卦传》曰：天地定位，山泽通气，雷风相搏，水火不相射，八卦相错，数往者顺，知来者逆，是故易逆数也。雷以动之，风以散之，雨以润之，日以晅之，艮以止之，兑以说之，乾以君之，坤以藏之。

闰月定明成岁图

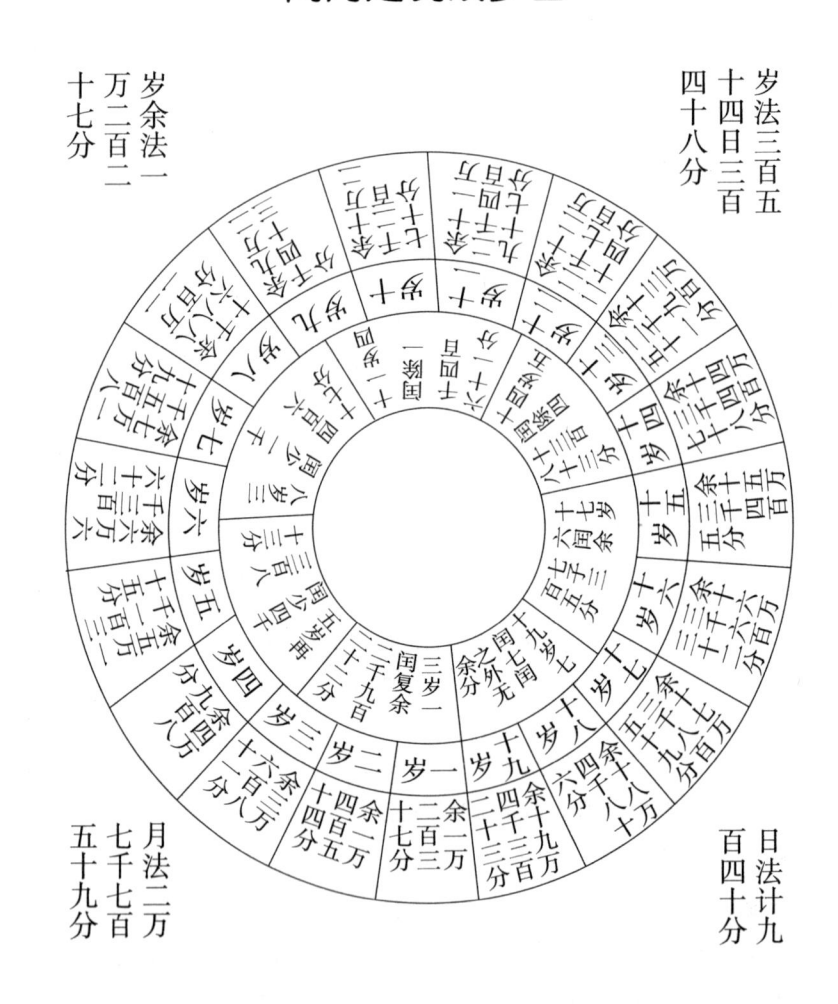

明魄朔望图

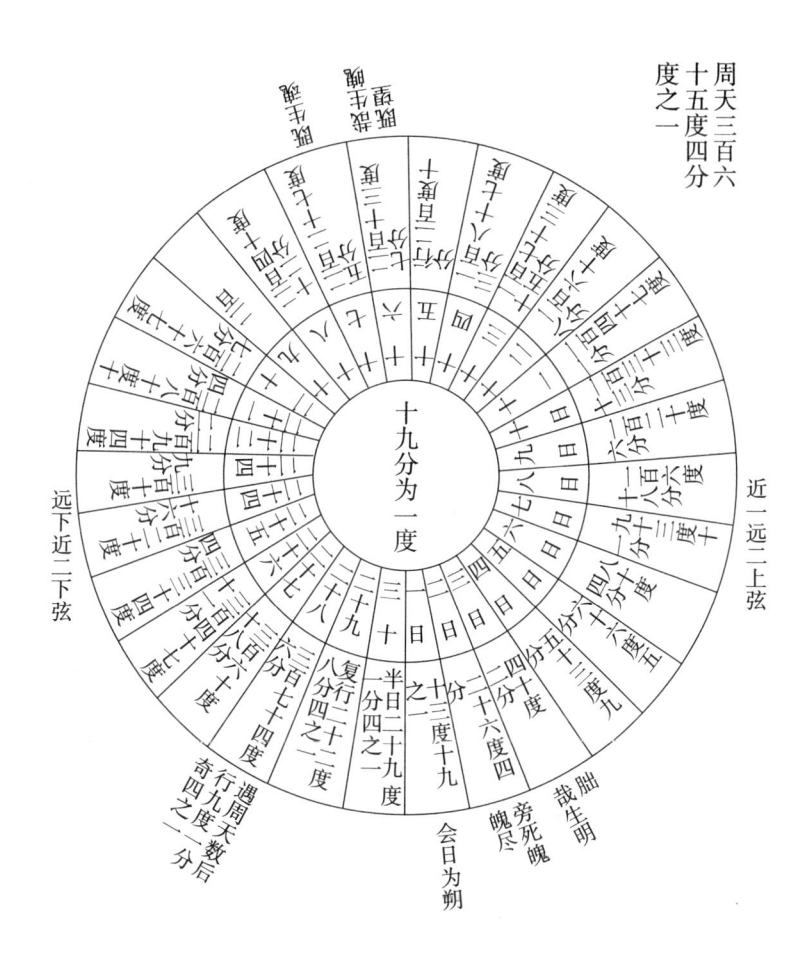

图从中出

先天之学，心学也。故图从中起，万事万化生于心也。是以康节之学，本先天之易，尚象而不尚辞，盖欲以不言之教，如伏羲六十四卦，初无言语文字也。以六十四卦方圆图言之，圆图象天，包乎地外；方图象地，列于天中，是一大阴阳相配也。分圆图而观之，自复至乾得一百十二阳爻，八十阴爻，是阳数多阴数少，即春夏之昼长而热也；自姤至坤得一百十二阴爻，八十阳爻，是阴数多而阳数少也，即秋冬之昼短而寒也。此可见卦分阴阳，立两仪，而立运行不息之事也。分方图而观之，西北十六天卦自相交，东南十六地卦自相交，其斜行则乾兑离震巽坎艮坤，自西北而东南，皆阴阳之纯卦，所以不能生物也。西南十六卦，天去交地，天卦皆在上，而生炁在首，故能生动物，而头向上；东北十六卦，地去交天，天卦皆在下，而生炁在根，故能生植物，而头向下。其斜行则泰、损、既、益、恒、未济、咸、否，自东北而西南，皆阴阳奇偶之卦，所以能生物也。吾因是而知植物之命在乎根，动物之命在乎首也。又合二图观之，方图乾处，圆图亥位，谓之天门，是天气下降也；方图坤处，圆图巳位，谓之地户，是地气上腾也。此南北十六卦，所谓阴阳互藏之宅。泰处圆图寅位，谓之鬼方；否处圆图申位，谓之人门，此东西十六卦，是天地交泰，而生生不息，所以泰居寅而否居申，所谓阴阳各从其类也。夫圆图主运行之事，方图主生物之事，运行者炁也，生物者质也。炁非质则无所附丽，质非炁则岂能生物？可见天有生物之炁，地有成物之形也。

先后天八卦论

先天之学，为对待之体。乾南坤北，离东坎西。兑居东南，震居东北；巽在西南，艮在西北。伏羲方位之图，易之体也。后天之学为流行之用，出乎震，齐乎巽，相见乎离，致役于坤，说言乎兑，战乎乾，劳乎坎，言成乎艮。文王方位之图，易之用也。先天之离东坎西，象日月之出卯酉。后天之离南坎北，象日月之正子午。先天非后天则无以成其变化，后天非先天则不能以自行。

天之体周围三百六十五度四分度之一，南北各分其半。北极出地三十六度余则皆潜，南极入地三十六度余则皆见。在地上者为见，居地下者为潜，故曰见于午而潜于北。其用数本三，兼地之用数三，故曰极于六。更兼余分一共为七，故曰余于七。此指昼夜之数言。盖天之行本无定分，但为地所隔，而有潜见，则日之丽天随之，于是乎昼夜生焉。昼夜之数，百刻而止。夏至日昼六十刻，极于六矣。此正以其日出于寅，入于戌，得寅戌生言也。然日未出而天已明，人已动；日既入而天未黑，人之动亦未息，是昼又侵夜一分，为七分也。人得天之炁以生，故亦见前而昧后，略其左右，则左右略之而已，尚亦见焉，不尽昧也，则亦如天之得其七。此明经世数用七之原，凡言三与七者皆然。阳得阴而为雨，阴得阳而为风，刚得柔而为云，柔得刚而为雷，无阴则不能为雨，无阳则不能为雷。雨，柔也，属阴，阴不能自立，必待阳而后能兴。雷，刚也，属阳，阳不能自用，必待阴而后发。盖阳唱而阴从，则流而为雨。阳格而阴薄，则散而为风。刚唱而柔从，则蒸而为云。柔畜而刚动，则激而成雷。客主后先、阴阳顺逆不同也。刚柔风雨，自天而降焉；阴阳雷云，自地而生焉。天阳也，阳必资阴，故无阴则不能为雨。阳得阴，然后聚而成体也。地阴也，阴必资阳，故无阳则不能为雷。阴得阳，然后发而成声也。此言阴阳之相资也。雨之形柔也，属阴者本乎天之炁也。阴不能自立，待阳而兴者，天之阴资乎地之阳也。雷之声刚也，属阳者出乎地之形也。阳不能自用，而必待阴以发者，地之阳资乎天之阴也。或由炁化为体，或由体变为炁，是亦有无之极。此明造化阴阳相成之数也。

天地炁运，北而南则治，南而北则乱，乱久则复北而南。天道人事皆然。推之历代，又见消长之理也。夫圆图为天，阳生于北，由东渐长，而极于南；阴生于南，由西渐长，而极于北。是天气北而南者阳渐长也，南而北者阴渐盛也。方图为地，阳气在北，阴气在南，北而南者阳用事也，南而北者阴用事也。故天地之气，合而运行。由北而南，则阳炁渐盛，而当时用事皆阳也，世道治。由南而北者，则阴炁渐盛，而当时用事皆阴也，世道乱。乱久则复北而南，世道复治。阴阳消长，循环无端，自然之理也。天人皆然。天时盛则人事得，天时衰则人事失，天人自相合也。《衍义》曰："天地之运，自子至卯，为阴中之阳；自卯至午，为阳中之阳；自午至酉，为阳中之阴；自酉至子，为阴中之阴。阴中之阳，君子之道已长，而小人犹盛，乱而将治也。阳中之阴，小人之道已长，而君子犹盛，治而将乱也。阳中之阳，极治之运也。阴中之阴，极乱之运也。"元会运世之数，一运当三百六十年。故明乎此，可以知消长之理，推历代之治乱。先天图自泰历蛊而至否，自否历随而至泰，即南北之运数。此明造化消息之理也。

天有生物之时，地有生物之数。主天而言，一年用三百六十日。主地而言，自草木崩动至地始冻，用二百五十二日也。故卦气图在日数用三百八十四日，在时数则二百五十六日，止有三千七十二时，此大小运之所以分也。

日月交会行次积闰之数

至矣，神哉，天地之造化，不外斯策也。而盈虚消长之机，咸自卦策而遡度之。阳策三十六，阴策二十四，乾六爻二百一十六，坤六爻一百四十四，共为天地之策，合三百六十当期之日，为周天之数。此数既定，则周天日行之数可知也。日用其一策为一年，用三百六十策为周天一年。一年之中，复以四卦之策主之。四卦各有定数。春分之后震卦主之，其策八十四，欠六日。夏至后离卦主之，其策九十六，剩六日。秋分后兑卦主之，策亦九十六，亦剩六日。冬至后坎卦主之，其策亦八十四，又欠六日。盖自冬至后欠数，阳生也。夏至后剩数，阴生也。二欠之数，一百六十八。二剩之数，一百九十二。合三百六十策，以当三百六十日。又以四卦欠剩之数分布于四序之中，恰一年三百六十日，而二十四氘候成矣。日行十二策为一日，月行三百六十策为一月。故日行一周天为一月，而与朔合。日在午二策中，月三百四十八策，而日月望，为半月也。再以日行之策积剩除之，则日月之薄蚀、盈亏之定算、三岁一闰、五年再闰，造化之端倪，一览无遗。更以天地之数加而倍之，即知天地之大数。其此之谓与天地合德，日月合明，四时合序，鬼神合吉凶，况万物之微，岂能逃乎。

原卦论时

夫易者时也，不知时则无以识化育之机，变通之妙也。故否泰剥复，时也；潜见飞跃，时也；损益盈虚，时也；出处语默，时也。藏器以时，含章以时。损以应时而吉，节以失时而凶，蹇以识时而和，遯以识时而加。以时而涉川则有功矣，以时而攸往则有庆矣。以时而建侯则得民矣，以时而祭礼则受福矣。以时而田猎则获品矣，以时而婚媾则往而明矣。稽古尧舜垂衣裳，汤武革命，高宗伐鬼方，皆不外时耳。是以上焉至尊至贵，固得此时而富贵轩昂；下焉至贫至贱，亦固得此时而极贫极贱蹇驳，岂能人为然哉。至于万物之出藏，草木之荣悴，亦莫非时也。起数之法，专看此时字。看得透彻，则庶务之繁，休咎成败，皆莫逃矣。

四时论卦

乾之为卦，秋得之为价高，夏得之而受制，冬得之而耗气，春得之而和平，四季得之而有益。见坎而沉溺，见离而成器，见震而有声，见巽而有名，见坤为衣裳，见艮为矿石。

兑之为卦，与乾同时，但作事不圆而多暗昧。见乾而先圆后缺，见坤为金石之废器，见震为刀枪，见巽为箭镞，或琢削之物。见坎为水中之物，见离为金钗妇人首饰。

离之为卦，夏得之而精神倍常，秋得之以时相反，冬得之为受制不佳，春得之有人资助，四季得之泄体。见乾为文书诏首，见坎为费物，见艮为瓦器，或夜行之客。见震为甲胄戈矛，见巽为文章书籍，或交易契券。见离为灯笼火具，见坤亦为文书，见兑为煅炼之物。

震之为卦，春得之而气旺，夏得之而气泄，秋得之而受制，冬遇之而得生，四季得之而当今。见乾为钟磬有声之物，圆全而无伤。见兑为有声可击之物，破坏而有损伤。见艮为可仰之物，见巽而有叶或工巧之具。见离而带花或文书纸笔之物，见坎而有生意或水中应用之物，见坤为柔嫩细软之物。

巽之为卦，时与震同。见乾兑为秤衡，或琢削之类。见离为文书，或笼罩。见震为有声之物，木果之器。见坎为舟楫，为矫揉，漆盏之类。见艮为笔，见坤乃土中之物。

坎之为卦，冬气旺，春耗体。夏得之为财，秋遇之而有助。见乾为形圆，在上为文诏辞词，在下为酒筵器具。见兑为带口之物，见震巽为水桶盆甑，或竹木所生香蕈木耳之类。见离为水火交成之物，见坤艮乃润泽之土石也。

　　艮之为卦，春受制，夏逢生，秋泄气，冬为才，四季和平。见乾而破硬成器，见兑为缺物，见巽为草木，见震为木类，见离为瓦器，见坤乃土石，见震巽坎离相并乃土壁之物。

　　坤之为卦，与艮同时。见乾为方圆之器，可贱可贵。见震巽为文章。见兑乃出土之金，为至刚之土石。见坎为水上所成之器。见离为文书。见坤为希为酱为柄。

观变识物

　　凡观物，以变卦为主。如乾初爻动变巽，乃金刀削过之物。二爻动变离，乃火炼之金。三爻动变兑，乃五金废坏之物，虽圆而破坏者。坎卦初爻动变兑，乃盛酒盛水之物，缺而坏也。二爻动变坤，乃土生之物，五谷之类。三爻动变巽，大则舟楫，小则瓢构盆桶之类。艮卦初爻动变离，乃火中煅炼之土，磁器之类。二爻动变巽，乃土木生长之物。三爻动变坤，乃谷粟瓦器砖土之类。余仿此推。凡观物，必先观形色动静而后言之。盖天圆地方，物之形也。天玄地黄，物之色也。乾刚坤柔，物之变也。以此推，无不验。

梅花周易数卷二

万物归一

一者何也,理也。阴阳五行,物也。所以阴阳五行其理也,无形之中而具有形之实,有形之实而体无形之妙。是以山木之多不过木耳,河海之多不过水耳,矿野之地不过土耳,日用之常不过水火而已。至于天地万物、圣贤豪杰,与夫飞潜动植、万有不齐,皆物也。天地虽超于万物之外,而实囿于理数之中。天地且不能逃,况人与物乎?人物之拘于数,犹鹰隼之在樊笼,虽竭力腾跃,而莫能逃焉。然数之起例,知之者众,而断之应验者少,非先贤秘而弗传,学者泥于一偏,而少变通之妙,是以不验也。且皆圣贤所学,而非庸碌所能知。盖五行化而为万物,万物合而为五行。自天一生水至地十成土之数既陈,而五行立于卦矣。善观数者,如珠走盘,活活泼泼,以物之五行合卦之五行,参以生克之理,休旺之气,则一行一止,一饮一食,皆莫能逃矣。然推测之间宜至诚,不可浅易,可敬用不可轻用,夫然后久敬而心灵,心灵而口顺。予得斯文,焚香誓天,不敢轻浅。

观物存诚

昔者圣人之原数也,以决天下之疑,以成天下之务,以顺性命之理,而决疑之际,在乎存诚主敬而已。不诚则中无实,不敬则心无主,颠倒眩瞀,安能析事辨理、彰往察来也。故必存诚主敬焉。凡意所萌动,而偶闻偶见、偶言偶动者,皆先天之数也。但所其先闻先见者为例,所谓嗜欲将至,有开必先也。起数时,或错算,或算颠倒,亦是数矣,不可更改。盖造物者默有自然乘除之机也。若观物之际，心持两可，而乏主一之敬，则二三其德，又何应验之有。康节曰："数学非十年不可。"十年者，正涵养德性、存诚主敬之谓也。能敬则德聚而神存，吉凶不在鬼神而在我矣。故曰"至诚如神"，又曰"至理之事，非至诚则不能致"。物理之学，有所不通，不可以强通，强通则有我，有我则失理而入术矣。善学者当先屏其思虑，涵养静虚，此之谓观物存诚。

观物心易

夫《易》之为书也，覆帱天地之道，囊括万物之情，虽为卜筮而作，而义理未始不该。苟专以卜筮求之，则得之形而下者，遗其形而上也，殆非体用一原、显微无间之道。苟专于义理以求易，则无以定天下之吉凶、决天下之得失，所谓断大疑、释大惑者，无以自辨矣，岂圣人所谓"无大过"、"吉凶与民同患"之意也。是故理者太虚之实义也，数者太虚之定分也。未形之用，目理而有数，目数而有象；既形之后，因象以推数，因数以推理。理与数，吉凶之几，造化之主也。造化无形，假象以昭其形；吉凶无迹，托占以著其迹。故义之所当为而为者，数之所知也。义之所不当为而为者，非数之所能知也。是以君子非义不占，非疑不占。非疑而占，谓之侮。非义而占，谓之欺。侮与欺，皆不应也。玩占之际，必先澄其心，静甚虑，睿其思，聪其听，近取诸身，远取诸物，察其感触之何如耳。感触为我之休咎则应在我，感触在彼之休咎则应在彼，如卦吉应吉而互变皆吉，是之谓大吉，而动罔不吉矣。卦凶数凶而互变皆凶，是之谓大凶，而动罔不凶矣。卦吉应吉而互变皆凶，先泰而后否。卦凶应凶而互变皆吉，先否而后泰。静乃吉而动乃凶也。复察以卦气之盛衰、日辰之相制，变而通之，化而裁之，则动静可求之端，阴阳可求之始，天初可求之初，而万物休咎灼然前知矣。苟论数不论理，则局于象而泥于迹，不能变易以从道；论理不论数，则执于有而沦于无，亦不能以前知也。故曰："论理不论数不备，论数不论理不明，理与数不可岐而二之也。"学者潜心久久，自能融会其妙，愈用愈神，殆非下士所能臆及也。

心易妙用

夫易者性理之学也，性理具于人心，心即易也。当其方寸湛然，灵台无一毫之干，无一染之染，斯时也性理具在，而易之存吾心者炯如也，即先天之易也。及虑端一起，事根忽萌，物之诸心，如云之蔽空，如尘之蒙镜，于斯时也，汩没茫昧，而向之易存吾心者泯然耳。故三要之妙，在于运耳目心三者之灵，俾应于事物也。然耳之聪、目之明，吾心实总乎聪明。盖事根于心，心该乎事。然事之未萌，虽鬼神莫测其妙，而吉凶无门可入。故先师曰："思虑未起，鬼神莫知。不由乎我，更由乎谁。"若夫事萌于心，鬼神知之矣，吉凶悔吝有其机，莫能晓悟，欲预知之，以何道与。必曰"求诸吾心"，易之妙而已矣。于是寂然不动，静虑之诚，足以观变玩占，运乎三要，必使视之而不见者吾见之，听之而不闻者吾闻之，如形之见示，如音之有声，吾心了然，则易为卜筮之道，而易在吾心矣。此三要灵机虚应之妙也。至精微至变神之理，百姓日用而不知，安得圆机通三昧之士而与之论。

观物玄机

玄机者，寂然不动，感而遂通之几。故人来求吾之际，必先聪其听，明其视，虚心以待之。当未成卦之时，所闻者何事，所见者何物，观其动静而断之，曰：此何事也，故必先审其向背。人物方来为向，人物已去为背。向则吉凶之方至，背则吉凶之已去。吉事欲其向，凶事欲其背。如鸦报凶，叫而来，祸将至；叫而去，灾已往。不惟是也。如闻见宰杀屠烹之类，是为骨肉分离，占病占产者忌之。如逢栽种，是为生气得活，占病占产者喜之。见人作事方毕，则事已过；见人作事方兴，则事始来而未显也。樵者负薪而归，牧者骑犊而返，渔者收纶罢钓，皆事已毕，吉凶过也。

明炳几先

人为万物之灵，于一万七千二十四声皆能言矣，取之何如。凡事之来，必有先兆；开端之初，是为先天。但取其初发声音而算之。彼问者之声发，有不期然而然者，乃先天之窍。嗜欲将至，有开必先。朕兆之萌，其端可测。知几其神乎。假如来占说事，"今欲如何"，则用今字算。或言"特来求数"，则用"特"字算。若未言先咳嗽，则用咳嗽之声。皆先天之义。

后天轨策歌

灵龟负书出于洛，后天之数始可酌。
头戴九兮足履一，左为三兮右为七。
五中央兮二四角，六八为足成其章。
文王八卦定方位，离南坎北具其数。
坎一坤二震数三，四巽坤五乾六参。
兑七艮八离为九，或言乎艮十数有。
四象八卦定明晦，万有千百十数零。
元会运世此分明，先天之数加法同。
断决之例明始终，迨及年月日与时。
数中八卦详参之，乾为壬申并戌亥。
坤宫乙癸未申配，震庚卯兮坎戊子。
艮丑寅兮丙中取，辛出巽位辰巳同。
离巳之年藏其中，兑宫归藏乃丁酉。
卦中应验此中求，奇偶顺逆本同断。
先天后天总通贯，须以此诀参其玄，
吉凶祸福无差谬。

李挺之谓："洛书之数，即万物成败数。"乃以先天后天之策，加方图五色而成轨策之数，出于《易》中。追后之传《易》者，惟子木得近派于圣人之门，其所传以理言，而不以数推，然数亦具矣。子木之后，并非性理相尚，数始于周末战国之时，然而用《易》者代鲜其人。至晋郭璞，始知妙理。见《易》中"顺以知来，逆以藏往"，曰："此乃数也。"乃遍求所谓策数当万物之理者，得遇至人，授以加法，乃合其《易》。自此策数始。此后璞决事，如耳闻目见。昔推友人陈实，知其后必有兵戈之患，遂奔水而死。盖得师之三爻，以先天推之，乃万零一数，取坎为险为血为弓矢也。后推己，亦得此数，乃知自亦不免刀兵之厄。郭之后，袁李得其传，麻衣希夷继之，皆此数也。后天轨策与先天无异，算卦但以体之上为他人，下为本身，互上为应之日，互下为应之时，变为事之终日，时皆以三合论，爻带支以本数论，阴阳必三合，以泰卦为例于后。初爻动。

䷊上为他人，震乃应之日。

䷊下为自己，兑乃应之时。

端法

凡起后天卦，皆是端法。有坐端、立端、行端、八端、十二端、一身之端、一心之端，总之所见事理，断断然端的之理。坐端者，坐处之端。行端、立端，行处立处之端。八端者，八方八卦之端。十二端，自子至亥十二支之端也。一身之端，如来占之人有喜色即喜，有忧色即忧，头动为乾，手动为艮。若离为体而头动，或尊长有忧；震巽为体而艮动，非兄弟手足不安，即儿童不快，或出行有阻，田土相争之类是也。一心之端者，自己为人占卜之时，以我心之所向者为断。如昔所闻，有亲戚之哀，心甚悲之，未定间，有占病者，未及起卦，断其必死。又一日，写文书"死"字未了，有人占病，遂决其必死。作婚书之日，方起稿，适客来，值袖中而迎客，客乃占婚者，即言其必谐。又庚申年七月，在吴卜简家读书，至言必有中，诵未已有人问应举，且卦亦吉，许其必中。类此皆一身之端也。皇甫端之妙，皆此也。以八卦属物起作上卦，方位起作下卦，又合物与方卦之数，加时数取动爻。

端例卦

乾为父老出官员，宝马金珠上玉天。贵骨刚头冠冕类，镜涵冰水来玄玄。

全牛满腹布文章，釜柄车舆载地黄。黍稷衣裳盛瓦器，土中即墨是坤方。

长男初舁足，树木雀苇绿。草果动蘩薜，柴桑兼核竹。五雷震动百虫蹄，碧碧青青并绿竹。

宜器可将名乐器，三春桃花拔龙须。

长女作僧尼，仙人送锦鸡。工匠巧，羽毛奇，风绳洁白箭竿枝。笔直青香分草木，木兼股气百禽啼。

中男两耳如水雪，长江月色开昏黑。为酒为霖有核仁，水族鱼盐同豕血。

中女离南日电明，霞霓紫赤动坚兵。披甲胄，开炉灶，槁木虚心烈火行。鳖蟹雉龟螺眼亮，书史文人花木情。

手指少男鼻指长，诸禽百兽狗山獐。瓠瓜石土藤萝背，道路鼠门入艮乡。

肺气金钟口舌频，兼铜带铁断刀轻。羝羊白泽瓶壶气，巫女歌娟总兑名。

理_{太极理之原}

朱子曰："伏羲文王于《易》，只就阴阳以下说，夫子却就阴阳上发出太极来，易图是如此。""先儒未尝通破者，盖以释极仪象卦章，从前未有分晓，至康节邵子传先天易而后，此章大明。"朱子从而别白言之，其义益著。《易》本是卜筮书，有卦爻便可占。然伏羲画卦，岂但从阴阳起，必有不杂于阴阳而实不离乎阴阳者以为本，太极是也。此易之有太极，如木之有根，水之有源，必知乎此，则六十四卦三百八十四爻，莫不有极至之理在乎其间。所谓"六爻之动，三极之道"者是也。文王周公虽严"利贞"、"贞吉"之教，贞固便是理，但未尝明说出太极来。夫子恐人惟以卜筮视《易》，则卦爻涉于粗浅，故推本太极为言。太极者，是理至极之称，而为两仪四象八卦六十四卦三百八十四爻之祖。太极之名一立，而仁义礼智、性命性情、道德道义、忠信诚敬中正之教，发挥无余蕴矣。又言《乾》九二爻仁诚，《坤》六二言敬义，九三言忠信，《乾·象》言性命，《说卦》言尽性至命，《文言》言性情，《上系》言知崇礼卑，言道义之门，《说卦》言和顺道德，《彖传》、《小象传》说中正尤多。程沙随谓"《易》以道义配祸福，故为圣人之书。阴阳家独言祸福而不配以道义，诡遇获禽则曰吉，得正而毙则曰凶，故为技术"。斯言最有补于世教，且使小人不得窃取而用，深得夫子遗意。吁！以夫子之教如是，而后世又有流为技术之归者。微夫子之教，如之何其可也。

气 阴阳炁之始

有理而后有气，气之始莫先于阴阳，天地山泽，雷风水火，与夫人物之万殊何。莫非阴阳之为者，易卦爻辞无阴阳二字，_{惟中孚鸣鹤在阴，特以地言}。夫子于《乾》初九爻《小象》曰："阳在下也"，于《坤》初六爻《小象》曰："阴始凝也"，阴阳之称始于此。盖以六十四卦阴阳之初爻，即太极所生三十二卦阳仪之一，三十二卦阴仪之一，以为诸卦初九初六阴阳爻之通例也。阴阳之名一立，而动静健顺、刚柔奇偶、大小尊卑、变化进退往来之称，亦由是而著矣。

数[①]

河图、洛书，为作《易》而出也。河图自一至十为数五十五，洛书自一至九为数四十五，合为之数者一百。蓍策、大衍，为用《易》而生也。

---

① 图书数之原，蓍策数之衍，挂扐定卦爻，过揲定乾坤策及挈万物之数。

王道得则其丛生，满之数亦百，可当大衍之数者二，则作《易》与用《易》之不外乎数者，非出于圣人之私意也，天也。故图书位数，隐然与羲文卦合；而揲蓍挂扐之数，所以定卦爻过揲之数，所以定乾坤之策而当期之日，合二篇之策而当万物之数也。或曰："数固不能相通欤？"曰："图书不过例数之文，以发圣人之独知而已，蓍则真可执持分合进退以求卦，故不同也。"然图书虚中之外，其余九六七八可以画卦蓍策，用全用半之后，亦视九六七八以别阴阳之老少，二者初未尝不同也。若夫卦爻中言数例，只六爻取，别见于后。

易

"易"有以理言者，有以书言者。以理言即太极是也，以书言即两仪四象八卦、六十四卦、三百八十四爻与夫文王之卦辞、周公之爻辞，皆书名是也。曰"《易》有太极"，此"易"字以书言，谓《易》书之中原其始，具此太极之理，所以能生仪、象、卦也。曰"易与天地准"，此易字不专以书言矣，谓"易之道与天地准，所以能弥纶天地之道也。"要之《十翼》中称"易"字以书言者为多，文王周公之辞无"易"字，夫子于《文言》及《上系》第二章方称"易"之名，周公爻辞不言"易"字，而于周礼却有"三《易》"之名。冯厚斋谓："夏曰《连山》，商曰《归藏》，周曰《周易》。则《易》乃周家之书名，文王之所命也。曰三《易》者，夏商家《周易》之称尔。"意恐未然。《说卦》谓"昔者圣人之作《易》"，非指伏羲乎？《系辞》谓"《易》之兴也，当殷之末世，周之盛德"，详其名义，《易》之称其来旧矣，必非自文王而始也。况以后蒙前可也，以前蒙后可乎？

先天后天

《乾·文言传》曰："先天而天弗违，后天而奉天时。"夫子本以乾卦有下乾上乾发先天后天之象，至邵子引以明伏羲文王之《易》，然朱汉上谓陈抟以先天图传种、穆，则其称所从来又远矣。但邵子之意，谓先天者，如六十四卦天本未尝为，而伏羲画之，谓之先乎天可也。曰后天者，夫天地间已有六十四卦，文王就六十四卦内又后而序之系之，谓之后乎天可也。故其诗云："若问先天一字无，后天还始著功夫。"一事无只是顺其自然，且如画卦，不过由太极而两仪，两仪而四象，四象而八卦，其重也由八而十六，十六而三十二，三十二而六十四，只是加一倍法。至如先天八卦与六十四卦圆图，亦不过揭横图中前一截居南北之东，后一截居南北之西，皆未尝致力于其间也。谓之曰"著功夫"，则文王序卦与夫八卦方位，皆若出于有意为之，非复包羲自然之妙。然序卦与八卦方位既成之后，或反对以相因，或流行以致用，亦莫不有自然之位置，此所谓先圣后圣其揆一也，何庸致区别于其间矣。

尊阳卑阴

天尊地卑，阴阳固有自然尊卑之象，然于《易》上欲见其尊卑处，何者最为亲切。曰："太极生仪象卦最可见。"太极动而生一阳，然后静而生一阴，则阳已居先矣。至于阳仪之上生一阳一阴，先阳固宜也。阴阳之上，当以阴为主矣。其生一阳一阴，亦以阳居先焉。又至于四而八、八而十六、十六而三十二、三十二而六十四，其生一阳一阴，莫不先阳而后阴，于是首乾终坤。乾不期尊而自尊，坤不期卑而自卑，于此见尊阳卑阴非圣人之私意，卦画自然之象，亦造化自然之位也。

卦分爻位阴阳

爻有初二三四五上为位之阴阳，<small>初三五位之阳，二四上位之阴。</small>九六为爻之阴阳。<small>九阳爻，六阴爻。</small>位之阴阳一定而不易，爻之阴阳变易而无常。或以阳爻居阳位，或以阳爻居阴位，或以阴爻居阴位，又或以阴爻居阳位，皆无常也。《易》曰："刚柔杂居，而吉凶可见矣。"又曰："上下无常，刚柔相易。"正谓此也。占法有九六七八，九为老阳，七为少阳，六为老阴，八为少阴。老变而少不变，《易》以变者名。爻故称"九六"，不称"七八"，其实每卦七八九六皆具。然初上两爻，阳爻不曰九，一而言初九，不言九六而言上九；阴爻不曰六，一而言初六，不言六六而言上六。盖初者"有始"之谓，上者"有终"之谓。言初言上，卦之首尾可见也。又《易》言阴阳，不言阳阴；言终始，不言始终；言晦朔，不言朔晦；言死生，不言生死，取其有生生循环不穷之意也。

卦爻分君臣

六十四卦，乾卦纯君象，坤卦纯臣象，明夷卦指上六为暗君纣象，六五为箕子象外，余皆五君二臣，看来自君外余诸爻皆臣位，特有远近之分。说者谓四为大臣，以其近君也。文多称二为臣，以其正应也。六三或从王事，三非臣欤？初则臣之最微者，所谓在野曰草莽之臣是也，亦取民象。蛊之上九，高尚其事，又臣之隐居者焉。代渊曰"六十四卦皆以五为君位"者，此《易》之大略也。其间或有居此位而非君义者，有居他位而有君义者，斯《易》之变，盖圣人意有所存，则主义在彼，不可滞于常例。王晦叔曰：不为君位者，其卦有四：坤也，遁也，明夷也，旅也。坤对乾，以明臣之分；明夷亡国，纣是也；旅失国，《春秋书》"公逊天王出居"是也。遁去而不居，泰伯、伯夷之事也。此四卦所以不为君位。

爻有应不应

六爻取应与不应，夫子象传例也。如《恒·象》曰："刚柔皆应"，恒此六爻以应言也。如《艮·象》曰："上下敌应，不相与也。"此六爻虽居相应之位，刚柔皆相敌而不相与，则是虽应亦不应矣。又如未济六爻皆应，故曰"虽不当位，刚柔应也"。以此例之，则六爻皆应者八卦：泰、否、咸、恒、损、益、既济、未济是也；皆不应者亦八卦：乾、坤、坎、离、震、巽、艮、兑是也。二体所以相应者，下卦之初即上卦之四，下卦之二即上卦之五，下卦之三即上卦之上，上卦之四即下卦之初，上卦之五即下卦之二，上卦之上即下卦之三，此所以初应四，四亦应初；二应五，五亦应二；三应上，上亦应三。然上下体虽相应，其实阳爻与阴爻应，阴爻与阳爻应。若皆阳皆阴，虽居相应之位，则亦不应矣。江都李衡曰："相应者，同志之象。志同则合，是以相应。"然事固多变，动在因时，故有以有应而得者，有以有应而失者；亦有以无应而吉者，以无应而凶者。夬九三以援小人而凶，剥六三爻以应君子而无咎。咸贵虚心而受人，故六爻以有应而失所。蒙六四以无应而困蒙，斯皆时事之使然，故不可执一而定论也。又《观·象辞》重在二五，刚中而应者凡五，师、临、升二以刚中应五无咎，萃五以刚中应二，至若比五以刚中上下五阴应之，大有五以柔中上下五刚应之，小畜四以柔得位上下五刚亦应之，又不以六爻之应例论也。

爻分三才

三画卦下爻为地，中爻为人，上爻为天。六画卦初二为地，三四为人，五上为天。《说卦》曰："立天之道，曰阴与阳。立地之道，曰柔与刚。立人之道，曰仁与义。兼三才而两之，故易六画而成卦"是也。

爻分中正

阳爻居阳位，阴爻居阴位，为正。初九、九三、九五为阳爻之正，六二、六四、上六为阴爻之正。阳爻居阴位，阴爻居阳位，为不正。九二、九四、上九为阳爻之不正，初六、六三、六五为阴爻之不正。二五为上下两体之中，三四为一卦全体之中，《系辞》谓非其中爻不备，又指初上中间四爻言中也。刚中柔中，当位为正，失位为不正，皆《象传》所取。

画爻虚四者之别

六爻则九与六矣，六位则初二三四五上矣，而又有六画六虚者，何也。盖方画之初则为画，画既成于位之上则为爻，爻可见而位不可见，位虚而爻实也。位之虚者，所以受爻。爻者已成之画，爻与画先后不争多，所谓啐啄同时是也。必以画言之者，见得《易》非死物。据六爻观之，如圣人方用手画下，犹有活动之势也。位未画则为虚位，既画则为爻。此四者不同，强分亦不容无辨，要在人活泼观之。

卦爻变动有三

《易》卦爻变动，大率有三。有变易之易，有交易之易，又有一卦中六爻"上下无常，刚柔相易"之易。筮而得老阳（重）则变而为少阴，拆一得老阴（交）则变而为少阳。单一此变易之易也。先天图出一边，本都是阳，右一边本都是阴。左一边一画阴，自右一边一画阴来交易阳爻而成。右一边一画阳，自左一边一画阳往来易阴爻而成。其交也，乾坤各八卦自相对而相交，兑艮各八卦自相对而相交，离与坎对，震与巽对，相交亦然。其实非此往彼来，只是其象如此。先天八卦对交亦然。先传从来有是说。此交易之易也。又文王卦辞中如泰卦☷☰小往大来，☰☷否卦大往小来之类。泰本是否卦变成。否三阴上往换得三阳下来，便是泰卦。否本泰卦变来，三阳上往换得三阴下来，便是否卦。孔子《象传》中，如随卦☱☳刚来下柔，随本是否卦变成，否上九之刚下来变初六之柔成刚，换得初六之柔上去，变上九之刚成柔，便是随卦。又如蛊卦☶☴刚上而柔下之类。蛊本是泰卦变成，泰初九之刚上去变上六之柔成刚，换得上六之柔下来，变初九之刚成柔，便是蛊卦矣。盖言一卦之中，阴阳自相往来，上下又变成一卦，此所谓上下无常，刚柔相易者也。伏羲当初画卦，六十四卦一时俱定，此卦固非自彼卦变来，彼卦亦非自此卦变去。圣人观卦系辞，偶然具有此象，又从而取之，于以见易，道之变无有终穷，而道理亦只在圣人口头说出便是也。卦爻之变动，无出此三者矣。

河图洛书

《易大传》曰："河出图，洛出书，圣人则之。易有四象，所以示也。

系辞焉，所以告也。定之吉凶，所以断也。"此统论河图洛书也。又曰："天一，地二；天三，地四；天五，地六；天七，地八；天九，地十。"按：此简本在第十章之首。《本义》从程子说移在第九章之首。天数五，地数五，五位相对而各有合，天数二十有五，地数三十。凡天地之数，五十有五，此所以成变化而行鬼神也。按：此简本在"大衍"之后，《本义》移在"天九地十"之下。又按：班固《律历志》，唐卫、元包二简皆是连书。

此传明河图之数也。古今言数学者，盖始于此。天地间只有一十数，衍而为百千万亿之无算者，此十之积也。十数又只始于一数，自二至十，皆此一之积也。一之上，更有何物理而已矣。此所谓易有太极是也。太极之理虽超乎数之外，而实行乎数之中也。自天一至地十细积之，已自具天地五十有五数，一与二为三，三与三为六，六与四为十，十与五为十五，十五与六为二十一，二十一与七为二十八，二十八与八为三十六，三十六与九为四十五，四十五与十为五十五，数备矣。其下文不过申明此十数而已。其义先人《启蒙》、《通释》备矣。天地人物，古往今来，万事万变，与夫鬼神之情状，皆在此数包罗中矣。今以图观之，天一生水，地六成之。地二生火，天七成之。天三生木，地八成之。地四生金，天九成之。天五生土，地十成之。然天一生水，必待地六而后成；以至天五生土，必待地十而后成者，以五行之生，皆不能离乎中五之土，以成形质。天一生水矣，水非土则原泉从何出，故一得五则成六，是地六成之也。地二生火矣，火非土则归宿于何所，故二得五则成七，是天七成之也。天三生木矣，木非土植无所培，故三得五则成八，是地八成之也。地四生金矣，金固土之所滋长，故四得五则成九，是天九成之也。天五生土矣，生而必成，则积之深厚，故五得五则成十，是地十成之也。一二三四五者，生之之序。六七八九十者，皆因五而后得，非真借六七八九十之数以成之也。春属木，居东方，而三八生成木在东，在十干则为甲乙，十二支则为寅卯，在人则为五脏之肝。夏属火，居南方，而二七生成火在南，在十干则为丙丁，十二支则为巳午，在人则为五脏之心。秋属金，居西方，而四九生成金在西，在十干则为庚辛，十二支则为申酉，在人则为五脏之肺。冬属水，居北方，而一六生水在北，在十干则为壬癸，十二支则为亥子，在人则为五脏之肝。凡四季属土居中宫，而五十生成土在中，在十干则为戊己，十二支则为辰戌丑未，在人则为五脏之脾。若配以五常，则东属仁，南属礼，西属义，北属智，中宫属信，而贯乎四者五行。质具于地，气行于天，以质言则水火木金土，取天地生成之序；以气言则曰木火土金水，取春夏秋冬运行之序。故图之左旋，自东而南，南而中，中而西，西而北，合四时之序焉。此图龙马负之出于河，而数之所具，包括如此，其可以人力强为哉！

《易大传》虽以河图与洛书并言，却未尝明言洛书之数。如所论河图之详者，今以洛书观之，其为数也，一居北，六居西北，三居东，八居东北，五居中，与河图之位数合。至于九自居南，四自居东南，七居西，二自居西南，二方之数，视河图实相易置焉，何哉？朱子谓："阳不可易而阴可易"，其义精矣。愚又自其粗者观之，盖图书之数虽不相袭，然而天地间东西南北中不过一水火木金土之位，一二三四五六七八九十不过一水火土金土之数，自二图并观，河图五行之数各协五方之位，洛书之数三同而二异焉。其居中者不可易矣，纵使东北二方之数相易，亦不过有相生而无相克，至西南二方之数相易，则金乘火位、火入金乡，有相克制之义焉。此造化所以必易二方之数，正以成其相克之象也。夫自二方既易之后，尽皆右转相克。北方一六水克西方二七火，西方二七火克南方四九金，南方四九金克东方三八木，东方三八木克中央五土，五土复克北方水。为若使东北二方之数亦易，非但无相克之象，又且于右转之序紊其位次，而无复自然之法象矣。此造化之所以巧妙也。河图主左旋相生，洛书主右转相克，造化则不可无生，亦不可无克，不生则或几乎熄，不克则亦无以为之成就也。五行相克，子必为母执仇。如土克水，水之子木又克土；水克火，火之子土又克水；火克金，金之子水又克火；金克木，木之子火又克金；木克土，土之子金又克木。其循环相克，亦无已焉。今有人忘父母之大仇而不报者，可以观诸此矣。或曰：克有必报而生未之酬，何也？盖生者理之常，数之顺，如天之生物，本无求于报，而受生者固亦不屑屑以报为事。其河图之谓乎？克者理之变，数之逆，为受克之子者，岂容坐视而不报哉！其洛书之谓乎？体常尽变，则子必为母报仇，乃造化自然之象，人事当然之理，而不可易者也。至于中央视河图惟有五而无十，然一九、二八、三七、四六之合，环而向之，未尝无十焉，正造化之妙处。合图书之数悉计之为数者百，如犬牙之相错，牝牡之相衔，其巧又有如此。

盖尝论之，河图虽授羲以画八卦，窃意伏羲见是图奇偶之数，卦便可画，初非规规然模仿其方位与数也。卦画既成，隐然自与图之位数合。洛书虽云授禹以叙九畴，然九畴自初一五行之外，次二五事以下，与洛书之位数初不相关。今合二图以观先后天之易，且以伏羲先天八卦，乾兑生于老阳之四九，离震生于少阴之三八，巽坎生于少阳之二七，坤艮生于老阴之一六，其卦未尝不与洛书之位数合。文王后天八卦，坎一六水，离二七火，震巽三八木，乾兑四九金，坤艮五十土，其卦未尝不与河图之位数合。先人之说，见《启蒙》，《通释》上卷末。所以然者，岂伏羲之时图书既皆并出，《礼纬》亦曰"伏羲德合上下，天应以鸟兽文章，地应以河图洛书，伏羲则以画卦"，其后天复以锡禹耶？九畴盖亦本洛书九数也。二图精奥，朱子备见《启蒙》，先人通释详矣。今姑就其粗者，与夫一二未发之要讲之，然后再进于《启蒙》，亦易易也。

三圣取象例

《易》有理而后有数，有数而后有卦，有卦而后有象。理者何？太极是也。数者何？河图、洛书、蓍、大衍之数是也。卦者何？由八卦重为六十四卦是也。象者何？乾天坤地乾马坤牛之类是也。包羲未画之先，仰观天文，俯察地理，近取诸身，远取诸物，博求其象以画卦。既画之后，象悉在卦中，此所谓有画而后有象者，指作《易》之后而言，《易》中之象也。然伏羲之象在卦中，卦即象也。文王取象犹略，乾无所取象，坤象牝马，离象牝牛，中孚豚鱼，小过飞鸟之类，寥寥可数。周公于六爻取象甚多，其要者，如乾六爻象龙，屯震坎象马之类，不可胜数。又自有所见而取，不必尽同于文王。至夫子于《说卦》，八卦取象，如乾天坤地乾马坤牛之类；于六十四卦取大象，如乾天坤地屯云雷蒙山泉之类，尤备。其间亦有括文王周公所取例者。然而同于文王周公者少，而所自取者多。盖夫子梦周公，心文王，参包羲于未画，其于明象，又自所可见，不必尽同于先圣也。朱子诗云："须知三绝韦编者，不是寻行数墨人。"得之矣。缘自先儒分经合传之后，学者随又苟且，混淆莫别，径以孔子之象即文王周公之象，遂以《说卦》为祖，而六十四卦之象、三百八十四爻之象，尽求合于《说卦》，皆有所不通矣。必知乎此而后取象乎同异，如揭日月而行天，流河汉而注地也。愚于《本义》后《卦象图说》详矣，姑陈其概于此。或曰："象至夫子而大备。诚如子言矣。夫子以前，占者取象，如《左传》所载，固已多矣，奈何？"愚曰："《左氏传》乃传夫子《春秋》之经，安知非取夫子之《易》象以文之也。借曰夫子以前，如乾天坤地等象，容或有之，然自《左传》外，他无证据，又不应以夫子之圣赞易区区，收拾先圣所取之象为之套括略，不能自出一毫所见于其间也。况夏商以前，《易》无复考究，今只据《易》中之辞，求《易》中之象，文王所未取者，周公取之；周公所未取者，孔子取之。以文王周公所未有之象，至夫子而方尽，谓之曰'象至夫子而大备'，讵不信然。"《左传》占辞一节，愚于《本义》后《国史言辨》论之详矣。

彖爻取象例

《易》中卦爻及《象传》中取象，有取变体、似体、互体、伏体、反体，不一而足。变体，如小畜上九称既雨，无坎而取雨象者，以上九变则为坎也。似体，如颐似离而称龟，大壮似兑而称羊之类也。互体，如震九四称遂泥，以自三至四互坎也。伏体，如同人彖辞称大川，以下体离伏坎也。反体，如鼎卦初三爻称妾，以下体巽，正兑之反，初阴爻，妾也。此说得之婺源州判泊斋吴先生。此类皆不可省，象意方通。

卦有逐爻取象

如随二三损初为小子，渐初亦称小子，大过损初为女妻，噬嗑、贲、壮、夬、鼎、艮损初为趾，遁、既、未济损初为尾，晋、姤上象角，大过上象顶，既济上象首，皆是也。他爻可类推。

爻有以六位取象

《易》六十四卦，惟既济一卦坎上离下，六爻之阴阳与六位之阴阳协，故曰"既济定也"，言爻位阴阳皆定之义。余六十三卦中，皆具坎离阴阳之位焉。又只以见日月为易之妙，故卦中取象亦有以位之阴阳取者。初不以爻拘，如乾九三以位言，居离位之上，有终日夕象。九四以位言，居坎位之下，有跃在渊象。义则昭然矣。朱汉上解《乾·象传》曰："六爻天地相函，坎离错居。坎离者，天地之用也。云行雨施，坎之升降也。大明终始，离之往来也。"因是推之，得六位取象之说。

卦分德象体材义

卦德：乾健坤顺，震动巽入，坎陷离丽，艮止兑说是也。卦象：乾天坤地，震雷巽风，坎水离火，艮山兑泽是也。卦体：刚中柔中，刚上柔下，内阳内阴，内健外顺是也。卦材：刚柔健顺，有强弱之分是也。卦义：如泰有亨通义，蛊有干济义也。

卦爻言数例

凡卦爻数，自初数之，至上为六。或以一爻为一岁一年，同人三岁不兴，坎三岁不得凶，丰三岁不觌，既济三年克之，未济三年有赏于大国。或以一爻为一月，临至于八月有凶。或以一爻为一日，复七日来复。或以一爻为一人，需不速之客三人来，损三人行则损一人。或以一爻为一物，讼鞶带三褫，晋昼日三接，师王三锡命，比王用三驱，睽载鬼一车，解田获三狐，损二簋可用享，萃一握为笑，革言三就，旅一矢亡，巽田获三品之类。见先杂著。

《易》为卜筮书

《易》所以知为卜筮书者，以《周礼》三易皆掌于太卜之官而知之。伏羲易无文字，只是教人随所占得卦爻，就卦爻之阴阳上看吉凶。文王周公始有辞，分明说吉凶，说利不利，又说神怪之象。如载鬼一车，见豕负涂之类，以示人大概，是教人以忠孝正顺。如所谓贞则利，不贞则不利；贞则吉，不贞则不吉。无非此意。《本义》坤卦六五爻黄裳元吉之义，便可见当时占法大旨。横渠先生谓：《易》为君子谋，不为小人谋，正谓此也。后之学者，不说易为卜筮书者，以为卜筮流于技艺，为《易》耻谈，故只就理上说。虽说得好，但非《易》之本旨，与《易》初不相干。朱子尝谓"卜筮之顷，上通鬼神，下通事物，精及于无形，粗及于有象"。天下道理，无不包罩在其中。开物成务之学，正有赖此，奈何以为非卜筮之书乎？夫子《文言》、《象传》之类，虽多发明道理，然而《系辞》中教人大衍之数、河图之数教人卜筮，《象传》、《说卦》中教人说象，极详备，人皆由之而未察尔。

《本义》、《启蒙》主卜筮

朱子《本义》、《启蒙》二书，只教人以象、占二事。或者乃谓《易》有圣人之道四焉，有辞、变、象、占四者之分，今只说卜筮，乃是朱子之学易道不止是也。是则然矣。然文王卦辞中于蒙、比二卦只发"初筮、原筮"之义，周公爻辞中于革九五只发"未占有孚"之义，夫子《系辞》曰"极数知来之谓占"，曰"大衍之数五十"，曰"蓍之德圆而神"，曰"幽赞于神明而生蓍"，说尚占之事，不一而足。诚以伏羲之卦本为卜筮作，文王周公象爻无非占决之辞。所以周公于《周礼》一书论《易》，惟与《连山》、《归藏》并掌于太卜之官，则《易》之所由作，大抵为卜筮也审矣。然《论语》引恒卦"不恒其德，或承之羞"之辞，而继之以"子曰不占而已矣"者，又足以见夫子谓人不知尚占之学，故不识"不恒其德，或承之羞"之义。是则夫子专以《易》为尚占之书又可见矣，奈何以为朱子独解作卜筮乎？何不知言之甚也。夫子所谓圣人之道四焉，亦说《易》道广大，其用不穷，又何止于四道？而原其所由作，则本为教人卜筮，使之决嫌疑，定犹豫，而不迷于吉凶悔吝之涂耳。可不考其本而惟朱子之议乎？

辞说

《易·系辞上传》曰："易有圣人之道四焉，以言者尚其辞，以动者尚其变，以制器者尚其象，以卜筮者尚其占。"夫所谓辞者何也？文王六十四卦卦下之辞、周公三百八十四爻爻下之辞是已。然愚直谓文王周公之辞不出象占二字，且以乾坤二卦论之。文王曰："乾，元亨利贞。坤，元亨利牝马之贞。君子有攸往，先迷后得，主利。西南得朋，东北丧朋，安贞吉。"乾是卦名，元亨利贞是卦占。此卦有占无象，而卦之六画即象矣。谓筮得乾而六爻不变，或一卦三爻变，则以元亨利贞为占，谓其事大亨通而利在贞正，虽亨通而不贞正，则依然不利耳。坤是卦名，元亨以下是卦占，谓筮得坤而六爻不变，或一卦三爻变，则以元贞利牝马之贞以下为占。以牝马置元贞利贞间，是谓象离；占中牝马，坤之象；元亨利贞者，坤之占也。君子指筮者，谓筮者若有所往居，先则迷，以坤纯阴之故；在后则得，以坤承乾之故。坤主利，乾主义，故坤主利，往西南则得朋类，往东北则丧朋类，以后天八卦巽离坤兑居西南而为阴之朋，震坎乾艮居东北而为阳之朋。安贞吉者，安于西南之贞则吉。此西南东北是象，而得朋丧朋安贞吉是占也。又以乾初九、坤初六二爻论之。周公曰："初九潜龙勿用，初六履霜坚冰至。"潜龙非象于弗用，非占于履霜坚冰至，固云有象无占，而占意寓于象。分而言之，霜冰是象，履至是占，亦未为不占。玩二卦二爻，无非象占二者而已。合象占以成句而读之，粲然成文，则谓之辞矣。六十四卦三百八十四爻皆然。《易》舍象占不足以成辞，论辞而不及象占，惟以道理解说，而谓圣人自有此一种险怪之辞，则亦真足不与言《易》。若以"言者尚其辞"之义，林学蒙引《论语》，举"不恒其德，或承之羞"以明之，朱子以为然矣，但于他未见有所证耳。

变说

夫所谓变者何也？卦爻阴阳之变也。《说卦》曰："昔者圣人之作《易》也，幽赞于神明而生蓍。"则伏羲画卦，固已赞神明而生蓍以用之矣。有蓍筮则有九六七八，九六为阴阳之老，七八为阴阳之少，老变而少不变。《易》以变为占，非卜筮固无由而得变。然想古人用《易》，亦不尽假卜筮，而遇事之来，动以应之，必先随意所发，主在一卦，又就一卦上随意变爻，看变得何卦何爻，一如筮法以断之，此所谓"以动者尚其变"也。按《春秋左氏传》宣公六年，王子伯廖引《易》论郑公子曼满曰："其在《周易》丰之离，弗过之矣。间一岁，郑人果杀曼满。"又如宣公十二年，智庄子引《易》论先縠与楚战于邲，曰："《周易》有之，在师之临，曰：'师出以律，否臧凶。'遇敌必败，虽免而归，必有大咎。及战果败，后晋人归罪先縠，杀之"之类是也。然此特尚变以论他人之事耳，往往已事，亦如是尚其变，以为断决焉。但于《传》未见其例也。

梅花周易数卷三

乾

元亨利贞。

先天策		后天轨
〇二五九五	潜龙勿用。	四七六二九
〇二八一二	见龙在田,利见大人。	四八三九八
〇三〇二九	君子终日乾乾,夕惕若厉,无咎。	四九一六七
〇九〇七八	或跃在渊,无咎。	三六一一二
一一二三九	飞龙在天。	四三七九三
一三四〇〇	亢龙有悔。	五一四七四

坤

元亨,利牝马之征,君子有攸往。

一一八二五	履霜,坚冰至。	一四七八九
一一九七〇	宜方大,不习无不利。	一五四六二
一二一一五	含章可征。或从王事,无成有终。	一六一三五
〇七〇七六	括囊,无咎无誉。	二八九〇四
〇八五一七	黄裳,元吉。	三五六二五
〇九九五八	龙战于野,其血玄黄。	四二三四六

屯

元亨利贞。勿用。有攸往。利建侯。

○七○六七	盘桓，利居贞，利建侯。	二二五三三
○七二三六	乘马班如。屯如邅如。匪寇婚媾。女子贞不字。十年乃字。	二三二三八
○七四○五	即鹿无虞。惟入于林中。君子几不如舍。往吝。	二三九四三
○七九一○	乘马班如。求婚媾。往吉。无不利。	二九五七六
○九五九一	屯其膏。小贞吉。大贞凶。	三六六一七
一一二七二	乘马班如。泣血涟如。	四三六五八

蒙

天造草昧。利建侯而不宁。

一○四三○	发蒙。利用刑人。用说桎梏。以往吝。	○八四五八
一○五九九	包蒙吉。纳妇吉。子克家。	○九一六三
一○七六八	勿用取女。见金夫。不有躬。无攸利。	○九八六八
○八○八一	困蒙。吝。	三四五○九
○九七六二	童蒙。吝。	四一五五○
一一四四三	击蒙。不利为寇。利御寇。	四八五九一

需

有孚，光亨。吉。利涉大川。

○二三一二	需于郊。利用恒。无咎。	四五六四○
○二五○五	需于沙。小有言。终吉。	四六三七七
○二六九八	需于泥。致寇至。	四七一一四
○九○三五	需于血。出自穴。	三○九二三
一○九五六	需于酒食。贞吉。	三八二八四
一二八七七	入于穴。有不速之来。敬之终吉。	四五六四五

讼

上刚下险。险而健。讼。

一一九一二	不永所事。小有言。终吉。	○八八四○
一二一○五	不克讼。归而逋。邑人三百户。无眚。	○九五七七
一二二九八	食旧德。贞厉。终吉。或从王事。无成。	一○三一四
○八○七五	不克讼。复即命渝。安贞吉。	三四六○三
○九九九六	讼元吉。	四一九六四
一一九一七	或锡之声带。终朝三褫之。	四九三二五

师

师。贞。丈人吉。无咎。

○九六七八	师出以律。否臧凶。	○八二六○
○九八四四	在师中吉。无咎。王三锡命。	○八九四九
○○○○一	师或舆尸。凶。	○九六三八
○七六六二	师左次。无咎。	二九五九一
○九二二三	田有禽。利执言。无咎。长子帅师。	三六四七二
一○七八四	大君有命。开国承家。小人勿用。	四三三五三

比

比。吉。原筮元终贞。无咎。不宁方来。后夫凶。

一二八○七	有孚比之。无咎。有孚。盈缶。终来有他。吉。	一五一四○
一二九六四	比之自内。贞吉。	一五八二九
一三一二一	比之匪人。	一六五一八
○七三五○	外比之。贞吉。	二八九○三
○八九一一	显比。王用三驱。失前禽。邑人不诫。吉。	三五七八四
一○四七二	比之无首。凶。	四二六六五

小畜

柔得位而上下应之。曰小畜。

○二四五五	复自道。何其咎。吉。	四六六一五
○二六六○	牵复。吉。	四七三八八
○二八六五	舆说辐。夫妻反目。	四八一四一
○九三九四	有孚。血出。惕。	三三八五四
一一四三五	有孚挛如。富以其邻。	四一三七五
一三四七六	既雨既处。尚德载。妇贞厉。月几望。君子征。	四八八九六

履

履虎尾。不咥人。亨。

○四四九二	素履。往无咎。	五四一五八
○四六九七	履道坦坦。	五四九一一
○四九○二	眇能视。跛能履。履虎尾。咥人。凶。	五五六六四
○八五七五	履虎尾。愬愬终吉。	三五三六一
一○六一六	夬履。贞厉。	四二八八二
一二六五七	视履考祥。其旋元吉。	五○四○五

泰

小往大来。吉。亨。

〇二一七二	拔茅茹以其汇。征吉。	四四六四九
〇二三五一	包荒。用凭河。不遐遗。朋亡。得尚于中行。	四五三七〇
〇二五三二	无平不陂。无往不复。艰贞无咎。勿恤其孚。于食有福。	四六〇九一
〇八八三三	翩翩。不富以其邻。不戒以孚。	三〇九七二
一〇六三四	帝乙归妹。以祉元吉。	三八一七三
一二四三五	城复于隍。勿用师。自邑告命。贞吝。	四五三七四

否

否之匪人。不利君子贞。大往小来。

一四七七〇	拔芽茹以其汇。征吉。亨。	一五八四九
一四九五一	包承。小人吉。大人否。亨。	一六五七〇
一五一三二	包羞。	一七二九一
〇七五七三	有命无咎。畴离祉。	三三八五二
〇九三七四	休否。大人吉。其亡其亡。系于包桑。	四一〇五三
一一一七五	倾否。先否后吉。	四八二五四

同人

同人于野。利涉大川。利君子贞。

○六五三三	同人于门。无咎。	六九二○○
○六七三八	同人于宗。吝。	六九九五三
○六九四三	伏戎于莽。升其高陵。三岁不兴。	七○七○六
○八五七六	乘其墉。弗克攻。吉。	三五五六三
一○六一七	同人。先号咷而后笑。大师克相遇。	四二八八四
一二六五八	同人于郊。无悔。	五○四○五

大有

柔得尊位。大中而上下应之。

○二四五三	无交害。匪咎。艰则无咎。	四六六四○
○二六五八	大车以载。有攸往。无咎。	四七三九三
○二八六三	公用享于天子。小人弗克。	四八一四六
○八九八四	匪其彭。无咎。	三七六一九
一一○二五	厥孚交如。威如。吉。	四五一四○
一三○六六	自天佑之。吉无不利。	五二六六一

谦

亨。君子有终。天道下济而光明。地道卑而上行。

一一二四八	谦谦君子。用涉大川。吉。	五六四二七
一一四〇五	鸣谦贞吉	五七一一六
一一五六二	劳谦。君子有终。吉。	五七八〇五
〇七六六三	无不利。撝谦。	二九五九八
〇九二二四	不富以其邻。利用侵伐。	三六四七九
一〇七八五	鸣谦。利用行师。征邑国。	四三三六〇

豫

利建侯行师。刚应而志行。顺以动。

一二八〇五	鸣豫。凶。	一五一四二
一二九六二	介于石。不终日。贞吉。	一五八三一
一三一一九	盱豫悔。迟有悔。	一六五二〇
〇七〇三六	由豫。大有得。勿疑朋。	三〇二八一
〇八五九七	贞疾。恒不死。	三七一六二
一〇一五八	冥豫。成有渝。	四四一四三

随

刚来而下。柔动而说。随。

○七五六七	官有渝。贞吉。出门交有功。	二三○五一
○七七四八	系小子。失丈夫。	二三七七二
○七九二九	系丈夫。失小子。随有求。得。	二四四九三
○七七五○	随有获。贞吉。有孚在道。	三四五七四
○九五五一	孚于嘉。吉。	四一七七五
一一三五二	拘系之。乃从维之。王用亨于西山。	四八九七六

蛊

元亨。利涉大川。先甲三日。后甲三日。

○九三七三	干父之蛊。有子考无咎。厉。终吉。	三○二三五
○九五五四	干母之蛊。不可贞。	三○九七四
○九七三五	干父之蛊。小有悔。无大咎。	三一六九五
○八六五六	干父之蛊。往见吝。	三五二九六
一○四五七	干父之蛊。用誉。	四二四九七
一二二五八	不事王侯。高尚其事。	四九六九八

临

刚浸而长。说而顺。刚而应。大亨以正。天之道也。

〇三七〇七	咸临。贞吉。	五〇六九八
〇三八七六	咸临。吉无不利。	五一四〇三
〇四〇四五	甘临。无攸利。既忧之。无咎。	五二一〇八
〇八二四六	至临。无咎。	三〇二八五
〇九九二七	知临。大君之宜。吉。	三七三二六
一一六〇八	敦临。吉。无咎。	四四三六七

观

盥而不荐。有孚颙若。

一三七九〇	童观。小人无咎。君子吝。	一五四九五
一三九五九	窥观。利女贞。	一六二〇〇
一四一二八	观我生。进退。	一六九〇五
〇七七四五	观国之光。利用宾于王。	三一六九〇
〇九四二六	观我生。君子无咎。	三八七三一
一一一〇七	观其生。君子无咎。	四五七七二

噬嗑

亨。利用狱。颐中有物。曰噬嗑。

〇七五六八	履校灭趾。无咎。	二三〇五三
〇七七四九	噬肤灭鼻。无咎。	二三七七四
〇七九三〇	噬腊肉。遇毒。小吝。无咎。	二四四九五
〇七九三一	噬乾胏。得金矢。利艰贞。	三六〇一六
〇九七三二	噬乾肉。得黄金。贞厉。无咎。	四三二一七
一一五三三	何校灭耳。凶。	五〇四一八

贲

亨。小利有攸往。柔内而文刚。故亨。

〇五七七一	贲其趾。舍车而徒。	六六二五八
〇五九五二	贲其须。	六六九七八
〇六一三三	贲如濡如。永贞吉。	六七七〇〇
〇八六五四	贲如皤如。白马翰如。匪寇婚媾。	三五三〇一
一〇四五五	贲于丘园。束帛戋戋。吝终吉	四二五〇二
一二二五六	白贲。无咎。	四九七〇三

剥

不利有攸往。柔变刚也。

一二八〇八	剥床以足。蔑贞凶。	一五一四七
一二九五六	剥床以辨。蔑贞凶。	一五八三六
一三一二二	剥床。无咎。	一六五二五
〇七五〇七	剥床以肤。凶。	三三七二六
〇九〇六八	贯鱼。以宫人宠。无不利。	四〇六〇七
一〇六二九	硕果不食。君子得舆。小人剥庐。	四七四八八

复

亨。出入无疾。朋来无咎。反复其道。七日来复。利有攸往。

○六五六五	不远复。无祗悔。元吉。	二二○二二
○六七二二	休复。吉。	二二七一一
○六八七九	频复。厉。无咎。	二三四○○
○七六六○	中行独复。	二九五九三
○九二二一	敦复。无悔。	三六四七四
一○七八二	迷复。凶。有灾眚。用行师。终有大败。以其国君。凶。至于十年不克征。	四三三五五

无妄

刚自外来。而为主于内。动而健。刚中而应。大亨以正。天之命也。其匪正有眚。不利有攸往。

○八○七○	无妄。往吉。	二三五六二
○八二六三	不耕获。不菑畬。则利有攸往。	二四二九九
○八四五六	无妄之灾。或系之牛。行人之得。邑人之灾。	二五○六三
○八○七三	可贞。无咎。	三四六○五
○九九九四	无妄之疾。勿药有喜。	四一九六六
一一九一五	无妄。行有眚。无攸利。	四九三二七

大畜

利贞。不家食吉。利涉大川。

○二三一三	有厉。利已。	四五六四七
○二五○六	舆说辐。	四六三八四
○二六九九	良马逐。利艰贞。曰闲舆卫。利有攸往。	四七一二七
○九二二八	童牛之牿。元吉。	三六○八二
一一一四九	豮豕之吉。	四三四四三
一三○七○	何天之衢。亨。	五○八○四

颐

颐。贞吉。养正则吉也。观颐。观其所养也。

○七○六八	舍尔灵龟。观我朵颐。凶。	二二五四○
○七二三七	颠颐。拂经于丘。颐征凶。	二三二四五
○七四○六	拂颐。征凶。十年勿用。无攸往。	三三九五○
○八○七九	颠颐。吉。虎视耽耽。其欲逐逐。	三四五一一
○九七六○	拂经。居贞吉。不可涉大川。	四 五五二
一一四四一	由颐。厉吉。利涉大川。	四八五九二

大过

栋桡。利有攸往。亨。

〇九九九二	籍用白茅。无咎。	三〇九二四
一〇一八五	枯杨生稊。老夫得其女妻。无不利。	三一六六一
一〇三七八	栋桡。凶。	三二三九八
〇八二六七	栋隆。吉。有它吝。	三五三四三
一〇一八八	枯杨生华。老妇得其士夫。无咎无誉。	四二七〇四
一二一〇九	过涉灭顶。凶。	五〇〇六五

坎

习坎。有孚。维心亨。行有尚。

一〇四二九	习坎。入于坎窞。凶。	〇八四五一
一〇五九八	坎有险。求小得。	〇九一五六
一〇七六七	来之坎坎。险且枕。入坎窞。勿用。	〇九八六一
〇七九一二	樽酒簋贰。用缶。约纳自牖。终无咎。	二九五七四
〇九五九三	坎不盈。祇既平。无咎。	三六六一五
一一二七四	系于徽纆。寘于丛棘。三岁不得。凶。	四三六五六

离

利贞。畜牝牛吉。日月丽乎天。百谷草木丽乎土。重明以丽乎正。乃化成天下。

○六一五一	履错然。敬之无咎。	六七七三一
○六三四四	黄离。元吉。	六八四六八
○六五三七	日昃而离。不鼓缶而歌。则大耋之嗟。凶。	一六九二○
○八四五八	突如其来如。焚如。死如。弃如。	三六八二二
一○三七九	出涕沱如。戚嗟如。吉。	四四一八三
五二三○○	王用出征。有嘉折首。获匪其丑。无咎。	五一五四四

咸

亨。利贞。取女吉。

一二九七○	咸其拇。	五九○五六
一三五五一	咸其腓。凶。居吉。	五九七七七
一三三三二	咸其股。执其随。往吝。	六○四八九
○七七五三	贞吉悔亡。憧憧往来。朋从尔思。	三四五七九
一一三五五	咸其脢。无悔。	四一七八○
○九五五四	咸其辅颊舌。	四八九八一

恒

亨。无咎。利贞。利有攸往。

〇九三七〇	浚恒。贞吉。无攸利。	三〇二四八
〇九五五一	悔亡。	三〇九六九
〇九七三一	不恒其德。或承之羞。贞吝。	三一六九〇
〇八一一三	田无禽。	三一六九一
〇九七一四	恒其德。贞妇人吉。夫子凶。	三八八九二
一一七一五	振恒。凶。	四六〇九三

遯

遯。亨。遯而亨也。刚当位而应。与时行也。小利贞。浸而长也。君子以远小人。不恶而严。

一三八三三	遯尾厉。勿用有攸往。	六〇三六七
一四〇二六	执之用黄牛之革。莫之胜说。	六一一〇四
一四二九	系遯。有疾厉。畜臣妾吉。	六一八四一
〇八〇七六	好遯。君子吉。小人否。	三四六一〇
〇九九九七	嘉遯。贞吉。	四一九七一
一一九一八	肥遯。无不利。	四九三三二

大壮

大壮。利贞。

○二三一○	壮于趾。征凶。有孚。	四五六四二
○二五○三	贞吉。	四六三七九
○二六九六	小人用壮。君子用罔。贞厉。羝羊触藩。羸其角。	四七一一六
○八六四九	贞吉。悔凶。藩决不羸。壮于大舆之輹。	三二三九七
一○五七○	丧羊于易。无悔。	三九七五八
一二四九一	羝羊触藩。不能退。不能遂。无攸利。艰则吉。	四七一一九

晋

明出地上。顺而丽乎大明。柔进而上行。是以康侯用锡马蕃庶。昼日三接也。

一三七八八	晋如摧如。贞吉。	一五五○○
一三九五七	晋如愁如。贞吉。受兹介福。于其王母。	六二○五
四 二六	众允悔亡。	六九 ○
○七四○七	晋如鼫鼠。贞厉。	三五二一五
○九○八八	悔亡。失得勿恤。往吉无不利。	四二二五六
一○七六九	晋其角。维用伐邑。厉吉。无咎。	四九二九七

明夷

利艰贞。

○五三八八	明夷于飞。垂其翼。君子于行。三日不食。有攸往。主人有言。	六四七八○
○五五五七	明夷于左股。用拯马壮吉。	六五四八五
○五七二六	明夷于南狩。得其大首。不可疾贞。	六六一九○
○八二四七	入其左腹。获明夷之心。于出门庭。	三○二八七
○九九二八	箕子之明夷。利贞。	三七三二八
一一六○九	不明晦。初登于天。后入于地。	四四三六九

家人

利女贞。男正位乎内。女正乎外。

○六一五三	闲有家。	六七七二六
○六三四六	遂在中馈。贞吉。	六八四六三
○六五三九	家人嗃嗃。悔厉贞。妇子嘻嘻。终吝。	六九二○○
○八八四四	富家大吉。	三三一三七
一○七六五	王假有家。勿恤吉。	四○四九八
一二六八六	有孚威如。吉。	四七八五九

睽

小事吉。

○四○三○	悔焉。丧马勿逐自复。见恶人无咎。	○三○○九
○四四二三	遇主于巷。无咎。	五三七四六
○四六一六	见舆曳。其牛掣。其人天且劓。无初有终。	五四四八三
○八四五七	睽孤。遇元夫。交孚。厉无咎。	三六八二○
○一三七八	悔亡。厥宗噬肤。往何咎。	四四一八一
一二二九九	睽孤。见豕负涂。载鬼一车。先张之弧。后说之弧。匪寇婚媾。往遇雨则吉。	五一五四二

蹇

利西南。不利东北。利见大人。贞吉。

一二一一○	往蹇来誉。	五七七三八
一二二七九	王臣蹇蹇。匪躬之故。	五八四四三
一一四四八	往蹇来反。	五九一四八
○七九一三	往蹇来连。	二九五八一
○九五九四	大蹇用来。	三六六二二
一一二七五	往蹇来硕。吉。利见大人。	四三六六三

解

利西南。无所往。其来复吉。有攸往。夙吉。

一〇四二七	无咎。	〇八四五三
一〇五九六	田获三狐。得黄矢。贞吉。	〇九一五八
一〇七六五	负且乘。致寇至。贞吝。	〇九八六三
〇七五七四	解而拇。用至斯孚。	三〇九八四
〇九二五五	君子维有解。吉。有孚于小人。	三八〇二五
一〇九三六	公用射隼于高墉之上。获之无不往。	四五〇六六

损

有孚元吉。无咎。可贞。利有攸往。曷之用。二簋可用亨。

〇九三七〇	已事遄往。无咎。酌损之。	五一八五六
〇四一五一	利贞。征凶。弗损益之。	五二五七七
一四三三二	三人行则损一人。一人行则得其友。	五三二九八
〇八六五三	损其疾。使遄有喜。	三五二九九
一〇四五四	或益之十朋之龟。弗克违。元吉。	四二五〇〇
一二二五五	弗损之。益无咎。贞吉。有攸往。得臣无家。	四九七〇一

益

利有攸往。利涉大川。损上益下。民说无疆。自上下下。其道大光。

○七五七○	利用为大作。元吉。无咎。	二三○四八
○七七五一	或益之十朋之龟。弗克违。永贞吉。王用亨于帝。吉。	二三七六九
○七九三二	益之。用凶事。无咎。有孚。中行。告公用圭。	二四四九○
○八二九三	中行。吉。公从。利用为依迁国。	三二四一一
一○○九四	有孚惠心。勿问。元吉。有孚。惠我德。	三九六一二
一一八九五	或益之。勿击之。立心勿恒。凶。	四六八一三

夬

扬于王庭。孚号有厉。告自邑。不利即戎。利有攸往。

○二四五二	壮于前趾。往不胜为咎。	四六六三八
○二六五七	惕号。莫夜有戎。勿恤。	四七三九一
○二八六二	壮于頄。有凶。君子夬夬。独行遇雨。若濡有愠。无咎。	四八四四四
○八七七九	臀无肤。其行次且。牵羊悔亡。闻言不信。	三六一二三
一○八二○	苋陆夬夬。中行无咎。	四三六三四
一二八六一	无号。终有凶。	五一一五五

姤

柔遇刚也。勿用取女。不可以长也。

一〇六一五	系于金柅。贞吉。有攸往。见凶。羸豕蹢躅。	三一五九五
一〇八二〇	包有鱼。不利宾。	三二三四八
一一〇二五	臀无肤。其行次且。厉。无大咎。	三三一〇一
〇八五七八	包无鱼。起凶。	三五三五八
一〇六一九	以杞包瓜。含章。有陨自天。	四二八七九
一二六六〇	姤其角。吝。无咎。	五〇四〇〇

萃

萃。亨。王假有庙。利见大人。亨。利贞。用大牲吉。利有攸往。

一三七八八	有孚不终。乃乱乃萃。若号。一握为笑。勿恤。往无咎。	一五四九八
一三九五六	引吉。无咎。孚乃利用禴。	一六二〇三
一四一二五	萃如嗟如。无攸往。无咎。小吝。	一六九〇八
〇七二三八	大吉。无咎。	三三八〇五
〇八九一九	萃。无咎。有位。匪孚。元永贞。悔亡。	四〇八四六
一〇九〇〇	赍咨涕洟。无咎。	四七八八七

井

元亨。利见大人。勿恤。南征吉。

○八七五○	允升。大吉。	二九五七五
○八九一九	孚乃利用禴。无咎	三○二八○
○九○八八	升虚邑。	三○九八五
○八二四九	王用享于岐山。吉。无咎。	三○二八二
○九九三○	贞吉。升阶。	三七三二三
一一六一一	冥升。利于不息之贞。	四四三六四

困

亨。贞大人吉。无咎。有言不信。

一一一六九	臀困于株木。入于幽谷。三岁不觌。	○八六四九
一一三五○	困于酒食。朱绂方来。利用亨贞。吉无咎。	○九三七○
一一五三一	困于石。据于蒺藜。入于其宫。不见其妻。凶。	一○○九一
○七七五二	来徐徐。困于金车。吝。有终。	二四五七二
○九五五三	劓刖。困于赤绂。乃徐有说。利用祭祀。	四一七七三
一一三五四	困于葛藟。于臲卼。曰动有悔。贞吉。	四八九七四

井

改邑不改井。无丧无得。往来井井。汔至。亦未繘井。羸其瓶。凶。

○九三七二	井泥不食。旧井无禽。	三○二四六
○九五五三	井谷射鲋。瓮敝漏。	三○九六七
○九七三四	井渫不食。为我心恻。可用汲。王明。并受其福。	三一六八八
○八四七五	井甃。无咎。	三○二四九
一○二七六	井洌。寒泉食。	三七四五○
一二○七七	井收勿幕。有孚元吉。	四四六五一

革

巳日乃孚。元亨利贞。悔亡。

○六一五○	巩用黄牛之革。	六七七二九
○六三四三	巳日乃革之。贞吉。无咎。	六八四六六
○六五三六	征凶。贞利。革言三就。有孚。	六九二○三
○八二六五	悔亡。有孚。改命吉。	三五三四八
一○一八六	大人虎变。未占有孚。	四二七○九
一二一○七	君子豹变。小人革面。征凶。居贞吉。	五○○七○

鼎

元吉。亨。以木巽火。亨饪也。圣人亨以享上帝。而大亨以养圣贤。

〇九九九三	鼎颠趾。利出否。得妾以其子。无咎。	三〇九二六
一〇一八六	鼎有实。我仇有疾。不我能即。吉。	三一六六三
一〇三七九	鼎耳革。其行塞。雉膏不食。方雨亏悔。终吉。	三二四〇〇
〇八四六〇	鼎折足。覆公餗。其形渥。凶。	三六八一七
一〇三八一	鼎黄耳金铉。利贞。	四四一七八
一二三〇二	鼎玉铉。大吉。无不利。	五一五三九

震

亨。震来虩虩。笑言哑哑。震惊百里。不丧匕鬯。

〇七〇六五	震来虩虩。后笑言哑哑。吉。	二二五三五
〇七二三四	震来厉。亿属贝。跻于九陵。勿逐。切日得。	二三二四〇
〇七四〇三	震苏苏。震行无眚。	二三九四五
〇七五七二	震遂泥。	三〇九八六
〇九二五三	震往来厉。亿无丧有事。	三八〇二七
一〇九三四	震索索。视矍矍。征凶。震不于其躬。于其邻。无咎。婚媾有言。	四五〇六八

艮

艮其背。不获其身。行其庭。不见其人。无咎。

一二一一一	艮其趾。无咎。利永贞。	五七七四五
一二二八〇	艮其腓。不极其随。其心不快。	五八四五〇
一二四四九	艮其限。列其夤。厉薰心。	五九一五五
〇八〇八二	艮其身。无咎。	三四五一六
〇九七六三	艮其辅。言有序。悔亡。	四一五五七
一一四四四	敦艮。吉。	四八五九八

渐

渐，女贞吉，利贞。

一二九七三	鸿渐于干。小子厉。有吉。无咎。	五九〇五三
一三一五四	鸿渐于磐。饮食衎衎。吉。	五九七七四
一三三三五	鸿渐于陆。夫征不复。妇孕不育。凶。利御寇。	六〇四九五
〇八二九六	鸿渐于桷。无咎。	三二四一六
一〇〇九七	鸿渐于陵。妇三岁不孕。终莫之胜。吉。	三九六一七
一一八九八	鸿渐于陆。其羽可用为仪。吉。	四六八一八

归妹

征凶。无攸利。

○三九六七	归妹以娣。跛能履。征吉。	五一八五一
○四一四八	眇能视。利幽人。贞吉。	五二五七二
○四三二九	归妹以须。反归以娣。	五三二九三
○八一一○	归妹愆期。迟归有时。	三一六九四
○九九一一	帝乙归妹。其君之袂不如其娣之袂。	三八八九五
一一七一二	女承筐无实。士刲羊无血。	四六○九六

丰

亨。王假之。勿忧。宜日中。丰大也。明以通。

○五七六三	遇其配主。虽旬无咎。往有尚。	六六二五三
○五九四九	丰其蔀。日中见斗。往得疑疾。有孚发若。吉。	六六九七四
○六一三○	丰其沛。日中见沫。折其右股。无咎。	六七六九五
○八一一一	丰其蔀。日中见斗。遇其夷主。吉。	三一六九六
○九九一二	来章。有庆誉。吉。	三八八九七
一一七一三	丰其屋。蔀其家。窥其户。阒其无人。	四六○九八

旅

小亨。旅贞吉。外而顺孚刚。出而丽乎明。

一二九七	旅琐琐。斯其所取灾。	五九〇五八
一一三一五二	旅即次。怀其资。得童仆。贞厉。	五九七七九
一三三三三	旅焚其次。丧其童仆。贞厉。	六〇五〇〇
〇七九三四	旅于处。得其资斧。我心不快。	三六〇二一
〇九七三五	射雉。一矢亡。终以誉命。	四三二二二
一一五三六	鸟焚其巢。旅人先笑后号咷。丧牛于易。凶。	五〇四二三

巽

小亨。利有攸往。利见大人。重巽以申命。

〇九九九五	进退。利武人之贞。	三〇九二一
一〇一八八	巽在床下。用史巫纷若。吉。无咎。	三一六五八
一〇三八一	频巽。吝。	三二三九五
〇八八四六	悔亡。田获三品。	三三一三二
一〇七六七	贞吉悔亡。无不利。无初有终。先康三日。吉。	四〇四九三
一二六八八	巽在床下。丧其资斧。员吉。	四七八五四

兑

兑。亨利贞。

○四二二九	和兑。吉。	五三○○七
○四四二二	孚兑。吉。悔亡。	五三七四四
○四六一五	来兑。凶。	五四四八一
○八二六四	商兑未宁。介疾有喜。	三五三四六
一○一八五	孚于剥。有厉。	四二七○七
一二一○六	引兑。	五○○六八

涣

亨。王假有庙。利涉大川。利贞。刚来而不穷。柔得位乎外而上同。

一一一七二	用拯马壮。吉。	○八六四六
一一三五三	涣奔其机。悔亡。	○九三六七
一一五三四	涣其躬。无咎。	一○○八八
○八二九五	涣其群。元吉。涣有丘。匪夷所思。	三二四○九
一○○九六	涣汗其大号。涣王居。无咎。	三九六一○
‥八九七	涣其血去逖出。无咎。	四六八‥

节

亨。苦节不可贞。刚柔分而得中。

○三九六九	不出户庭。无咎。	五一八四九
○四一五○	不出门庭。凶。	五二五七○
○四三三一	不节若。则嗟若。无咎。	五三二九一
○八四七二	安节吉。甘节吉。	三○二五二
一○二七三	往节尚。往有尚。	三七四五三
一二○七四	苦节。贞凶。悔亡。	四四六五四

中孚

豚鱼吉。利涉大川。利贞。

○四二三二	虞吉。有它不燕。	五三○○四
○四四二五	鸣鹤在阴。其子和之。我有好爵。吾与尔靡之。	五三七四一
○四六一八	得敌。或鼓或罢。或泣或歌。	五四四七八
○八八四三	月几望。马匹亡。无咎。	三三一三五
一○七六四	有孚挛如。无咎。	四○四九六
一二六八五	翰音登于天。贞吉。	四七八五七

小过

亨。利贞。可小事。不可大事。飞鸟遗之音。不宜上。宜下。大吉。

一二一〇八	飞鸟以凶。	五七七四〇
一二二七七	过其祖。遇其妣。不及其君。遇其臣。无咎。	五八四四五
一二四四六	弗过防之。从或戕之。凶。	五九一五〇
〇七五七五	无咎。弗过遇之。往厉必戒。勿用永贞。	三〇九九一
〇九二五六	密雨不云。自我郊西。公弋取彼在穴。	三八〇三二
一〇九三七	弗遇过之。飞鸟离之。凶。是谓灾眚。	四五〇七三

既济

亨。小利贞。初吉。终乱。

〇五七七〇	曳其轮。濡其尾。无咎。	六六二五一
〇五九五一	妇丧其茀。勿逐。七日得。	六六九七二
〇六一三二	高宗伐鬼方。三年克之。小人勿用。	六七六九三
〇八四七三	繻有衣袽。终日戒。	三〇二五四
一〇二七四	东邻杀牛。不如西邻禴祭。实受其福。	三七四五五
一二〇七五	濡其首。厉。	四四六五六

未济

亨。小狐汔济。濡其尾。无攸利。

一一一七〇	濡其尾。吝。	〇八六五一
一一三五一	曳其轮。贞吉。	〇九三七二
一一五三一	未济。贞凶。利涉大川。	一〇〇九三
〇七九三三	贞吉。悔亡。震用伐鬼方。三年有赏于大国。	三六〇一四
〇九七三四	贞吉。悔亡。君子之光。有孚。吉。	四三二一五
一一五三五	有孚于饮酒。无咎。濡其首。有孚。吉。	五〇四一六

右三百八十四爻辞下注，皆后天所演轨数。一坎二坤，三震四巽，六乾七兑，八艮九离，五艮十坤也。详见于后。

昔者圣人之作《易》也，幽赞于神明而生蓍，参天两地而倚数。又曰："生生之为易，成象之谓乾，效法之谓坤，极数之来之谓占。"又曰："大衍之数五十。"又曰："天地之数，五十有五，参伍以变。"《洪范》曰："一曰寿注一百二十岁。"由此观之，人生寿夭，必有推移于盈虚，非数而何？夫易逆数也。逆，迎也，谓迎日推策，则知人之命分、祸福运转、兴衰长短也。故曰"倚数"，明于卦矣。是希夷先生从方技家秘受图书，当时有穆修、种放游其门。穆得其《周易》，种得其图书。穆传李之才，再传至尧夫。种传李溉、许坚、范谔昌，皆洞彻蕴奥也。

梅花周易数卷四

卦原

　　人心唯虚，故灵，有欲则乱。托无心之数，致虚灵之用，此揲蓍之法所由起。触物起卦，取此诸也。

　　画卦法古今不一，最古者蓍也。由古之法诚古而最灵，今数从简，便亦须诚敬，渎则不告也。揲蓍之法不赘。但筮毕却观动爻之变得何卦，以正卦动爻算其数之多寡，除万数，以千百十零配元会运世；取八卦，先天用一六坎、二七离、三八震巽、四九乾兑、五十艮坤，而以进退顺逆生克比和为断，不用爻辞；后天用坎一、坤二、震三、巽四、乾六、兑七、艮八、离九，亦以进退生克比和顺逆兼祸福以断爻辞。或六爻动多者，取阳时自下而上寻阳爻动为主，阴时自上而下取阴爻为主，所为变通趋时也。卦爻无动，亦以阴阳之时自上而下、自下而上求初阳初阴为主卦。吉凶动静，皆由之也。

　　此说与朱晦翁论六爻多动之说异，然随时之说亦有理而验。子寅辰午申戌为阳爻，未巳卯丑亥酉为阴爻。

　　凡算物变卦例，以上下画分数。上画地大泰，见老人则变乾，见少女则变兑乾，见中男变乾坎，见离鱼则变巽乾。

　　本卦变卦皆有互卦，变卦合体卦，以本爻为体，应爻为用。体阳变阴，卦有八位，故除以八。爻有六位，故除以六。

　　凡算数，仍观象辞如何，吉则吉，凶则凶。卦为上，爻辞次之，生克之理又次之。当以天时人事参合用之，卦体爻词三者俱吉则吉。

　　凡算数，体之下卦与日冲不吉，与时冲不吉。与后天方时冲同断。

　　断卦始于数，发于卦，分于爻，贯于理。占者以理为主，数为用，爻为占，万物之情思过半矣。

凡用策数，须根《易》来。上下卦体、变象爻辞为主，次以策数推断，复睹物之情，方可言万物莫逃乎数。若数吉而爻辞又吉，则大吉。数凶而爻词又凶，则大凶。若数吉而卦爻凶、数凶而卦爻吉，则其事乃吉凶中半。凡观爻辞，须以《周易启蒙·考变占法》爻断。

变卦图

六画无变					
初变	二变	三变	四变	五变	上变
初二变	初三变	初四变	初五变	初上变	
二三变	二四变	二五变	二上变		
	三四变	三五变	三上变		
		四五变	四上变	五上变	
初二三变	初三四变	初二五变	初二上变		
	初三四变	初三五变	初三上变		
			初五上变		
			二三上变		
			二四上变	二五上变	
		三四五变	三四上变	三五上变	四五上变
初三四变	初二三五变	初二三上变			
	初二四五变	初二四上变	初二五上变		
	初三四五变	初三四上变	初三五上变	初四五上变	
	二三四五变	二三四上变	二三五上变	二四五上变	三四五上变
初二三四五变	初二三四上变	初二三五上变	初二四五上变	初三四五上变	二三四五上变
					六爻俱变

朱子曰：卦之一画者六，二画变者十五，三画变者二十，四画变者十五，五画变者六，六画俱变者一，合之为六十三，并本卦不变者六十四。一卦变而成六十四卦，六十四卦变而成四千九十六，《焦氏易林》正如此。

揲蓍考变占法

一爻变，则以本卦变爻占。如本卦变不合占意，则以之卦变爻参详。

二爻变，则以本卦二变爻辞占，仍以上变爻为主断。

三爻变，则占本之二卦象辞、反卦体。

四爻变，则以之卦二不变爻占，仍以下不变爻为主。

五爻变，则以之卦一不变爻辞占。

六爻皆变，乾坤则占二用，余卦则之卦《象辞》。

六爻皆不变，则占本卦《象辞》，乃《大象》以内卦为贞，外卦为悔。

凡揲蓍画卦既成，便看六爻有无变动，依《考变占》法。

看数捷要

动静体用、生克比和、奇偶进退、衰旺空满、理象宾主、冲合、三要、四值、六虚、十应，此看数之最要分明也

贞悔

贞占见在，悔占将来。

《书·洪范·稽疑》：占用二，曰贞曰悔。六爻不变，以内卦为贞，外卦为悔。《左传》：秦伯筮伐晋，得蛊卦。云，蛊之贞风也，其悔山也。六爻有变，以本卦为贞，变卦为悔。晋诸公子重耳筮得国，得贞屯悔豫是也。凡卦辞"贞"字皆指内外，卦爻辞"贞"字皆指本爻，爻辞"悔"字皆指变爻，勿生他义。

理断

卦有象，爻有辞，而占断必详乎理。如冬得震卦，不可以为雷。夜占借物，不可以为锄。叛君而得黄裳元吉而反败。占伏牛得火卦而知青牛先起，赤者后起，为火先有烟而后有光。秋占草木，不可以为青草，而知为

豆瓮之中。凡占此数，以理为先，以爻辞卦象为佐也。

克应以冲卦为准，天地否上画动，则用乾之戌亥，遇辰巳方发。日用上互，时用上互。

卦有一定之名，而气随时转，故有真假进退元耗浮沉之八气，动静往来真假虚实之八机。占断之际，当按时审气，观变察机，不可拘拘于卦名也。何谓八气？盖当时用事者谓之真，背时无气者谓之假；气候将临者谓之进，气候已往者谓之退；四值生扶者谓之元，四值泄气者谓之耗；不当生临者日辰生浮者谓之浮，死休囚废而受制于时者谓之沉。沉气欲速则不达，浮气当权而不久；耗气随得而随失，元气则根深而福厚；退气则有令而罔后，进气则方兴而未艾；假气则虚多而实少，真气则成始成终也。何谓八机？盖临事之际见物偶然而起者谓之动，偶然安息者谓之静；人物之去谓之往，人生之至谓之来；粟谷布帛谓之类之真，纸花木果之类谓之假；有声无形者谓之虚，有形有象者为实。动则其事速，静则其事迟；凶事欲其去，吉事欲其来；求官问利爱其真，问信寻人怕其假；兴词诉讼嫌其虚，作事谋望利其实。以此八机，化而裁之，变而通之，则吉凶可知矣。

又论数中令，生我者便是好处，从那上来，便看所属何宫何卦，或阴阳，或男女，或大小，或东西南北，皆可预知。来克者是不好处，从那上来，所属，亦如是。

先天以成类余零取动，后天以起时取象。

先后天辨

先天者已露之机也，后天者未呈之象也。唯其已露，则因事就占而即知其吉凶也。惟其未呈，是未有知觉，出于仓猝，而触景触物，预拟成卦，休咎著焉。此所以先天易测，后天难知。先天专以宾主而不以爻辞论，后天以爻辞而又加宾主断者，何也？盖先天乃伏羲所画，虽有易理而易无言，故不用《周易》爻辞，而专以宾主断也。后天乃文王周孔之传，是有卦画而又有《易》书也。有《易》书故有爻辞，而兼宾主断也。盖圣人作《易》画卦，始于太极两仪四象，皆是加一倍数，自成乾一兑二之数，此先天也。坎一坤二，即后天也。故凡起卦，只合以此而推。如乾兑则应于庚辛及五金之日并乾应于戌亥日时，兑应于申酉日时，震巽应于甲乙及五木之日并寅卯辰巳之意。此先天之应期也。后天则以卦象加时数，而分行立坐卧之迟速，以定事应之期，故我坐则吉凶迟，应于一卦成数之间；我立则不迟不速，应于二卦中分之际；我行则应于二卦三分一之期。大抵坐则静，行则动，立则半动半静。静则应迟，动则应速，半动半静则半迟半速也。然卦数时数应近而不能应远，必合先天后天通用取决，斯无惑矣。

极深研几

易分八卦，数衍三天，是以乾坎艮震属阳，戌亥子丑寅卯之都；巽离坤兑属阴，辰巳午未申酉之乡。四柱立而定矣，万事莫得而逃焉。惟至人可以语此，彼下士岂宜妄传。故人不三世而心不通，事不三思而断必差，数不三尺而义不深，算不三参而差不觉。至若临事决断，虚心持诚，求乎他人之事，取乎我心之灵，敬有所主，理无不明。先立八卦，定其用之可否；次详六爻，察其说之可凭。及其一通百过，则必万举万灵，鬼神莫测，祸福可定，神煞有无，吉凶亦应。

三天说

先天者卦象也，中天者日辰也，后天者方位也。首以先天观卦爻之盛衰，次加中天之日辰，再详后天之方向，或相生合，或相刑并，合三天之造化，从心上之虚灵，以断之祸福，如悬镜矣。邵子曰："先天之学心也，后天之学迹也。"出入有无，死生之道也。

观物策轨

夫卦之所由生者数也，数之所由生者卦也。卦立而爻成，爻成而策者是。故言卦者以其时也，言爻者适其时之变也，言策者阴阳奇偶之数也。数有千百十零为元会运世，故在天为日月星辰，在地为水火土石，在时为春夏秋冬，于世曰年月日时，于人曰性情形体、色声臭味，于物飞走动植、鸟兽草木，为之四象，以见策轨之妙也。是以一三五七九为阳，为生数也，得天之轻清者为之。二四六八十为阴，为成数也，得地之重浊者列之。清浊既分，由是八卦之位始终，万物之数始定。阳孤者忌众阴之多，阴孤者其众阳之剥。得顺数者万汇皆亨，逢逆数者百谋俱否。更于策轨中岁其干支，以寓先天后天之期。故甲乙子午九乾，乃先天策数之所藏也。又有后天轨数之所藏者，如壬申从乾是也。于千百十零之间，布年月日时之位，决阴阳之象，定顺逆之数，取克应而断之。

体用总论

夫有意必有言，有言必有象，有象必有数，数立而象生，象生则言著，言著则意显，是以圣人仰观俯察，惟动静而已。故动者数之用，静者数之体也。体以用为宾，用以体为主。主宜旺而受宾之生，宾宜衰而受主之制。故主克宾其势强也，所为虽迟乃终有益；宾克主其势弱也，凡事守正，静以待时；主生宾以先天也，所行必垂，动则虚耗；宾生主身得济也，足以有为，往有所向；宾生比和，其道亨也，百事流动，动罔不吉。日生主，日主比和，我得上人扶助；日生宾，日宾比和，他得贵客维持。日生主克宾，人向我而忘他；日生宾而克主，人向他而嫉我。日克主而克宾，我受制，他得所；日克宾而生主，我欢忻，他受制。主克日，无人主张；主生日，可求于上人。宾克日，他与上不和；宾生日，他求上人助。主生日，日克宾，可用意求人而制伏其他；主克日，日生宾，我与上人不和，他得上人扶助。宾克日，日生主，有人见忘于他而意向于我；宾生日，日克主，他用意求人而见咎于我。宾生我，而互变皆克，则好中不足，事将成而复变；宾克我，而互变皆生，则凶中有救，事虽阻而后成。盖正乃作事之始，互乃作事之中，而变为末后之应。凡用静用作之间，审其宾主休旺之势，生克变化之理，考其日辰，详其三要，推其十应，则人事之休咎，万物之得失，不在鬼神而在我矣。故曰"数立则象生，象生则言著"矣。

体立用行

体用者，以象为体，以动为用也。凡算数，以体为主，看其刚柔；以用为物，看其有用无用。故用生体者为可食，用克体者不可食。用体生者不成器物，用体克者破损坏之物，体用比和为成器。又生体者众乃贵物，克体者众乃贱物，泄体者众乃废物。用变互变，看其色与物之数。变卦看形色，卦旺数多，卦衰物少。

又决物数，以互卦为主。如互艮卦，先天七数，后天亦不失数之外。观物之数，不独以静卦为体，如乾卦体以金为体，便是圆健刚硬物，非金即石。如互变卦无生旺之气，乃不入五行之物。观卦：又观六爻中，阳爻多，乃刚硬物；阴爻多，乃柔软物。若五六爻动者，非动物。

卦辞协卜

卜以卦辞为准。卜卦与事相关，是得其大意，吉凶已定。如问行得蹇，问病得同，行有阻，病难愈。如占财得大有大畜，占讼得解得涣，财可求，讼可散。以词而言，如谒贵得"利见大人"之爻，归隐得"不事王侯"之爻，占婚得"包蒙纳妇吉"之爻，凡所占事与卦辞关切，即不必深究体用互变。

卦气动静

一动一静，莫不有数；有动极而静者，有静极而动者。坤静艮止，震动巽入；坎陷于中而不出，离迭于外而能出；乾未动而极亢，兑主悦而本柔；巽乃进退不果之象，坎有险阻不过之机。欲动而得静数，是动而未能成也。欲静而得动数，是静而未能遂也。数生旺而有魁贵者，动而获利；带耗绝休废者，动而得咎。数休废而带空耗，静中亦扰。墓乃收藏之义，旺乃运动之基。离震巽全未有不动者也，坤兑艮全未有不动者也。坤兑虽静，而怕冲与生旺。百数来动体者必不透出，零数来动体者定主远游。巽逢坎，多是乘舟；震逢乾，必须乘马。二三四为进，四三二为退，五四一三为进退之间。三位巽风，飘然高举。上下离火，定主分离。艮艮艮分，止而不动；坤坤坤分，寂居无为。乾乾相逢，终是迟钝；兑兑相从，徒劳商量。艮艮逢震，初主中行；艮巽乾艮，先出后处。零为足数，空缺何可逮胜；身是十位，耗绝如何三事。革乃改革之义，复有不处之兆。豫有如出地之雷，明夷为入地之火。数得断陷，不若勿为。日遇体囚，当思守静。以千百十零分造化，以休囚旺相察吉凶。又如坤静艮止，震巽动摇；纯震虚惊，纯巽飘泊；离多忌火，乾多无滞；兑多不果，坎多险阻，卦体动静，皆由是也。且如占盗，一生一克，生我者旺，克我者衰，则不得矣。又如失物，两木夹体，立在柜中及木堆中，两土夹体，在土窖内及园中。墓乃藏而未出，生旺恐发动矣。两金夹体者，在釜中及铁器内。十数泄在百者未远，泄在零者恐远去也。如艮兑巽兑，则物在床下，或木架上。如艮坎兑坎，恐物在水中，或坠水而不知也。如火夹体者，则物在炉灶边。此占盗失一事。若占逃亡，则仿佛矣。又如占病，以十为主，身数生旺，有炁则不妨。休囚死绝则难愈，鬼克身则鬼绝之日乃可，或身旺三日亦安。大凡病人先见坤艮，后见震巽，皆棺木入土之义。如先木后土则无虑矣，进数增病，退数减病。倘身空命数克体，或身命皆空，死之必矣。此占病之法，可必生死吉凶之日也。然八卦类推，全以休旺为主，次论克应之期，如定远近，百动十则近，零动十则远。凡一见先觉者为我，次得又觉者为中，再得后觉者为彼。一炁凑成者，事事周全；三四四度，般般弗就。来觉者难挽，正觉者可追。生地无虞，死地有孕。司令者必发，失令者必休。时退者凶，时至者吉。吉者凶亦减半，凶者祸祟增倍。目见者为天目，事应颇速耳。听者为天耳，事应颇迟。然以卦而定日时之期，如或生旺之日，水土之类。先天后天已明，过去未来已定。又如耳目多者干众，形容单者独处；黑天黑地，事之不明；物前物后，望之不凑，此占万事，皆难成就。若非灵觉，数无准的。此先圣之格言，否则汗漫而无所稽也。依此推测，万无一失。

元会运世论

天地之数用八位，上经日月星辰，下布水火土石，太阴太阳，少刚少柔，错综万物。故以天地观万物，则万物为万物；以道视天地，则天地亦物矣。既名曰物，莫逃乎数。纪运之数有四，曰元会运世；立人之数亦有四，曰性情形体。夫元会运世者，谓一元之炁，乃一元之周天也。会者谓一会之炁，乃一月之周天也。运者为一运之数，乃一日之周天也。世者谓一世之数，乃一时之周天也。即年月日时之生成，以干支配八卦之数，仍以四乘除之，又以乾坤错综之数加之，又以五行纳音之数定成之，然后成四柱，以定五行。四象五行者，乃卦炁所属金木水火土也。四象者，乃千百十零性情形体之见象也。又变而为三宫，曰初，曰中，曰末，以灾祥之变穷之，莫不以一元之炁为主。一元之炁，年之天干纳音也。以五行四时之炁为用，五行四象者，造化也。凡造化生我成我辅我者吉，克我泄我而无归宿者凶。吉则为富贵贤寿，凶则为贫贱夭愚。数在乎变，以性情之理可见。其为君子为小人，夫奇数多而卦象和平者君子也，偶数多而卦象阴险者小人也。故天地之象以风雨霜露无不化，人之情象以性情形体无不变，变化之间，君子小人系焉。故万物在天地之间为变，人能退藏于密，以观其变，不失为智者。惟人能穷数于变，则可以见万物之象。或云术数小道，岂知卜筮龟占，圣人所重，况数象之妙，足以穷天地乎？

定元会运世例

除万不用，乃不用之用神也。以千数作元，为万物胚胎之始，为天，为君，为祖，为父母，为官，为眷，为年，为头；以百作会，为万物主具之初，为地，为臣，为兄，为友，为吏，为夏，为月，为胸；以十作运，为形体全具之时，为山宅，为本身，为妻妾，为秋，为日，为腰腹；以零作世，为物理结果之秋，为沟洫，为子孙，为奴仆，为百姓，为财帛，为冬，为时，为足。事理无穷，备载不尽，要在触类旁通。且如四柱兼备，曰全四柱，有缺曰空。一二三四自上而下曰顺，九八七六自下而上曰逆。自少而多曰进，从多而少曰退。自上生下曰因，自下生上曰生。自上克下为财，自下克上为鬼。千顺克至零多成败，零逆克至千主贪恋。一位克运为损生则为扶，二位克为伤生则为养，三位纯克为形天生为福寿。有克有救终有扶，纯克无救乃绝体。元为百事之主，会为百事之机，运为见行之事，世为百事之终。少元缺零，百事不成。

运空自已退缩，会少无人作成，生我者有异常之喜，克我者有败残之伤。我克者有制伏之妙，我生者有损泄之忧。生我之数宜进，克我之数宜退。迟速以日辰而决，生克向五行中取。

元者始之先也，会者元炁所会，运者炁运所钟，世者世代相承。元为炁之始，会为数之交，运为时之行，世为变之终。此体物之理，元会运世，缺一不可，缺一则断。一时之不济，乃祸福之由也。是数既具，而天地运炁、日月行次、岁时炁候，皆由此以推之，万物莫不有数，而定其成败，此《易》之玄也。然卦由数而生，数由卦而立，故自数中算以成卦，又自卦中附以成数，互相通用，方用决断。盖以原策加一信数，成千百十零，此谓数由卦立也。次于成数之中，按先天河图，一六为坎为水，二七为火为离，三八震巽属木，九乾四兑属金，五艮十坤属土，此又卦由数生也。大抵一动一静，皆有自然之数。但要来意至诚，假如其人口说一物，加以问讯时辰为主，分布千百十零之数，百为以往，零为今事，十为见在，凡占吉事，但要百与零上带贵人禄马天喜天赦六合见出，即为吉也；凡占凶事，又要十零带空克出方美。凶事喜空冲，吉事喜合，斟酌取用，无一不验。

四象定局

元千始命，祖宗，祖墓，出身，出身。
会百初性，父母，兄弟，外族，传习。
运十中体，已身，夫妻，田宅，财帛。
世零末炁，子孙，后代，奴仆，寿考。
元千春名，数凶则始有吝，空不吝。
会百夏性，数不吉至此见否，空不吉。
运十秋体，空不吉，逆见凶。
世零冬炁，空不吉，逆见凶。
四柱之中，运为体为内为十。世为用为外为零。
十二支相合者吉。忌世来克运，运生世者皆不利。喜世生运，运克世。
初得元会，是进顺之数；后得逆运之数，后世数反退为逆，后不利。

如世来克运，定主不吉。再月令扶世克运定来速。若日辰又扶世克运，定主此等日不利。

乾，先天九，甲己子午，金，成数。后天六，右足，壬申戌亥。

坎，先天一六，丁壬卯酉，水，后天一，履，戊子。

艮，先天五，戊癸辰戌，土，生数，后天八，左足，丙丑寅。

震，先天三寅卯，木，生数，后天三，左足，庚卯。

巽，先天八，乙庚丑未，木，成数，后天四，左肩，辛辰。

离，先天二七，丙辛壬申，火，后天九，戴，己午。

坤，先天十，土，成数，后天二，左肩，乙癸未申。

兑，先天四，巳亥，金，生数，后天七，右肩，丁酉。

数看动爻，盖重乾重震，犯重者皆为动。再见日辰，月令扶之，必动旺运之数。忌坎陷艮极，皆不利。

后天物来方向之图

后天论

夫后天乃生物之后，以迹求心之学也。当事未露时，推测出来，取用之法，事事物物，皆不能逃。故以我所居之地，看其人物所来之方，配卦加时，定其爻辞，观其体用，而断其吉凶也。令以我之所居者为中，现于我之正前者为离，现于我之正后者为坎，出于我之正后者为兑，入于我之正左者为震，居于我之前左角者为巽，居于我之前右角者为坤，居于我之后左角者为艮，居于我之后右角者为乾。定分八方而论克应，取日时而定吉凶，观变爻而定体用，有时吉方吉而位不吉者，有时凶方凶而位不凶者。故二吉一凶皆有救，一吉二凶总无成。大抵凶多吉少卦虽弱，其祸有而不大伤；吉多凶少卦虽衰，其福亦有而终不失。断法以卦为主，时方次之。如三者皆吉，则以吉论。其迟速远近，以行立坐卧及九因之法断之。

凡论卦象，必分阴阳。阴日而逢阳卦，事多反背；阴日复逢阴卦，理必吉昌。日辰壬癸见坤艮而作事艰辛，丙丁遇乾兑而所为利益；甲乙逢离而耗散，戊己见坎以丰财。木逢震巽，百事如心。金遇坎离，千般费力。禄马贵人，喜归相合之地。破讼劫刃，忌居冲并之乡。欲识吉凶之验，须凭三要克应之章。欲识远近之期，须考用卦时序之日。卦冲日辰，是为发动之期。卦合日辰，是为成事之日。禄马贵人生旺，所为必利。破讼刃劫相刑，蹭蹬难行。逢食神有客相邀，遇六虚亦多有阻。体卦与日时相生合者，吉无不利。体卦与日时相冲克者，动作有乖。

三要秘源

天高地厚，万物散殊；阴阳浊清，五炁顺布。祸福莫逃乎数，吉凶各有其机。人为万物之灵，心乃一身之宰。目遇之而为形为色，耳听之而为声为音。三要总之，万物备矣。远观近取，玄之又玄，逢吉兆终须是吉，见凶识未免乎凶。物之圆者事成，物之破者事败。断然此理，无复何疑。然人非三世，莫能造其玄奥；心无七窍，岂能悟其精微。先贤玄秘，后世流传。列代祖师，谨书于左。

鬼谷子　严君平　东方朔　诸葛孔明　管公明　袁天罡
李淳风　皇甫真人　麻衣　　陈希夷　邵康节　刘湛然子
牛思诲　高处士　朱清虚　刘伯温

潜虚通要

欲问来人说甚用，机关动静总由心。
眼前景物口头语，手内东西耳畔音。
东畔客占西畔客，我家金是彼家金。
有人穷此真消息，地上人仙不用寻。
欲求祸福问安危，先取八门仔细推。
但有见闻居八处，即是鬼神相报知。
两犬吠人牢狱至，蝴蝶飞来是喜期。
见笔事须应早毕，又与谋望最相宜。
图书丹青携客手，急宜家神求福庇。

起卦详策，用之决事；外感旁通，贵在临占。忽云开见日，理必光辉；烟雾障空，事当暗昧。值颠风而飘荡，偶雷震而虚惊。月对面必近清光，雨湿衣可蒙恩泽。此天文之应也。

重山为阻滞，叠泽乃清润；水流而通达，土积而迟滞。石乃坚心始得，沙乃放手即汰。浪激主波涛之惊，崩陷有田土之失。旱沼之旁心力竭，枯木之下形貌衰。此地理之应也。

荣华显官，则宜见贵；富商巨贾，可问求财。儿童哭泣忧子孙，吏卒叫号忌官讼。二男二女重婚，一僧一道独处。妇人笑语，阴喜相逢；女子缱绻，阴私连累。匠作主门闾改换，宰夫断骨肉分离。田猎求野外之财，渔樵得水草之利。见妊妇事萌于内，逢瞽目虑根于心。此人品之应也。

人摇手而莫为，摇头而弗允。拭目而喷嚏者防哭，搔首而弹垢者有忧。足动者有行，臂交者有失。屈指者阻节，呼气者主悲。愁舌出掉者是非，背相靠者闪赚。遇攘臂者争夺而始得，偶下膝者屈抑以干求。此近取诸身之应也。

逢授书为词讼，见笞仆防责辱。讲经史事徒虚谈，讴歌曲谋为适兴；

见赙博争斗求财，遇题写文书有庆。携物而受人提拔，挽行则事必牵绊。此人事之应也。

舟在水必有接送，马登程负载而归。张公持矢有领荐，举笔弄墨可求文。持斧有快利之财，操戈主刚强之柄。抱丝事体冗繁，围棋眼孔众多。妆花刻果，非结实之为；画影描形，皆装点之数。遇倾盖必主退权，忽临镜可以赴召。抱贵器必有奇用，负大木定有大材。升斗料量而行，尺剪裁度而用。开锁事得疏通，磨镜应必光辉。利斧磨刚，迟而必利。扶刀劈竹，去无阻滞。裁新衣破后方成，见造坏成之乃破。或挥扇有相招之义，或污新衣有谋害之心。此器物之应也。

芝兰为物之瑞，松柏乃寿之坚。占病怕子午金钱，卜行嫌拦路荆棘。枝叶落主事飘零，丝蔓牵事多缠扰。不结子花，断人无义；有节梅竹，许其可交。佳果能调中口，虚花多是逢迎。此花木之应也。

乌鸦兆灾，喜蛛增美。鸿雁主朋友之信，蛇蝎防毒害之心。春燕入室喜添丁，鹊噪檐前有远信。犬战恐致盗来，雀闹必有喧争。牵羊喜庆来临，乘马出入皆利。猿猴扳木，身心不定。鲤鱼得水，变化非凡。乘马散者疾病难安，架笼禽者拘禁未脱。此禽兽之应也。

酒乃忌忧，药必去病。酒杯忽破，乐极悲来。医术忽临，难中有救。秋月春花，虽无实而瞰景；夏绵冬葛，本有用而背时。秋扇当主弃捐，电光虚勾难凭。珠丝巧而无用，蚕茧固结难开。此杂物之应也。

人傍山乃作仙断，水四鱼定是鳏夫。石皮乃作破看，卒石当为碎辞。人近木万事许休，水飘笠断有泣下。火入林木，必主焚惊。一木两火，定是荣耀。三女断奸，子女是好。人继牛后防失脱，二犬吠言有狱灾。空斗入门主斗至，木桃白丝是乐来。人立门所为有闪，人并寺有待而来。此拆字之应也。

见鹿言禄，见蝠许福，利主分离，桃有逃走，见李问讼。得理逢冠，功名可求。鞋则百事和谐，盒则两家和睦。此以物谐音之应也。

   洗砚拔毛通远信，笔头落下事无成。
   马嘶必定行人至，猫犬声沉事亦沉。
   忽然钟鼓磬声响，便当目下有佳音。
   女人忽抱孩儿至，好事逡巡必遂情。

破器偶来添砚水，作事无成有斗争。
瞻前顾后方书字，必定断他有惊恐。
字小沉吟须晚发，字长潦倒亦无成。
忽然写字宽衣带，不问公私可解开。
有人携麻桃芑过，恐防孝服不须疑。
朱笔书来号朱雀，决遭官事是和非。
写字不明多暗昧，沉吟停笔亦多疑。
楼上不宜书火字，火字水傍写不宜。
金字不宜书午日，五行字样仿此推。
写来桃李花果字，应在成时与卸时。
鼠字逢猫必害至，心字岂宜写秋期。
逢雁逢鱼皆远信，必有佳音来未迟。
遇僧遇道逢阴贵，见棺见椁问材奇。
骨肉必须忧骨肉，见拆见废主分离。
鸡飞水边应有酒，风吹花落定损妻。
香尽烛残俱不利，天字书之春夏宜。
秋冬书之为肃杀，冬梅秋菊看他发。
月字书来论朔望，日字书来看时卜。
钉锅锔碗事不坚，结帽织网成迟滞。
字画拙，纸幅宽，若非富豪必是官。
女人写字遇男子，若不伤夫定损男，
年端轻透能针指。老人写福字相宜，
少者写来夭折理。若看连写三四字，
心上多贪无意志。生字写来死可知，
死字写来看生意。世上万汇不能周，
要在临占加仔细。

玄黄克应歌

凡事挥毫落纸时，细将善恶察玄机。

只将旁语如何说，却把斯言究隐微。
男子抱阴婚娶近，妇人抱子叶熊罴。
男子若是携男过，立见喧争必有期。
倘见妇人携女子，断他奸谤有官非。
忽然下笄宽衣带，诸事从今总解围。
跛子瞽人扶杖至，所谋蹇昧不能行。
竹杖麻衣防孝服，权衡斗印有操持。
见果断云能结果，逢衣须说问良医。
忽逢医巫术士至，其人有病鬼神随。
墨断须防田土散，才空写砚或干池。
犬吠如号忧哭泣，猫呼衰绝被人欺。
盗贼将临休见鼠，喜神催动喜问难。
字是赤朱有血疾，不然火厄有灾危。
笔下忽然来蟢子，分明喜庆得无疑。
若在右边须弄尾，在左必定产男儿。
案上写来多怨恨，巷间书字色情迷。
果木旁边能结果，竹间阻节事迟疑。
晴宜有日雨宜水，夏火秋金总及时。
更看事情分向背，玄黄克应细推之。
若占家宅初风雨，血财失物酒非宜。
日月渐明云掩蔽，家事从容件件宜。
或见文书图彩照，若无官授改门闾。
火焱炎空云掩日，许受君恩喜庆时。
元阳初见初甘泽，必然家宅贵显儿。
英童节至儿孙众，到老其居有喜微。
忽惊外戚临其地，原居当见两英儿。
负桃财物阴火至，广进田园及马驴。
担上挑薪持木过，添新改旧及重移。
忽惊农器并锄斧，修檐整路改墙围。
若占风水并基地，看他门路两边垂。

右无倚障并墙壁，来龙平伏不丰肥。
面前有物真堪视，朝山磊落真罕稀。
左见有人立集立，龙山外抱最为奇。
右见有人临竟别，虎山奔走突平夷。
要知水法并塘局，看他左右两边施。
阴逢节至财丰厚，重阳多见捧佳儿。
左右无经过到彼，纵然发福也来迟。
吉过当言云有吉，凶临须吉也终危。
阙来往者桃携握，不问诸财总有余。
求名若见穿衣领，必改儒冠立凤池。
问产见男当有子，若逢偶至必阴儿。
迁官红日当头照，位品高升喜庆奇。
失物当逢鸡犬过，有人指报许施为。
张捕猪鸡猫犬至，登山方许得便宜。
问讼人离终易散，牵连执手受牢围。
畜物若见提刀斧，若非变卖去蹄皮。
亢天负水当沾泽，风来平地种作肥。
此乃先贤真秘诀，也须通变自施为。

人品物数歌

欲动天涯海角人，细评物理往来情。
摇头作色非为定，摆手因由事未成。
摇摆左边男子事，正从右畔是女人。
求名问利难经手，决讼争婚未见停。
躜足挨身根荫浅，诸为动作靠他人。
两手胸前双捧腹，被人揽搅事难明。
口动辩其何故语，从他凶吉说因由。
挨目捱眉悲哭动，欢声相笑喜来迎。
口浡吐兮鼻送水，伤寸失物见伤刑。

挖耳剔牙防口舌，见人相请远音临。
梳头释褐逢通达，洗耳除忧喜气盈。
手抓头皮忧事至，托腮来祸未为明。
收发裹巾并散手，疾病平安讼解和。
短袖空头终失荫，顶中劈袖业重荣。
洗口若言宜讼理，穿衣问吏显功名。
咬指不言宽纲顶，疾人缺食疫来临。
束发劈衣模样别，改新换旧到门庭。
目视逮方谋失利，偏逢暗主墓坟荣。
摇手百般俱未定，不宜更改及亲营。
藏手袖中兄弟欠，挨眉剔甲子孙盈。
将手蹯足兄少力，谨防争斗及凶人。
咂嘴恕唇诸事忌，摇手舞足事宜行。
若见足伸诸事吉，穿鞋着帽业精成。
足蹋手持宜托事，来人不至免公刑。
赤脚篷头俱不利，妖娆妆扮做由情。
足缩足伸婚娶近，脱鞋脱袜忌求名。
欲往日归体进步，张山捕盗可宜寻。
立坐端庄公正处，斜身侧倒不和平。
念佛忧声防讼病，舞声童子宅非宁。
金声过耳财兴动，吹挠斗扬惹外情。
土器声音宜财产，木槁微响改门庭。
鼓声竹音君子至，喝道见贵益书生。
马声见讼并主贵，占官必定见高升。
牛声仓库防人欠，猫叫官非口舌侵。
若不生灾并讼业，田财布帛及纷纭。
牛声口舌猪防破，必愁外服见佳宾。
鹅鱼田财防失脱，鸡鸣必投产豪英。
牵牛进业非宜讼，赶狗财轻病即轻。
若占身命论轻重，首作初年末作身。

足履有无为末岁，三停新旧辩前回。
顶戴穿衣并换履，寻常改变假和真。
首为父母并根业，增改高巍见新冠。
兄顶父巾承祖荫，捻妻鞋袜子孙荣。
唇口妻宫头父母，耳目男女眉弟兄。
衣色改新长与短，凭其好歹废与兴。
草履换鞋并换袜，先亏晚见晚年兴。
挨眉目鼻中时里，整冠束带早年经。
拂口持须为老景，三停荣运及财亲。
依此先贤持眼诀，方知术数有玄真。

求轨数法

上三爻动，以爻位为十，卦数为零。

下三爻动，以卦为十，爻位为零。

看上下何卦，如乾一数，坤八数，总上下九数，以六除之，余三数，是三爻动。

上爻动式

震四兑二，共六。元除为六，爻动六加六，为十二。

上三爻动，以爻为十，卦为零。

☳☱ 雷泽归妹。六爻动，六作六十，震四，共六十四。

三阳一百〇八，三阴七十二，共一百八十。

六十四加一作五。

一百八十。二项不入总数。

六合百作六千。八六作四千八百。

四加一为五，五作五百。五介八十作四百。

又加十二本爻。合归六爻数。

六千。四千八百。五百。四百。

共一万一千七百一十二。

  水 火 水 火

下爻动式

坎六坤八，共十四，除去二六一十二，仍剩二，为二爻动。

下三爻动，以卦为十，爻为零。

䷇水地比。坤八作八十。二爻动作二。共八十二。

一阳三十六。五阴一百二十。共一百五十六。

八十二加一作三。八合百作八十。五八作四千。六八作四百八十。三加作三百。三五一百五。三六一十八。

一百五十六，又加本爻十六。

八千。四千。四百八十。

三百。一百五十。十八。

共一万二千九百六十四。

  元 会 运 世

  水 火 金 水金。根本要枢。

梅花周易数卷五

起卦定例

凡卜，不分自占，代人占，或用年月日时，或闻言观色，或详字画，或用人品方位，所感不同，如得一数作乾，二数作兑，盖取先天乾一兑二离三震四巽五坎六艮七坤八之数也。如数多，以八除之，除不尽再以二八三八直除已尽，以剩下之数如前作卦。且如壬午年七月十五日巳时占卜，就以午年作七数，七月又作七数，十五日作十五数，年月日共得二十九数，除了三八二十四剩五数，乃巽，作上卦。加巳时得六数，通共得三十五数，除了四八三十二，剩三数乃离三，作下卦，是谓风火家人。如闻声，以声数作上卦，加时作下卦；如见色，以乾玄坎黑艮黄作上卦，下卦如前。如详字少则数画，字多则数个，平分一半为上，一半为下。如单，以少一字为上，多一字为下，取天清地浊之义。如人品，占见老人作乾，老妇作坤，震长男，巽长女，坎中男，离中女，艮少男，兑少女，皆为上卦，所来之方便作下卦，东震、南离、北坎、西兑、东南巽、西南坤、西北乾、东北艮，皆作下卦。尺丈之数作上卦，加时作下卦。物畜以始生年月日时占，或以初买来年月作上卦，以来方或加时作下卦。其人品方位色形，具列于形象镜内矣。然生畜忌天罗地网，物忌破损，植忌死绝，亦备载吉凶神煞中矣。除山海石树不移物及在目前者，不动不占。余但有感，皆可如前作卦推断，自有验应。静卦作体，动卦作用。体为我为主，宜旺宜受生，不宜衰；用卦为人，宜弱宜受克，反之则凶。旺乃春木夏火秋金冬水季土也，衰乃春土夏金秋木冬火是也。四季水总之。当生者旺，所生者相，生我者休，克我者囚，我克者死。此生此旺衰绝之定理也。卦分体用，推时下尔我吉凶之殊，互为事之中应，变卦为后之结果也。顺之知来，逆之察往，非互变何以探其蕴哉。卦以八除，爻以六除。

起原策定例

卦有阴阳，数有多寡。阳爻得自三奇，三三见九，乃以四九因之，然四九是三十六，故每阳爻加三十六数。阴爻得自三偶，二三如六，乃以四六因之，然四六是二十四，故每阴爻加二十四数。凡一阳五阴之卦，原策一百五十六；二阳四阴之卦，原策一百六十八；三阳三阴之卦，原策一百八十；四阳二阴之卦，原策一百九十二；五阳一阴之卦，原策二百零四；六阳之卦，原策二百一十六；六阴之卦，原策一百四十四。自阴而阳，自多而少，退之之义也。从阳而阴，从少而多，进之之义也。于此原策之内，方取演策，此一生二、二生三、三生万物之义。感应昭彰，神鬼莫测。

起演策定例

凡起衍策，先看原策若干，次看上下两卦之动。上卦动以动曰十以卦因零，下卦动以卦因十以动因零，仍要知一在千万上算，二转百十上算，三转零数上算。假如占值地天泰，六五爻动，原策乃一百八十，是上爻动，该以动因十；又一转千万上算，五爻动，该下五十个一百八十，五的五千，五八得四十，共计九千。又以卦因零坤八数。二转百十上算，该下八个一百八十，仍下原策一百八十，连前共计一万六百二十。三转零数上算，加坤八乾一，又加动爻五数，通衍得一万六百三十四。内分元会运世，而吉凶悔吝明矣。

后天原策数

每阳爻四因三十二，得一百二十八；每阴爻四因二十八，得一百一十二。

纯阳七百六十八，纯阴六百七十二。

五阳一阴七百五十二，五阴一阳六百八十八。

四阳二阴七百三十六，四阴二阳七百零四。

三阳三阴七百二十，上下加法与先天同。

阳九阴六用数度图

六十四卦三百八十四爻，阴阳各得其半，故因三十二。因之以六爻，乘六十四卦，得三百八十四爻。内如得阳爻一百九十二，阴爻一百九十二，六因三十六，得二百一十六，是为乾卦之数。六因二十四，得一百四十四，是为坤卦之数。以二百一十六合一百四十四，共三百六十，为一期之数。阳爻一百九十二，以三十六因二百一十六，得六千九百一十二之数。阴爻一百九十二，以二十四因一百四十四，得四千六百零八之数。

四因七得二十有八，是为少阳之数。四因八得三十有二，是为少阴之数。六因二十八得一百六十八，是为乾卦之数。六因三十二得一百九十二，是为坤卦之数。

以一百六十八合一百九十二，共三百六十，亦为一期之数。

阳爻一百九十二，以二十八因一百六十八，得五千三百七十六数。

阴爻一百九十二，以三十二因一百九十二，得六千一百四十四数。

以五千三百七十六，合六千一百四十四，得一万一千五百二十，是为万物之数。

邵子曰：先天之策，阳爻用太阳之九，阴爻用太阴之六，变之常也。变之常，前圣显诸仁也。后天之策，阳爻用少阴之八，阴爻用少阳之七，常之变也。常之变，先圣藏诸用也。

山火贲卦轨策例四爻动

三阴三阳之卦，共七百二十之轨。将七百二十以动因十即四爻，得二万八千八百，加七百二十，共二万九千五百二十。以卦因零，即艮之八数。又将七百二十以八数因，得五千零四十，加上前数，共三万四千五百六十。又加七百二十，积得三万五千二百八十。复加错综艮八离九四爻共二十四，外加四数，通计三万五千三百零一数。

贲五爻例。以动因十，得三万六千；加七百二十，共三万六千七百二十。以卦因零艮八数，将七百二十因得五千四十，共四万一千七百六十。加错综艮八离九五爻，共二十二。

贲六爻动例。将七百二十用六因，得四万三千二百，加前七百二十，共四万三千九百二十。加一七四十，又加七百二十，错综动爻共十六，又加一七，共四万七千九百零三数。

后天参五错综之例

水火既济卦，四爻动，乃上卦动也。以动因十，以卦因零，水火既济卦，三阴三阳卦，用少阴四八三十二数，又以四因之，得一百二十八。每阳爻一百二十八，三阳爻共三百八十四。阴爻用少阳之数七，以四因之，得二十八。又以四因之，得一百一十二。每阴爻一百一十二，三阴爻共三百三十六，通三阴三阳，总七百二十。先立本身六爻一个七百二十数，上卦以动因十，四爻动四数，因四十个七百二十，共二万八千八百。上卦因零，上卦一数，因一个七百二十，连本身七百二十，共三万零二百四十，乃一卦之策，参五之数也。又加错综之数，动四坎一离九一十四数，连前一卦参五之数，共该三万零二百五十四数，乃成卦参五错综之数也。

如占既济卦，二爻动乃下卦动也。以卦因十，以动因零，共该六万六千九百七十二策，乃成卦。

代筮法_{用雷惊木或檀香皆可}

用木锹如大弹者三枚，各六方。三方三数，三方二数，每一掷成爻，六掷成卦，以代十八策变之策法最妙。

卜易变通论

据数以判吉凶，此易之正体也，无不以理数推之，拘一时之见闻，或有占之不验者。且如一二三四五为生数，当以吉论，殊不知五则生之极，而有却意存焉。六七八九十为成数，亦当吉论，殊不知十则成之过，而有败机寓焉。又如占得震为龙，若饮食得之，龙可食乎，类推之鱼可也。占天时震为雷，冬月无雷，拟议之撼风掀物是也。占时又不可不别坐卧行立之义，坐主迟，卧事寝，立将行，行应急，如此。然六爻变动之中，又有缓急之义。如一爻动则事已经营而谋行，二爻动主事已决而将动，三爻动见诸事行，四爻动行之至急，五爻动行事已成，六爻动动之过矣。若思意起，而反感有不行之义也。此类难以悉陈，要在触类。故曰"正占旁应，俱不可废"，此"变易"之至要也。

八卦用变吉凶诀

乾。变上为兑，乃天泽下究，宜博济下民。春为德泽仁人，夏为甘泽利物，秋成物，冬寒苦，金水命人吉凶。

变中为离，日丽中天，宜趁时立勋。春融和，夏酷炎，秋成物，冬煖。五音平。火土命人吉，因时定断。

变下为巽，风行天上，宜顺时而出。春和气，夏收云，秋收敛，冬清凉。木火水命人吉。

坤。变上为艮，山积地上，自卑而高，宜积小成大。春夏长养万物，秋秀实，冬退藏。土金命人吉。

变中为坎，浮陷涝地，宜临深戒警。春夏阳浮虚陷，秋土实，冬化生。水命人旺。金沉木漂，火灭土陷。

变卜为震，雷出地中，宜出达敬畏，寒谷生春。春分后荣显，秋平冬隐。五音平。

震。变上为离，云雷收，日光见，宜兼善天下。春得令，夏秋日炽，冬雷隐。暄暖安静，水木宜之。

变中为兑，雷雨交施，宜德泽于人。春夏秋生成万物，吉。冬雷隐而结灾迍。水木土宜之。

变下为坤雷入地，宜敛身自养。春分前秋分后恬静，冬索寂无闻。五音平。

巽。变上为坎，风行水上，生皱文，宜守静观变。春风解冻，夏溽浊。秋激浪荡舟。冬结冰。涣散凶事。火命人大畏之。

变中为艮，风入山林，君子握麾持节，常人宜守。春风草偃，夏林茂，秋零落，冬枯枝。木火吉。

变下为乾，徐风扫汉，宜坐享清泰。春暖夏飚，秋爽冬温，四时静寥，和风静明。五音吉。

坎。变上为巽，海角生风，宜渐进而升。春夏化露滋物，秋结果实，冬结霜寒。水木吉，随时而用。

变中为坤，水入地而寒，宜养晦韬光。春夏旱，秋冬合理。金得养，木滋培，水阻滞，逐决而流。

变下为兑，地底生寒，因塞宜守贞自逸。春夏润泽，秋盈坎放海，冬冷。金水吉。

离。变上为震，云雷蔽光，暧昧，宜暗中寻明。春雷启明，夏雷动雨，有代天之权。秋成物，冬生寒，金木大吉。

变中为乾，日入乾天落辉，宜保天年。春夏阴晦，寡和合，秋冬日落，霜雪生寒。金火中吉。

变下为艮，日入昆仑，宜回光自照。春明晦相平，夏平，秋冬日入山，暑长景短，从容有机。木火吉。

艮。变上为坤，脱险峻，履平坦，宜弃荣就遁。春夏山色锦绣，四季尤佳。秋冬平安，金土木宜。

变中为巽，风生谷口，宜险处求安。春夏草木盘根，秋冬万物摧损。独金吉。

变下为离，日出扶桑，初旦宜升上近尊。春夏洞晓明彻，秋晦入日入酉，冬凶，反时也。木火吉。

兑。变上为乾，雨收天净，万籁皆清，宜从容自得。春自如，人出类。夏雨旸合期，秋天清泽蔼。冬凝结，当富饶。金水宜之。

变中为震，雷动雨霖，宜启瘁发枯。春雨及时，夏膏雨，秋西成丰利，冬雷伏隐静。木土吉。

变下为坎，雨积盈科，宜流浇逸乐。春润泽，夏荣舒，万汇不求自富。秋禾秀多稔，冬浸淫多德泽。五音吉。

八卦性情所属

乾主人刚正，语言真诚，规矩方圆，丰衣足食，一生享禄，眼黑唇红，气格清秀。

坎多狡诈，心乱，不义，头大。长有宿疾，多髭须，作事多改变。

艮谄曲见浅，作事有头无尾，多成败，与人不诚。

震貌面长，好妆扮，作事多怪异，心难测。志大心高，无定高见。

巽三峰面白，须长眼邪，心多嫉忌，性沉，有语少悦，多思，易喜怒，主山林。

离性急躁，须长，鼻高大，身粗，多志，狎真，有见识，有头无尾，主文书。

坤肥黑，面上多点，性温，沉重少言，作事多困。逢人面奉语无约，有治无终，主黑衣服。

兑主人莹白肥大，有志，多艺文，通吉凶事，多机变，主金谷口舌。

卦数相成之妙

夫易之数，天地之数也。天地未判，是数涵于太极之中；太极既判，是数行乎天地之间。故以日月星辰水火土石尽天地之体用，以寒暑昼夜风雨霜露尽天地之变化，以性情形体飞走草木尽天地之感应，以元会运世年月日时尽大地之始终，以皇帝王伯、《诗》《书》《易》《春秋》尽圣人之事业。自汉以来，一人而已。迨子伯温，重道隐德，深探象数之源流，细参阴阳之造化，大则知国运之盛衰、人物贵贱，小则知器物成败、草木荣枯。有如闻洛阳杜鹃啼、竹木宝磬响，已垂之青史矣。学者得其数而思贤圣，非其人莫与谈也。

夫卦数未成，先当体日辰如何。若得好数而日辰不生旺，有气而不遇时，亦徒用心。得恶数而不生旺逢时，为害不小。

大凡演易，先策其数以定爻，得爻以定位，位定以明卦，得卦以观《系》，见《系》以言《象》，思《象》以著文明。爻以取象，象定以求意，意定而后言其吉凶也。

　　凡取验易象，先用本卦之体而明定之，次用本爻刚柔得位失位而定之，又以本爻上下无相害相比相侵而定之，又看上下有无应援而定之；其次用互体，其次用卦变而成之，亦须审上下远近刚柔而定之；其次五行胜负而定之；以后方取天地水火山泽雷风之象、健顺动入陷丽止悦之义，写之以示于人。此其八卦革变、化成万物之象也。

　　年卦为上爻，月卦为五爻，炁卦为四爻，候卦为三爻，日卦为二爻，时卦为初爻。盖天地之道，自冬至之日夜半子时为一岁首，至亥为终，从微至著，积时成日，以日成候，以候成炁，以炁积至四季而岁成矣。故易者业资九圣，时历三占，不坠于秦，复兴于汉，实以顺性命之理。故曰"立天之道阴与阳，立地之道柔与刚"。兼三才而两之，以六画成卦，分阴分阳，迭用刚柔，故"易六位而成章"。斯之谓欤！

迟逆断例

　　吉凶祸福须精研之，或时吉方吉而位不吉，或时凶方凶而位不凶者，合二吉一凶、二凶一吉，比有救援，实减其半，应在迟。其卦时位三者，中得其一吉，亦略有吉。大抵凶多吉少，其凶必至，但稍迟。值吉多凶少，则吉耳。盖凶多吉少则凶，亦不能动其吉。断法以卦为最要，时与方略次之。如三者皆吉，则以吉论，其迟速以坐立为主。如二卦合十数，睡则十日内应之，行则三四日应之，立则三分取一之位，坐则五日应之，中分而言。无救则取前论以断之，如有救则用九因之法以验其年月日。九因以二卦正数，合为一卦，如推牛之例。

定事应迟速例

　　夫元会运世之数备载，年月日时可辨下吉凶。其日后之应，结果休戚迟速，又不可不预知也。即先天干支之数定之，屡有左验。甲己子午九乾，乙庚丑未八巽，丙辛寅申七离，丁壬卯酉六坎，戊癸辰戌五艮坤巳亥，车行回兑。又曰：申酉亦是四兑，寅卯当作三震，巳未又为二离，亥子为之坎一，丑未又作五艮坤。假如元是二千属火，火旺于巳未，应在巳午年；会是九百属乾金，金旺于申酉，应在七八月；运是七十，亦是火，丙辛寅申，七应在丙申丙寅；日世是六数，应丁酉丁卯之时。看生数，宜求旺日；看死数，照甲己子午起，顺之知来，逆之知往，迟速之机，决于此矣。又如问卜，人说卯时，元策得三八，本年应之；说酉时，会策四九，本月应之；子时运策一六，本日应之；午时世策二七，即时应之。还要别生旺休囚之机，策中所藏神煞性急性柔，方极验也。

八卦内伏干支刑合等例

乾居亥分坤居申，震在卯宫艮在寅。坎在子分巽临巳，离居午上兑酉寻。又见庚土埋辰戌，坤寻丑未定来因。假如千为艮，十为巽，乃寅刑巳也。会为巽，世为坤，乃巳刑申也。坎年离月，子午冲也。震日酉时，卯酉并也。子日见坤子丑合，寅日得乾寅亥合。申见坎巽乃申子辰合，亥见震坤乃亥卯未合。刑冲者凶，和合者吉。仍要变通，不可拘泥。所忌者宜刑冲而去，所喜者宜和合而来。刑冲破害喜合。天罗地网破碎等吉凶神煞附后。

天罗煞。甲戌乙亥号天罗，飞禽见之主蹉跎。

地网煞。甲辰乙巳名地网，走兽逢之命不长。

破碎煞。器物忌之。子午卯酉怕见巳，寅申巳亥莫逢鸡。辰戌丑未若见牛，器物逢之有若无。死亡败绝。

长生、沐浴、冠带、临官、帝旺、衰、病、死、墓、绝、胎、养。

三刑六冲三合六合

寅刑巳兮巳刑申，丑戌相刑未与辰。
卯刑子来酉刑午，酉午辰亥自刑刑。
丑日坎合，子日坤合，寅卯日乾合。
辰日兑合，午日坤合，未日离合。
申酉日巽合，戌日震合，亥日艮合。

此日与卦合体用，动静之机，决于此矣。

十二月将神合

寅登明　卯河魁　辰从魁　巳传送　午胜光　未小吉
申太乙　酉天罡　戌太冲　亥功曹　子太吉　丑神后
皆以合而取之，故曰合神。正月寅，其合在亥，故功曹。

天禄

乾壬申，兑丁，离巳，震庚，巽辛，坎戊，艮丙，坤癸。

地禄

乾戌亥，兑酉，离午，震卯，巽辰巳，坎子，艮丑寅，坤未申。

天赦日

春戊寅，夏甲午，秋戊申，冬甲子。

梅花周易数卷六

象类说

三圣人取象不同，以今观之，尚有未备，故复分天文地理人物等为类。首文王卦象，次周公爻象，次孔子《十翼》中《彖传》、《象传》、《说卦传》所取象以该之，庶乎不致有遗。朱子尝谓："《易》为卜筮书，而所谓象者，皆是假此众人共晓之物以形容此事之理，使知所取舍而已。"然则《系辞》所谓以制器者尚其象，特大约言之。况十三卦制器，纤悉毕备，后人无复有所加矣。惟于卜筮之用，至于今未已也。吁，谓象专为制器设者，斯未能信也。

天文类

卦

日。丰曰中，晋昼日，皆取离象。云雨，小畜密云不雨，云取互兑泽之炁，上蒸象。不雨，取互离日而坎伏之象。

爻

天。乾五，大有上，大畜上，明夷上。姤五、中孚上，皆五上为天象。日。离日昃，丰日中。月。小畜上九，归妹六五，中孚六四，取月几望象，见《本义》。云。小过五密云，互兑炁上蒸象。雨。小畜上既雨，变坎象。睽上九往遇雨，下有互坎象。夬九三独行遇雨，上取兑泽象。鼎九三方雨，变坎象。小过五不雨，兑上象。**霜**。坤初六初阴象。**斗**。丰二四取五上二阴爻四点象。**沫**。丰三沫小星。亦上二阴象。**光**。未济五。离日之光。**天衢**。大畜上九，象云路也。

翼

天。乾象。《彖》、《象》、《说卦》，下并同。**雷**。震象。**风**。巽象。**月**。坎象。雨、云。并同。日、光、电。并离象。**天文**。贲彖。

地理类

卦

西南。坤、蹇、解指坤方。**东北**。坤蹇指艮方。**西郊**。小畜兑象。**南征**。升离象。**百里**。震象。**解**。见《本义》震卦。**野**。同人取六二地上之象。**大川**。需、讼、同人、蛊、大畜、益、涣、中孚、解，各见《本义》。**濡**。未济、坎象。

爻

地。夷上坤卦。**南**。夷三，离南方象。**方**。坤二直方，坤象。**西山**。随上。西，兑象。山，伏艮象。**岐山**。升四有互兑，取象同西山。**林**。屯三。取上互艮山。又有震木象。**陵**。同二高陵，互巽为高。三爻变艮为陵。震二九陵象。见《纂注》。渐五本爻变艮象。**丘**。颐二损上爻艮象，贲五艮象，涣四互艮象。**谷**。困初幽谷。井井，溪谷之义。皆取坎下之象。**石**。豫二困三，豫取艮石象。困三六取爻刚象。**磐**。屯、渐、震、艮阳象。**郊**。需初以去坎远，取象同上。取国外曰郊象。**西郊**。小过五互兑象。**陆**。渐三艮路象。**道**。小畜初、履二，道路也。只初二为地之象。**荒**。泰二损上坤地。荒。远处。**遐**。泰二取上坤远象。**阴**。中孚二取下卦之中位柔象。**野**。坤上郊外曰野，正上象也。**沙**。需二近坎水象。**泥**。需三井初震四，皆取迫坎水象。**涂**。睽上泥地，取互坎象。**干**。渐初水涯也，近互坎象。**穴**。需四坎下象。**窞**。坎初坎穴象。**大川**。谦初近互坎，颐五当坎位之中，以艮止不利涉。颐上亦以位取，止极而动，故利涉。未济三坎体象。**河**。泰二互兑泽象。**渊**。乾四亦取坎位象。**泉**。井五坎象。**冰**。坤初阴盛象，损上六。**濡**。坎三上承兑泽象。既济初上互坎象。既济上坎象。未济上兑下互坎象。**浚**。恒初反体。

翼

地。坤象。**刚卤**。兑地为刚卤。**山、径路、小石**。皆艮象。**泉水、沟渎**。皆坎象。**泽**。兑象。**渊**。讼象坎象。**方**。观复大象，省方。**四方**。离复大象省方。**四方**。离大象"照四方"，姤大象"诰四方"。

岁月日时类

卦

八月。临以一爻为一月。临二阳长，为十二月卦目。三爻数起正月泰，至上为四月乾，而阳长已极，于是一阴又生于下，为五月姤，六月遁，七月否，至八月观则四阴长，而为八月之卦焉，临之反对也。**七日**。复以一爻为一日，自姤一阴生，至坤上六六阴极，为六日，于是一阳来于下，为复之初九，是为七日来复矣。论阳之消以月言，幸其消之迟；论阳之长以日言，喜其长之速。此圣人扶阳抑阴之义。**甲日**。蛊先甲三日，后甲三日。解见本卦。**巳日**。革已日乃孚。朱汉上读作甲巳之甲。姑备一说。

爻

三岁。同人九三，坎上六，困初六，渐九五，丰上六，皆以一爻为一岁数也。三年。既济九三，未济九四，皆以一爻为一年。十年。屯六二，复上六，颐六三，皆以坤土成数取象。颐互体亦坤。月望。小畜上，归妹五，中孚四，义见《天文》下。三日。明夷初，巽五，以二爻为一日。七日。震二，既济二，象见前。巳日。革二。庚日。巽五，解见本卦。终日。乾三，豫二，以下体离位取。既济四，则以互体离取。终朝。讼上，取下互离象。夕。乾三，取下体之中象。暮夜。夬二，取下体离位之中象。旬。丰初，解见本卦。

翼

时。乾六位时成，时乘六龙。蒙时中。大有应天时行。贲察时变。损益与时行。升乘以时升。艮动静不以其时。丰与时消息。小过。○又自豫随遁姤旅言时义，坎睽蹇言时用，颐大过解革言时，皆以大矣哉赞之者，凡十二卦。已上皆彖传。无妄对时，革明时，皆《大象》。四时。豫观蒙革节皆《彖传》。至日。复大象一阳来复，冬至节日也。历。革大象治历明时，取离兑夏秋相继之象而治历也。向晦。随大象。

人道类

卦

王。夬随丰涣皆王象。侯。屯豫皆震象，晋康候坤象。大人。讼蹇革升困巽，自升卦取六五用之。九二之大人外，余皆取九五君象。丈人。师九二象。后夫。比上六象。女。家人女正离二象，渐女归上巽象。取女。咸取女吉，兑象。上六女正，姤勿用取女，巽初六不正。朋。坤西南得阴之朋，东北丧阴之朋象。复指中阳之朋渐长而来。**童**。蒙艮象。**君子**。坤君子有攸往，指占者。否不利君子贞，指三阳。**匪人**。否三阴象。人。艮。

爻

王。坤三，讼三，师二，比五，随上，蛊上，观四，离上，家五，益二，升四，井三，涣五，皆指九五君象。**天子**。大有三，损六五。**君**。小过二损五。**大君**。师上、履上、临五皆损五象。**王母**。晋二取六五柔象。**国君**。复上亦取六五象。**公**。大有三本爻，解上，损五，益三四本爻。鼎四公餗，损公家言。小过五本爻。**侯**。屯初震象蛊上，以卦上泛言不事王侯也。**大人**。乾二五大德之君臣，否五本爻，蹇上，损九五，君象，革五本爻。**主**。睽二，益三四，皆损五，丰初四损本爻。**臣**。小过二损臣。遁三臣妾，小臣也。**王臣**。蹇本爻，王之臣也。**君**。归妹五，女君也。**宫人**。剥五君位，又群阴之象，故称宫人。**祖**。小过二，解见本爻。**父**。蛊初二三四五，皆见本爻。**考**。蛊初同上。**母**。蛊。**妣**。小过二，见本爻。**子**。蒙二，蛊初，鼎初，家三，皆损本爻。**小子**。随三，损初，渐初本爻。**长子**。师五损二。**弟子**。师五损三。**女**。蒙三，观二，归上本爻。**女子**。屯二本爻。**夫**。蒙三，损二，小畜二，损四，渐三，本爻。**丈夫**。随二三，皆损四。**士夫**。大过五本爻。**元夫**。睽四，损初。**老夫**。大过二本爻。**夫子**。恒五对妇人言，就本爻论。**士**。归上对女言，未成大妇之称。损三。**妇**。蒙二，损五，小畜上，本爻位柔言。蒙三损四，渐三损四，渐五损二，既二本爻。**妇人**。恒五，对夫子言。**老妇**。大过五，损上六。**妻**。小畜三损四。困三本爻。**女妻**。大过二，损初。**妹**。泰五本卦，互归妹，损互体兑言。**娣**。归初，损兑体。**须**。归之贱妾称，亦指爻。**妾**。遁三，损下二阴。鼎初损本爻。**童**。蒙五损艮体，观初以爻下，亦因上有艮体。**童仆**。旅二三，童取艮体仆爻在下也。

人。需上三人，损下体乾。睽三本爻，复三损下体本乾三爻，丰上无人本爻阴虚象。**武人**。履三爻阴象，巽初义同。**幽人**。履二归二，皆兑体居中象。**旅人**。旅上只取本爻称人。**君子**。乾三本爻。屯三泛指筮者。小畜上同。谦初三。观初五上。剥上。遁四。壮三。夷初。解五。夬三。革上。未济五。皆损本爻。**小人**。师上。否二。大有三。观初。剥上。遁四。壮三。解五。革上。既三。各解前本爻也。**匪人**。比三损上。**恶人**。睽初损四。**朋**。泰二，损下三阳。豫四损五阴为朋。蛊簪，咸四，损阳类。蹇五损九三，解四损九二。**友**。损三损上。**宾**。观四损本爻，为五之宾，以君臣言。姤二损九四，以内外言。

客。需上损下三阳。**虞**。屯三有互艮山而无应，故象无虞。中孚初前有山泽，又有应，故象虞吉。**史巫**。巽二取兑为口舌象。**群**。涣四为散其三阴之象。**众**。晋三坤为众象。**宗**。同二睽五，皆取应爻。

仇。鼎三，我仇损初。**主人**。夷初损四。**寇**。屯上，蒙上，需三，贲四，睽上，解三，渐三，卦皆有坎象。

婚媾。屯二四，贲四，睽上，取爻皆有应象。震上无应，故婚媾有言。

翼

王。师象损六五，坎象损九五。**天位**。需象位乎天位。损五。**帝位**。履象损五。**尊位**。大有象柔得尊位。**先王**。大象称先王者凡七，比、豫、观、噬、复、无妄、涣，泛指以易之先王也。**后**。大象称后者二。泰姤泛指以易之后也。复卦又称后不省方。**君**。否初志在君。损五。**上**。大象称上者一，剥。泛指君上也。**大人**。大象称大人者一，离。泛指以易之大人也。**君子**。大象称君子者，自乾、坤、屯、蒙、需、讼、师、小畜、履、否、同人、大有、谦、随、蛊、临、贲、大畜、颐、大过、坎、咸、恒、遁、壮、晋、明夷、家人、睽、蹇、解、损、益、夬、萃、升、困、井、革、鼎、震、艮、渐、归妹、丰、旅、巽、兑、节、中孚、小过、既济、未济，凡五十三卦，泛指以易之君子言也。**圣人**。豫观颐咸恒鼎象，亦指五君言。**公**。坎象二象。**诸侯**。此大象建国亲侯，皆坤象。**严君**、**父母**、**父子**、**兄弟**、**夫妇**、**男女**。并家人象传。**二女**。睽革损离兑象。**朋友**。兑大象。君子以朋友讲习。**人文**。贲象，指君臣夫子兄弟夫妇朋友。**圣贤**。鼎象大亨以养圣贤。**贤**。大畜象养贤。**君子**。泰内君子，否外君子，同人君子正，谦君子之终。剥尚消息盈虚，困而不失其所亨，其惟君子乎。并象传。**小人**。泰外小人，否内君子。遁象远小人。**民**。师象民从，豫民服，颐及万民，益民说，兑民劝，节不害民，师象容民，履定民志，泰左右民，蛊振民，临保民，观观民，井劳民，屯初得民，谦三万民服，剥上民载，姤四远民，多取初爻或阴爻象。**众**。师象众正，蹇得众，师象畜众，明夷莅众，多取坤为众象。**人心**。咸象圣人感人心而天下和平。**人**。师象人道恶盈而好谦，革兑顺乎天而应乎人。归妹人之终始。丰于人乎。咸虚受人。多以卦体取象。**族**。同人象类族辨物，人物各有族类。**俗**。渐居贤德，善俗指风俗言。**商旅**。复象。**百姓**。下系。

身体类

卦

口。颐自求口实。今卦下动上止，取全体象。**心**。坎惟心亨，取一阳在中象。**背**。艮，艮其背，取一阳隆于卦体之上象。**身**。艮，艮在身，以全体取象。**告**。蒙初筮告，自二至上有颐口象。夬孚号，告自邑，上有兑口象。**号**。夬孚号，兑口象。**笑言**。震初至四互颐口，又取震有声象。**言**。困有言，兑口象。不信，坎在下象。**盟**。观互艮手，巽洁象。**行**。坎互震艮，亦互震。震为足象。

爻

首。乾用九，比上，离上，明夷三，既济上，未济上，皆取上象。**顶**。大过上象。**面**。革上象。**顩**。夬三。顩面颊间骨。**颐**。颐初朵颐，蒙全体象。**辅**。咸上，艮五。辅，颊车也。**颊**。咸上，面颊。**舌**。咸上。皆以兑口取象。艮辅以居一身之上象。**耳**。噬上，取下有坎象。鼎三五三变，则三五皆坎体。**目**。小畜三前互离目象。**鼻**。噬二互艮象。**须**。贲二三至上颐体。须，附颐象。**涕**。离五，萃上。离出涕，目出也。**洟**。萃上六斋咨涕洟，未安上也。洟，取兑泽下流之貌。**泣**。屯上坎水象，孚三兑泽象。**右肱**。丰三。**心**。夷四，益五上，井三，艮二三，旅四，象各见本爻。**左腹**。夷四坤为腹象。**限**。艮三。身分限处，取全体，取身象。**夤**。艮三夹脊肉，全体取象。**臀**。夬四，姤三，困初。象见本爻。**股**。咸三，下体互巽。**左股**。夷三下体象。**腓**。咸二，艮二。下体取象。**拇**。咸初，解四损初，取初下象。**趾**。噬初，贲初，大壮初，夬初，鼎初，艮初，只取初下象。**足**。剥初，鼎四损初，亦取下象。虽是林，鼎足在下体一也。**身**。艮四全体取身象。**躬**。蒙三艮震上。躬亦身也。**肤**。噬三，剥四，涣五，夬四，姤四。肤，身之皮肤也。又肤肉也。**血**。坤上，需四，小畜四，归妹上损三，涣上损三，屯上，皆以坎取，或只以阴爻取。**汗**。涣五。身之所出，详见本爻。**膏**。屯五，鼎三，各见本爻。**思**。咸四，涣四。自此以下至"勿恤"止，皆言心之用。**忧**。临三既忧无咎。**疑**。豫四勿疑，丰二往得疑疾。**愁**。晋二。**愠**。夬三。**喜**。否，无妄五，损四，兑四。**惕**。乾三，小畜四，夬二。**勿恤**。泰三，晋五，家人五，皆心之用。**见**。乾二五，蒙三，睽初三上，蹇上，姤初，困三，丰二三四，多属离象。**视**。履二震上归二。**盱**。豫三。**窥**。观二丰上。**觌**。困初，丰上。自"见"以下皆目之用。**眇**。履三归初。**青**。无妄上，复上。二者目之病。**言**。需二，讼初，震初，艮五，渐初，明夷，夬四，革三。自此以下至"号咷"止，皆口之用。**告**。益四五。**问**。益五。**鸣**。谦二五，豫初。**号**。夬三上，萃初，涣五，旅上。**笑**。萃初，震初，同五，旅上。**嗟**。离三，萃三，节三。**咸嗟**。离五。**斋咨**。萃上。**歌**。离三孚三。**号咷**。同五，旅上。啼呼也。多兑象，皆口之用也。**击**。蒙上，益上。自此以下至"握"止，皆言手之所用也。**御**。蒙上。**系**。否五，无妄三，姤初。**系**。随二三上，坎上，遁三。以系用徽纆观之，则与或系之牛义亦同，不知何以分作两字。**执**。师五咸三遁二。**握**。萃初皆手之用，多艮象。**行**。无妄上行有眚，明夷初主人有言，损三损一人，夬三独行遇雨，夬四姤三其行次且，鼎三其行塞，震三震行无眚。自此以下至往字止，皆足之用。**徒**。贲初舍车而徒。**征**。小畜上征凶，泰初征吉之类，甚多，并见占类。**往**。屯三往吝，四往吉之类，亦多，并见占类。皆足之用，象各见本爻。**灾**。复上迷复有灾眚，无妄三邑人之灾，旅初琐琐取灾。小过上是谓灾眚。灾只患难之意也。**疾**。豫五贞疾恒不死，无妄五勿药有喜。遁三有疾厉。损四损其疾，使遄有喜。丰疑疾有孚发若吉。鼎二我仇有疾，不我能即，吉。兑四介疾有喜。盖有身则有疾。然卦中不专指疾病，亦取有为爻之害象，各见本爻。

翼

首。《象》乾首出始物，《说卦》乾为首。**发**。《说卦》巽为寡发。**颡**。《说卦》巽为广颡。**耳**。《象》鼎巽而耳目聪明，《说卦》坎为耳又为耳痛。**目**。《象》见上。《说卦》离为目。**眼**。《说卦》巽为白眼。**口**。《象》困尚口乃穷。《说卦》兑为口。**舌**。《说卦》兑为舌。**手**。《说卦》艮为手。**指**。《说卦》艮为指。**心**。《象》复见天地心，咸感人心。《小象》泰四中心愿，谦二中心得。《说卦》坎为心病，又为加忧。**腹**。《说卦》坤为腹。**大腹**。离为大腹。**股**。《说卦》巽为股。**足**。《说卦》震为足。**自彊不息**。法乾象力行。**厚德载物**。法坤象任重。**果行育德**。法蒙象。**以懿文德**。法小畜象。**多识前言往行以畜德**。法大畜象。**非礼勿履**。法大壮象。**自昭明德**。法晋象。**反身备德**。法蹇象。**顺德积小以高大**。法升象。**朋友讲习**。法兑象。**俭德辟难**。法否象。**谨言语，节饮食**。法颐象。**独立不惧，遁世无闷**。法大过象。**言有物而行有恒**。法家人象。**惩忿窒欲**。法损象。**迁善改过**。法益象。**致命遂志**。法困象。**恐惧修省**。法震象。**思不出其位**。法艮象。有身体则有德行道义。以上大象，皆立身行己之大法也。

古人类

爻

高宗。既济三未济四。**帝乙**。泰五归五。**箕子**。明夷五。

翼

伏羲神农黄帝尧舜。《系词下》。**汤武**。《革彖传》。**纣**。《系词下》。**文王**。明夷象《系词下》。**箕子**。《明夷象》。

邑国类

卦

邑。夬告自邑。井改邑。

爻

邑。泰上，谦上，晋上，升三。**邑人**。讼二，比五，无妄三。**国**。师上，谦上，观四，益五。**大国**。未济四。**家**。师上承家，损上得臣无家。**城隍**。泰上邑国，多坤土象。**巷**。暌二。**井**。井。

翼

万国。乾象传，比象，建万国。**四国**。明夷上象。**守国**。坎象。**邦**。否象，无邦。**正邦**。塞渐象。**关**。复大象，至日闭关。**市**。《系词下》"神农日中为市"，《说卦》"巽为近利市三倍"。

宫室类

卦

家。家人。家，室家也。大畜不家食吉。**庭**。艮行其庭，夬扬于王庭。

爻

庐。剥上，全体取象。**屋**。丰上，丰其屋。**家**。家二子克家，家人四富家，五王假有家，丰蔀其家。**宫**。困三入于其宫。**栋**。大过三栋桡，四栋隆吉。**桷**。渐四。**牖**。坎四。**户**。丰上。**户庭**。节初，不出户庭无咎。**门**。同人初，随初。**门庭**。明夷四，节初。**阶**。升五，升阶。**墉**。同人四升其墉上，高墉指四。**藩**。大壮三四上，震为藩象。**邻**。小畜五，泰四，谦五，皆称以其邻。震上于其邻。既济五东邻西邻。象各见本爻。

翼

宫室栋宇。《系辞下》盖取诸大壮。**重门击柝**。同上取诸豫。**门**。《系辞上》乾坤易之门。**户**。同上。阖户谓坤，辟户谓乾。**阶**。同上论。节初，乱之所生，言语为阶。**门阙阍寺**。《说卦》艮象。**宅**。剥大象厚下安宅。

宗庙类

卦

庙。萃王假有庙，以聚祖考之精神。卦自初至四有艮象。涣王假有庙，亦以仅精神之散卦。自三至五有艮象。

翼

立庙。涣大象，先王以亨于帝立庙。
宗庙。震象，出可以守宗庙社稷，以为祭主。**社稷**。同上。

神鬼类

爻

帝。益二王用亨于帝吉。帝，天神也。**鬼**。睽上，载鬼一车，坎象。

翼

上帝。鼎象，圣人亨以亨上帝。**荐上帝**。豫大象，先王作乐崇德，殷荐之上帝。**鬼神**。乾文言，大人者与鬼神合其吉凶。谦象，鬼神害盈而福谦。丰象，而况于鬼神乎。《系辞上》，精气为物，游魂为变，是故知鬼神之情状。**神道**。观天之神道。**神**。《系辞上》，阴阳不测之谓神，知变化之道者，知神之所为酬酢。祐神。《说卦》，神也者，妙万物而为言。**鬼**。《系辞》人谋鬼谋。**祖考**。豫大象，先王作乐崇德，殷荐于上帝，以配祖考。

祭祀类

卦

盥而不荐，有孚颙若。观象，见本卦。大恒以诚为主。**用大牲吉**。萃大牲，坤牛兑羊象。**二簋可用享**。损象，见本卦二簋之用，损之时焉而已。

爻

享帝。益二王用享于帝吉。**禴祭**。萃。萃升二皆云，孚乃利用禴。**禴祭**。既五，东邻杀牛，不如西邻禴祭。**亨**。随王用亨于西山，升四王用亨于岐山，《本义》皆作享。**亨祀**。困二利用亨祀。

祭祀。困五利用祭祀。

翼

荐上帝配祖考。豫大象先王以作乐崇德，殷荐于上帝以配祖考。**孝亨**。萃象，王假有庙，致孝亨也。**祭主**。见宗庙。

田园类

爻

田。乾二。菑畲。无妄二。耕获。同上。围。贲五。

谷果类

爻

硕果。剥上。瓜。姤五。包桑。否五。

翼

百谷。离彖。百果。解彖。

酒食类

卦

匕鬯。震。亨。震来虩虩，笑言哑哑。震惊百里，不丧匕鬯。

爻

樽酒簋。坎四。樽以盛酒，簋以盛食。**饮酒**。未济上，饮酒濡首。**酒食**。需五，需于酒食。困五，困于酒食。**食**。讼三食旧德，泰三于食有福，井五寒泉食。讼井坎象，泰互兑象。**饮食**。渐二饮食衎衎。**不食**。剥上硕果不食，夷初三日不食，井初井泥不食，鼎二雉膏不食。象各见本爻。**馈**。蒙，中馈，食也。**腊肉**。噬三。**干胏**。噬四。**干肉**。噬五。以上噬嗑卦。有坎豕，离雉，离火，干之象。**餗**。鼎四餗，鼎食雉膏之属，离象。

翼

饮食。需大象，君子以饮食宴乐。**饮食之道**。《序卦》，蒙，物穉不可不养，故受之以需。需也者，饮食之道也。**食**。《杂卦》，噬嗑食也。

卜筮类

卦

初筮。蒙。**原筮**。比象，各见本卦义。

爻

占。革未占有孚，象爻特发卜筮之例而已。六十四卦，无非占筮也。

不习。坤二。徐氏曰，卜不习，吉之谓也。

翼

大衍之数五十，其用四十有九，分二卦一揲四，归奇于扐，再扐而后挂。此揲蓍用挂扐之策，分阴阳老少，以定爻而成卦也。

乾策二百一十六坤策百四十四凡三百有六十二篇之策万有一千五百二十。此用过揲之策，总计上下经六十四卦所得之策数也。详见《本义·上系·第九章》。**观变玩占**。第一章。**卜筮尚占**。第十章。**开物成务，通志定业断疑，蓍德圆神，卦德方知，爻义易首圣人洗心退藏，吉凶与民同患，兴神物以前民用，圣人以此斋戒，神明其德，定吉凶，成亹亹，莫大蓍龟**。并《上系》第十一章。**圣人作易幽赞神明生蓍**。《说卦》首章。夫子说蓍筮如此，谓易非尚占之书，吾不信也。

祐命类

爻

有命。否四有命无咎。**祉**。同上，畴离祉。**天祐**。大有上。

翼

顺天休命。大有大象。**天命**。无妄象。**凝命**。鼎大象，一作凝命令。

告命类

爻

命。师二王三锡命,上大君有命。**告命**。泰上自邑告命。**改命**。革四有孚改命。**诫**。比五邑人不诫吉。**大号**。涣五涣汗其大号。**誉命**。旅五。

翼

凝命。鼎大象,命或作天命。**申命**。巽大象。**命诰**。姤后以施命诰四方。**命乱**。泰上小象。

爵禄类

卦

建侯。屯豫皆取侯震象。

爻

官。随初亦取震侯象。**爵**。中孚二,我有好爵,吾与尔靡之,卦亦有互震象。

翼

禄。否大象，不可荣以禄。**建万国亲诸侯**。比大象。

车舆类

爻

车。贲初舍车而徒，暌上载鬼一车。**金车**。困四困于金车。**大车**。大有二，大车以载，乾为圜象。**舆**。师三五或舆尸，小畜三舆说辐，剥上君子得舆，大畜二舆说輹，三曰闲舆卫，大壮四壮于大舆之輹，暌三见舆曳，皆是取一阴在一阳之上，又有乾坎体，独剥损坤为舆。**辐**。小畜三说辐。**輹**。大壮四大舆之輹，大畜二说輹。輹，车下缚。项平庵谓：輹可说，辐不可说，亦当作輹，皆乾象。

轮。既初未二，皆曳其轮，坎象。**卫**。大畜三，舆卫，武也。辐、輹、舆、卫，项氏说象，详见本爻。

翼

舆。《说卦》坤为舆，坎于舆也为多眚。**轮**。《说卦》坎为轮。

簪服类

爻

簪。豫四朋盍簪，一阳贯众阴象。**朱绂**。困二。**赤绂**。困五象，见本爻。**衣袽**。既四三阳为乾，衣象。阳皆散处，又有敝袽之象。**袂**。归五三阳，乾衣也，中二爻阴阳互袂象。**黄裳**。坤五，黄中色，裳下服，坤象。**圭**。益三。圭，玉为之。三阳乾为玉，又本体似圭，互艮手，执圭象。**鞶带**。讼上，损三。三在卦互中离牛，有鞶带象。**囊**。坤四中空象。**屦**。噬初卦下象。

翼

衣裳。《系词下》。黄帝尧舜垂衣裳而治，取诸乾坤。

旌旗类

爻

沛。丰三。郑云：旌旗之垂者，义亦为沛。

讼狱类

卦

讼。伏羲。**狱**。噬利用狱，二阳在上，下坎居中间象，又一阳居中囚象。

爻

桎梏。蒙初，坎象，坎亦木也。**校**。噬初上，蒙本卦，刑狱取象。**徽纆**。坎上。狱中索名。**律**。师初。坎为法律象。**天**。睽三。天当作面，剃须也。有坎兑象。**劓**。睽三、坎五，皆取卦有坎象。劓，截鼻也。又兑毁折象。**刖**。困五下。坎象刖足形。**刑人**。蒙初坎象。**刑剭**。鼎四。《周礼》：剭，诛。见本爻。

翼

刑罚。豫象：刑罚清而民服。**明罚敕法**。噬大象。**明政无敢折狱**。贲大象。**赦过宥罪**。解大象。**折狱致刑**。丰大象。**明慎用刑而不留狱**。旅大象。**讼狱缓死**。中孚大象。**正法**。蒙初小象。

兵师类

卦

师。伏羲。**戎**。夬兵戎。兑金象。

爻

师律。师初、坎象。**左次**。师四爻位皆阳象。**大师**。同五全体伏师卦。**行师**。谦上。二至上互师卦。复上坤众象。又全体似师下，不成坎体，故用师大败。**征**。谦上征邑国。坤众象。**伐**。谦五侵伐坤众象。晋上伐邑，离戈兵象。既三未四伐鬼方，皆离为戈兵象。**狩**。夷三南狩，亦离象。**戎**。同三伏戎，离象。夬二有戎，上爻兑金象。

翼

容民畜众。师大象。占者寓兵于农之意。**除戎器戒不虞**。萃大象。

田猎类

爻

田有禽。师五。**田无禽**。恒四。**田获三狐**。解二。**田获三品**。巽四。

三驱失前禽。比五田象。凡五释象，详见师五爻下。

金宝类

爻

金蒙三金夫，噬四金矢，五黄金，姤初金柅，鼎五金铉，困四金车，其象各见本爻。**玉**。鼎上玉铉。**贝**。震二取初至四，互龟贝之象。**资**。旅二怀资，巽上丧资，象见本爻。

翼

金。《说卦》乾为金。《系辞上》断金。**玉**。《说卦》乾为玉。**财**。节象不伤财。**布**。《说卦》坤为布。项氏曰：古者泉货为布。

币帛类

爻

帛。贲五束帛。《荀九家》有"坤为帛"。如是则卦中四爻三阴为帛，一阳间之束也。**繻**。既济四。繻，帛之美者。三阴象。

器用类

卦

鼎。伏羲。**匕**。震举鼎实。**簋**。损二簋。**繘**。井绳也。**瓶**。井。

爻

床。剥初二四。巽二上。皆以全体取象见本爻。**枕**。坎三互震木象。**樽**。坎四酒器，坎亦木象。**簋**。坎四簋盛黍稷，互震竹为之象。**筐**。归上筐盛币帛，亦取震竹象。**柅**。姤四金柅，止车物或谓络系之跃，以金为之，亦取巽木之象。**茀**。既二。妇人蔽车之饰。离为雉，有藿茀之象。**金铉**。鼎五。**玉铉**。鼎上，皆取上九一阳在上象。**缶**。比初。瓦器。坤土坎水，伏离火象。坎四离三，皆取水火土象。三阴爻，坤土也，详见本爻。**瓮**。井二瓦器，坎水离火，亦三阴坤土象。**幕**。井上。井口间有勿幕象。**斧**。旅四。离戈兵象。巽上互离象。**鼓**。孚三互震声象。**弧**。睽上下互坎象。**矢**。噬四、旅五、解二，象见木爻。

翼

网罟。《系辞下》。佃渔之器，取离象。**耒耜**。耕耨之器。取益象。**舟楫**。济川之器，取涣象。**柝**。击柝待暴客，取豫象。**杵臼**。舂器，取小过象。**弧矢**。威天下之器，取睽象。棺椁，取大过象，并下系。**枢机**。《系辞上》。君子言行象。**釜**。《说卦》坤为釜，所以熟物。**柄**。坤为柄，执持之器。**均**。坤为均，陶均之器。**绳**。《说卦》巽为绳直。**弓**。《说卦》坎为弓。甲胄戈兵。《说卦》。离为甲胄戈兵。

数目类

卦

再三。蒙。三接。晋。七日。复。八月。临。百里。震。三日。蛊。二簋。损。

爻

一人。损三。一握。萃初。三人。损三。三褫。讼上。三就。革三。三年。既三、未四。三岁。同上、坎上、困初、渐五、丰上。三驱。师二。三品。巽四。三狐。解三。七日。震二、既三。九陵。震二。十年。屯二、复上、颐三。十朋。损五、益。三百户。讼二。三锡。师二。各象见本爻。

翼

一。天。二。地。三。天。四。地。五。天。六。地。七。天。八。地。九。天。十。地。《系辞上》。四十五。洛书数。五十五。河图类。五十。大衍数。四十九。揲蓍数。十三。老阳挂扐数。十七。少阴挂扐数。二十一。少阳挂扐数。二十五。老阴过揲数。三十六。老阳过揲数。三十二。少阴过揲数。二十八。少阳过揲数。二十四。老阴过揲数。二百一十六。乾六爻老阳策数。百四十有四。坤六爻老阴策数。三百六十。乾坤老少过揲之全策。万有一千五百二十。上下经阴阳老少过揲全策数也。

五色类

爻

黄。坤五黄裳，噬五黄金，离五黄离。**玄黄**。坤上。**白**。贲四白马，上白贲。大过初白茅。

翼

大赤。《说卦》乾为大赤。**玄黄**。震为玄黄。**白**。巽为白，谓白眼。**赤**。坎为赤。**黑**。

禽兽类

卦

飞禽。小过。**马**。坤牝马，晋锡马。**牛**。离牝牛。**虎**。履虎尾。**狐**。未济小狐。

爻

飞鸟。小过初上。**鸟**。旅上。**禽**。师五、比五、井初。**鹤**。中孚二。**翰音**。中孚上。《记》：鸡曰翰音。或谓羽翰之音。**燕**。中孚初，安也。或作燕雀之燕。**飞垂翼**。明夷初。**雉**。鼎三旅五。**鸠**。渐。**羽**。渐上。即指鸠羽言。**隼**。解上。**马**。屯二四上，贲四，大畜三，夷二，睽四，涣初，中孚四。**牛**。无妄三，中孚四，睽三，旅上。**童牛**。大畜六四。**黄牛**。遁二，革初。**羊**。大壮三四上羝羊，五丧羊，夬四牵羊，归妹上刲羊。**苋**。夬五。或作山羊。**豕**。睽上姤初，只取爻阳象。**豕牙**。大畜五。豮豕之牙。**虎**。履四、颐四、革五。**豹**。革上。**鹿**。屯三。虞翻、王肃作鹿，但《象》无取，漫备。**角**。壮，山羊角。晋上、姤上，但取上象。**尾**。遁初只称尾，既初、泰初狐尾。

翼

良马老马瘠马驳马。《说卦》乾象。**马善鸣馵足作足的颡**。震马象。**马美瘠亟心下首薄蹄**。坎马象。**牛子母牛**。坤牛象。**豕**。坎豕象。**狗**。艮象。**羊**。兑象。**鸡**。巽为鸡。**雉**。离为雉。**黔喙**。艮象。以上并《说卦》。

鳞介类

卦

豚鱼。中孚。吴氏作江豚鱼。巽象。

爻

龙。乾。初潜，二见，四跃，五飞，上亢。坤上龙战，雌龙象。**龟**。颐初，损五，益二。**鱼**。剥五姤二四。**鲋**。井二。**鼫鼠**。晋四。

翼

龙。《说卦》、震象、《系辞上》,龙蛇之蛰。**蛇**。同上。**鳖蟹蠃蚌龟**。离象。**鼠**。艮象并说下。**尺蠖**。《下系》。

草木类

爻

茅。泰初,否初,大过初。**莽**。同人三,互巽象。**药**。无妄,互有震巽草木象。**枯杨**。大过二五。**稊华**。同上。**苋陆**。夬五,象见本爻。**杞**。姤五。**株木**。困初。**木**。渐四。**杌**。涣二。木名。见本爻。**丛棘**。坎上。**蒺蔾**。困二。**葛藟**。同上。**蔀**。丰二四,草茂也。震巽象。

翼

木。益象。**草木**。离象,解象,坤爻言。**兰**。《系辞上》。

杂类

卦

小大。泰、否,阳大阴小。小过,可小事不可大事。**往来**。泰、否、复、解、井，卦体阴阳往来之象。**上下**。小过，卦体上下之象。**先后**。坤，先迷后得；蛊，先甲后甲。**出入**。复，一阳昔出今入之象。**初终**。既济，初吉终乱。

爻

小大。屯五小贞吉，大贞凶。否二，小人吉，大人否，凶。**往来**。咸四，憧憧往来。蹇初、三、四、上。震五，震往来厉。**先后**。否上，先否后喜。同人，先号咷而后笑。旅上，先笑后号咷。睽上，先张之弧，后说之弧。巽五，先庚三日，后庚三日。**左右**。师左次，夷二左股，四左腹，丰三左肱。**内外**。比二，比之自内；四，外比之贞吉。**得失**。晋五，失得勿恤。**初终**。睽三，无初有终。**进退**。观三，观吾生进退。巽初进退。**虚实**。升四虚邑，鼎二有实。**来之**。坎六三。**尔我**。颐初，舍尔，观我。孚二，我爵，尔靡。**甘苦**。临甘临，节五甘节，上苦节。**出入**。需四出自穴，上入于穴。**嘉**。随五。遁五，离上。**休**。复二休美，否五休息。**章**。坤三、姤五含章，丰五来章。**誉**。坤四过五无誉，蛊用誉，丰五庆誉，旅誉命。**渝**。讼四，豫上，随初。**包**。蒙二，泰二，否二、三、五，姤二、四、五。**敦**。临上，复上，艮上。**牵**。小畜二，夬四。**挛**。小畜五，孚五。**冥**。豫上，升上。**迷**。复上。**频**。复三，巽三。

梅花周易数卷七

占类说

易有象则有占，象者像卦爻之形象以示人，占者断卦爻之吉凶以示人也。卦有兼该象占者，如坤"元亨利贞"是占，"牝马、西南东北"是象。亦多有有占而无象者，如乾"元亨利贞"，大有"元亨"，鼎"元吉亨"是也，卦即象矣。爻亦有兼该象占者，如乾初九"潜龙"是象，"勿用"是占是也。又如坤初六"履霜坚冰至"，是象虽不言占，然谨微之意已可见于象中矣。坤六三"直方大不习无不利"，是占虽不言象，然六二一爻纯阴，全地道之中正，则是象矣。他若仿此。卦爻之占吉凶固是一定，然文王于乾首开利贞之教，便有若不贞则不利之意在其间。周公于需上六"不速之客来"，吉凶未可知，而曰敬之终吉。孔子于需九三"致寇至"矣，而曰"敬慎不败"，此又是有变化转移之道。三圣人之教，盖同一心也。大抵卦爻言吉者，以占之者有其德则吉，无其德则不吉。卦爻言凶者，以占之者德不足则凶，德足以胜之则反吉。朱子《本义》发明是说，极为明白。今作占类，以见其凡例，卦例重在元、亨、利、贞、吉、凶、无咎、悔、厉、吝，各一言之。无妄有眚，夬有厉，革有悔亡。爻例重在元、亨、利、贞、吉、凶、悔、吝、无咎、厉、灾、眚十二者，增多卦灾吝二占而已。

今详于左。

卦占类

元亨利贞。乾坤屯随无妄临革。**元亨**。大有。**元亨**。利涉大川。蛊。**元亨**。南征吉。升。**元吉亨**。鼎。**元吉可贞利**。有攸往。损。

亨。小畜履谦坎丰震。**亨利**。噬，亨利用狱。复，亨利有攸往。贲，亨小利有攸往。**亨利贞**。蒙、同人，亨，利涉大川，利君子贞。恒，亨利贞，利有攸往。兑、涣，亨，利涉大川，利贞。遁，亨小，利贞。**亨利贞吉**。咸，亨利贞，取女吉。萃，亨利贞，用大牲吉。小过，亨利贞，不宜上，宜下，大吉。**亨小利贞吉**。既济亨小利贞，初吉终乱。**亨无攸利**。未济，亨，小狐汔济，濡其尾，无攸利。**亨贞吉利**。需，先亨贞吉，利涉大川。**亨贞吉无咎**。困，亨，贞大人吉，无咎。**亨不可贞**。节，亨，苦节不可贞。**小亨利**。巽，小亨利有攸往。**小亨贞吉**。旅小亨，旅贞吉。

利。豫，利建候行师，益利有攸往，利涉大川。**利用狱**。噬。**利亨**。大过，利有攸往亨。

贞。大壮利贞。**利艰贞**。明夷。**利女贞**。家人。**利贞吉**。大畜，利贞，不家食吉，利涉大川。蹇，利西南，不利东北，利见大人，贞吉。**利贞亨吉**。离利贞亨，畜牝牛吉。**利吉**。解利西南，有攸往夙吉。**不利**。剥，不利有攸往。**不利贞**。否，不利君子贞。**贞吉**。师，贞大人吉无咎。颐，贞吉。

吉元永贞。比，吉，元筮元永贞。**吉亨**。泰小往大来，吉亨。**吉利贞**。渐，女归吉，利贞。涣，亨利涉大川利贞。**中吉终凶**。讼。**小事吉**。暌。

凶。比，从夫凶。临，有凶。井，羸其瓶凶。**归妹**。征凶无攸利。

无咎。○**悔亡**。革。○**有厉**。夬。○**有眚**。无妄。

爻占类

元吉。坤五黄裳元吉，讼五讼元吉，履上其旋元吉。泰五以祉元吉，复初无只悔元吉，大畜四童牛之牿元吉，离二黄离元吉，损元吉自上祐也，益初元吉无咎，五勿问元吉，井上有孚元吉，涣四涣其群元吉。**元永贞**。萃五元永贞悔亡。

亨。否二大人否亨，大畜上何天之衢亨，节四安节亨。

利见大人。乾二五。**利贞**。夷五，损三，鼎五。**利永贞**。坤用六，艮初。**利居贞**。屯初随三。**利建侯**。屯初。**利御寇**。蒙上，渐二。**利执言**。师五。**利女贞**。观。**利艰贞**。噬四。**利有攸往**。无妄二，大畜三，损上。

利涉大川。颐上九未济三。**利于不息之贞**。升上。**利出否**。鼎初。**利幽人之贞**。归妹二。**利武人之贞**。巽初。**利用刑人**。蒙初。**利用恒**。需初。**利用侵伐**。谦五。**利用行师**。谦上。**利用宾于王**。观四。**利用为大作**。益初。**利用为依迁国**。益四。**利用禴**。萃二，升二。**利用祭祀**。困五。**利用亨祀**。困二。**无不利**。坤二，兑四，大有上，谦四五，临二，剥五，大过二，遁上，晋五，解上六，巽九五。**无攸利**。蒙三，临三，无妄上，颐三，恒初，壮上，萃三，归妹上。**不利为寇**。蒙上。**不利宾**。姤二。**不利涉大川**。

贞女子贞。屯二。**可贞**。屯三无妄四。**不可贞**。蛊二。**不可疾贞**。夷三。**艰贞**。泰三。**恒其德贞**。恒五。**得童仆贞**。旅二。**贞吉**。屯五小贞吉，需五，比二、四，履二，否初，谦二，豫二，随初，临初，咸四，恒五，遁五，大壮二、四，晋初、二，家人二，解二，损上，姤初，升五，未济二、四、五。**安贞吉**。讼四。**居贞吉**。颐五，革上。**永贞吉**。贲三，益二。**贞吉亨**。否初。**贞凶**。屯五大贞凶，师五，随四，颐三，恒初，巽上，节上，中孚上。**贞厉**。讼三，小畜上，履五，噬五，大壮三。晋四，革三，旅三。**贞吝**。泰上，恒三，晋上，解三。

吉。蒙五，比五，小畜二，否二、五，同人四，大有五，谦初，随五，临五，复二，大畜五，颐四，大过四，离五，恒五，遁三、四，夷二，家人五，睽上，益二，革四，鼎二，震初，艮上，渐二、五，归妹五，丰二、四、五，巽五，兑初、二，涣、初，节五，未济五。**大吉**。家人四，革四，升初，鼎上。**居吉**。咸二。**往吉**。屯四，无妄初，晋五。**征吉**。泰初，困上，革五，归初。**厉吉**。颐上。**中吉**。讼二。**终吉**。需二、上，讼初、三，履四，谦二，蛊初，贲五，家人上，鼎三。**艰则吉**。大壮上。**有宅吉**。比五。○贞吉。安贞吉。居贞吉。永贞吉。贞吉亨。

凶。师初、三，比上，履三，豫初，噬上，剥四，复上，颐初，大过三，坎初、上，离三，咸二，恒五、上，益上，姤四，困二，鼎四，渐三，丰上，旅上，兑三，节二，小过初、三、上。**有凶**。夬三。**见凶**。姤初。**起凶**。姤四。**征凶**。小畜上，颐二，大畜初，损二，困二，革三、上，震上。**灭贞凶**。剥初、二。**终有凶**。夬上。

悔。豫三，困上。**有悔**。乾上，豫三，困上。**小有悔**。蛊三。**亏悔**。

鼎三。**无悔**。同上，复五。咸五，壮五，涣三，夬五。**无只悔**。复初。**悔亡**。咸四，恒二，壮四，晋三、五，家初、二，睽初、五，夬四，萃五，艮五，巽四、五，兑二，涣九二。**悔厉吉**。

吝。蒙四，同二，观初，困四，巽三，未初。**小吝**。噬三，萃三。**终吝**。家人三。**往吝**。屯三，蒙三屯初，咸二。**往见吝**。蛊四。**有它吝**。大过四。**吝终吉**。贲五。**贞吝**。泰三，恒三，晋上，解三。

无咎。乾三厉无咎，四或跃在渊无咎。坤四括囊无咎。需初利用恒无咎。师二吉无咎，四左次无咎，五执言无咎。比初比之无咎。小畜血去惕出无咎。履初素履往无咎。泰三艰贞无咎。否四有命无咎。同人同人于门无咎。大有初无交害非咎艰则无咎，二有攸往无咎，四匪其彭无咎。豫上有渝无咎。蛊初有子考无咎，三小有悔无大咎。临三既有之无咎，四上吉无咎。观初小人无咎，五君子无咎，上同。噬初灭趾无咎，二灭鼻无咎，三小吝无咎，五贞厉无咎。贲上白贲无咎。剥三剥之无咎。复三厉无咎。无妄四可贞无。咎颐四其欲逐逐无咎。大过初用借白茅无咎，五老妇士大夫无咎，上灭顶凶无咎。坎四终无咎，五既平无咎。离初敬之无咎，上获匪其丑无咎。晋初裕无咎，上厉吉无咎。睽初见恶人无咎，二遇主无咎，四厉无咎。解初六无咎。损初遄往无咎，四有喜无咎，上益上无咎。益初无咎，三无咎。益用凶事无咎。夬三有愠无咎。萃三往无咎，四大吉无咎，五有位无咎，上涕洟无咎。升二用禴无咎，四吉无咎。困二征凶无咎。井四井甃无咎。革二征吉无咎。鼎初以其子无咎。震上干其邻无咎。艮初艮其趾无咎。渐初有言无咎，四得其桷无咎。丰初虽旬无咎，三折肱无咎。巽二吉无咎。涣五涣王居无咎，上逖出无咎。节初不出无咎，三不节则嗟无咎。中孚马匹亡无咎，五有孚挛如无咎。小过二遇臣无咎，四无咎。既济初曳轮濡尾无咎。未济上饮酒无咎。**何咎**。随四道明何咎。睽五厥宗噬肤何咎。**为咎**。夬初往不胜为咎。**匪咎**。大有初无交害匪咎。**无大咎**。蛊三小有悔无大咎。**厉**。乾三，蛊初，复三，遁初、三，既济上。**悔厉吉**。家人三。**厉吉**。颐上，晋上。**厉终吉**。蛊初。**贞厉**。见"贞类"下。**往厉**。小过四。**有厉**。大畜初。〇厉无咎厉。无大咎。

灾眚。小过上。**灾**。无妄三，旅初。**无眚**。讼二，震三。**有灾眚**。复上。

卦爻道德例

卦

利贞。乾元亨利贞。**安贞吉**。坤即此二者为例,贞虽是占,其实训正道。贞则利,不贞则不利;安贞则吉,不安贞则不吉。如无妄"元亨利贞,其匪正有眚",义昭然矣。此文王因占寓正道之教。**道**。复反复其道。**有孚**。需,讼,观,坎,损。**孚**。夬孚号,革乃孚。

爻

道。小畜初复自道,履二道坦坦,随四有孚在道。**德**。讼三旧德,小畜上尚德,恒三不恒其德,五恒其德。益五惠我德。**敬**。需上敬之终吉,离初敬之无咎。**知**。临五知临。**允**。晋三不允悔亡,升初允升大吉。**有孚**。比初,小畜四、五,随四,大壮初,家人上,解五,益三、五,萃初,井上,革三、四、五,丰二,中孚五,未济五、上。**孚**。泰三、四,大有五,随五,解四,姤初,萃二,升二,兑二、五。道德等类非是取象,阴阳爻皆通称也。**即命**。讼四命正理也。

翼

道性命。《象》:乾道变化,各正性命。**性情**。《文言》:乾利贞者性情也。**诚**。乾九二言闲邪存其诚。**敬**。坤六二言敬以直内。**仁**。乾九二言仁以行之。**义**。坤六二言义以方外。**德**。敬义立而德不孤。以上并《文言》。**太极**。《系辞上》。太极乃极至之理,此又指道德性命之根源以示人也。

《十翼》言道德类不一，难以悉书。不道德以为占，非小人盗贼所能用审也。

卜筮类

象占既分，二类又观，朱子答东莱先生有曰："易中如'利用祭祀、利用亨祀，只是卜祭则吉；田获三品，只是卜田则吉；公用亨于天子，只是卜朝观则吉；利建侯，只是卜立君则吉；利用为依迁国，只是卜迁国则吉；利用侵伐，只是卜侵伐则吉'之类。推之于事，此类不一。亦欲私识其说，与朋友订之而未能也。袭盖卿录：《易》本为卜筮设。如曰利涉大川，是利于行舟；利有攸往，是利于启行也。大率如是。又郑可学录：如利涉大川，或是渡江，而推类旁通，则各随其事。按此是又合象占为一类。盖在《易》为象，在人则为事。且如利涉大川，涉川本只是象，人则真有涉川之事，利与不利是占，今随卦爻中所指定事处类之，合象占为一例以便览，且成朱子欲识其说与朋友共订之遗意。

君道_{天子}

卦

比：吉，原筮元永贞，无咎。
丰：亨，王假之，勿忧，宜日中。筮处丰亨之道。
涣：王假有庙。筮假庙。
萃：亨，王假有庙，用大牲占吉。筮假庙致亨。
屯：元亨利贞，利建侯。筮立君。
豫：利建侯行师。筮立君用兵。
晋：康侯用锡马蕃庶，昼日三接。筮受朝觐。
师：贞丈人吉，无咎。

夬：扬于王庭，孚号有厉。告自它不利。

井：改邑不改井。筮改邑。

爻

乾九五：飞龙在天，利见大人。筮即位。

比九五：显比，王用三驱，失前禽。

家人九五：王假有家，吉。王者纳后吉。

涣九五：涣汗其大号，涣王居，无咎。

屯初九：磐桓，利居贞，利建侯。筮建侯。

益上九：得臣无家。

益六二：王用亨于帝，吉。筮祭天。

随上六：王用亨于西山。筮祭山。

升六二：王用亨于岐山。筮祭山。

晋六二：受兹介福，于其王母。王者筮享先妣。

离上九：王用出征，有嘉折首，获匪其丑。

既济：高宗伐鬼方，三年克之。筮征伐。

师上六：大君有命，开国承家，小人勿用。筮赏战功。

泰六五：帝乙归妹以祉元吉。筮嫁妹。

归妹六五：帝乙归妹。占同上。

剥六五：贯鱼，以宫人宠，无不利。筮宫人。

遁九三：畜臣妾吉。

臣道

爻

坤六三：或从王事，无成有终。筮从王事。
讼六三：或从王事，无成。同上，不吉。
大有九二：公用亨于天子，小人弗克。筮朝觐。
益六三：有孚中行，吉。公用圭。筮告公。
益六四：中行。告公从。利用为依迁国。筮告公迁国。
蹇六二：王臣蹇蹇，匪躬之故。大臣当国难。
鼎六四：鼎折足，覆公餗，其形渥，凶。大臣不吉之占。

讼狱

卦

讼有孚窒惕中吉，噬嗑亨利用狱。筮用终凶，筮公讼狱。

爻

讼初六：不永所事，小有言，终吉。筮讼吉。
讼九二：不克讼，归逋邑，无眚。筮。
讼九四：复即命渝，安贞吉。筮讼贞吉。
讼上九：或锡鞶带，终朝三褫之。

蒙初六：利用刑人，用说桎梏，以往吝。
噬初九：履校灭趾，无咎。
噬嗑上九：何校灭耳，凶。
坎上六：系用徽纆，寘于丛棘，三岁不得，凶。
睽六三：其人天且劓，无初有终。

兵师 田附

卦

师：贞丈人吉。见君道类。
夬：不利即戎。

爻

师初六：师出以律，否臧凶。筮师以律吉。
师九二：在师中吉，无咎。王三锡命。筮师吉。
师六三：师或舆尸凶。筮师败凶。
师六四：师左次。筮行师。
泰上六：勿用行师，自邑告命。
同人九三：伏戎于莽，升其高陵，三岁不兴。
同人九五：先号咷后笑，大师克相遇。筮师克。
谦六五：利用侵伐，征邑国。筮师利。
谦上六：利用行师。
复上六：行师大败，国君凶。筮行师凶。
晋上九：维用伐邑，厉，吉无咎。
明夷九三：明夷于南狩，得其大首。

夬九五：莫夜有戎，勿恤吉。

未济九四：震用伐鬼方，三年有赏于大国。

履六三：武人为于大君。筮将师。

巽初六：利武人之贞。

屯六三：即鹿无虞，入于林中，往吝。筮田不吉。

师六五：田有禽，利执言，无咎。筮田吉。

恒九四：田无禽。

解九五：田获三狐，得黄矢，贞吉。

巽六四：田获三品。

家宅妾附

卦

家人：利女贞。

大过：栋桡。

爻

蛊初六：干父之蛊，考无咎，厉终吉。

蛊九二：干母之蛊，不可贞。

蛊九三：干父之蛊，无大咎。

蛊六四：裕父之蛊，往吝。

蛊六五：干父之蛊，用誉。

家人初九：闲有家，悔亡。

家人六二：无攸遂，在中馈，贞吉。

家人九三：家人嗃嗃，悔厉吉。妇子嘻嘻，终吝。

家人六四：富家大吉。

家人上九：有孚威如，终吉。

小畜九三：夫妻反目。

恒六五：恒其德，贞妇人吉，夫子凶。

困六三：入于其宫，不见其妻，凶。

渐九三：夫征不复，妇孕不育，凶。

渐九五：妇三岁不孕，终莫之胜，吉。

既济六二：妇丧其茀，勿逐，七日得。

大过九三：栋桡，凶。

大过九四：栋隆，吉。筮宅吉。

丰上六：丰屋蔀家，窥户无人，凶。

鼎初六：得妻子无咎。筮纳妾有子。

遁九三：系遁，有疾厉，畜臣妾吉。亦纳妾吉占。

小畜九四：有孚挛如，富以其邻。

泰六四：翩翩，不富以其邻。

谦六五：不富以其邻。

震上六：震不于，躬于邻，无咎

婚姻

卦

咸：亨，利贞取女吉。

姤：女壮，勿用取女。

渐：女归吉，利贞。

归妹：征凶，无攸利。

爻

屯六二：女子贞不字，十年乃字。

屯六四：求婚媾，往吉利。

贲六四：匪寇婚媾。

暌上九：匪寇婚媾，遇雨吉。

蒙九二：纳妇吉。

蒙九三：勿用取女，不有躬，无攸利。

大过九二：老夫得其女妻，无不利。

大过九五：老妇得其士夫，无咎无誉。

震上六：婚媾有言。

归妹上六：女承筐无实，士刲羊无血。

师友 交朋客附

卦

蒙，亨，童蒙，求我，初筮吉，利贞。

爻

损六三：三人损一人，行得友。

随初九：出门交有功。

随六二：系小子，失丈夫。

随六三：系丈夫，失小子。

豫九四：勿疑用盍簪。

咸九四：憧憧往来，朋从尔思。

蹇九五：大蹇朋来。

解九四：解而拇，朋至斯孚。

需上六：不速客三人来，敬之吉。

见贵

卦

讼：利见大人。

蹇：利见大人。

升：用见大人。

巽：利见大人。

爻

乾九五：见龙在田，利见大人。

乾九五：利见大人，见君道类。

蹇上六：往蹇来硕，吉，利见大人。

仕进 隐附

卦

大畜：不家食吉。

爻

泰初九：拔茅茹以其汇，征吉。
观六四：观国之光，利用宾于王。
观六三：观我生进退。
中孚九二：我有好爵，吾与尔靡之。
坤六四：括囊，无咎无誉。筮此宜隐。
蛊上九：不事王侯，高尚其事。筮此宜隐。

君子 筮与小人胜负

卦

泰：小往大来，吉亨。
否：不利君子贞，大往小来。
同人：利君子贞。
谦：亨，君子有终。
剥：不利君子之占。

遯：君子以遯而亨之吉。
夬：君子在小人之占。

爻

否九四：有命无咎，畴离祉。众君子吉占。
观初六：小人无咎，君子吝。
观九四：有命无咎，畴离祉。众君子吉占。
观上九：观其生，君子无咎。
剥上九：君子得舆，小人剥庐。
遯九四：好遯，君子吉，小人否。
明夷初九：君子于行，三日不食。
明夷六五：箕子之明夷，利贞。
暌初九：见恶人无咎。
解六五：君子维有解吉。有孚于小人。
夬九三：君子独行遇雨，若濡有愠，无咎。
革上六：九子豹变，小人革面。
未济六五：君子之光，有孚吉。

出行

卦

坤：君子有攸往，先迷后得，主利。西南得朋，东北丧朋，安贞吉。
屯：勿用有攸往。
贲：亨，小利，有攸往。
剥：不利有攸往。

复：亨，出入无疾，反复其道。七日来复。

无妄：不利有攸往。

大过：有攸往。

坎：有孚，维心亨，行有尚。

恒：亨，无咎，利贞，利攸往。

蹇：利西南，不利东北。

解：利西南，有攸往，夙吉。

损：有孚，元吉，无咎，可贞，利有攸往。

益：利有攸往。

夬：利有攸往。

革：亨，利有攸往。

升：南征吉。

巽：小亨，利有攸往。

爻

屯六四：往吉，无不利。

蒙初六：以往吝。

小畜上九：君子征凶。

履初九：素履，往无咎。

泰初九：以其汇，征吉。

随六三：利居贞。

贲初九：舍车而徒。

复初九：不远复。

复六四：中行独复。

无妄初九：无妄往吉。

无妄六二：则利有攸往。

无妄六三：行人之得。

无妄上九：无妄行有眚，无攸往。

大畜初九：有厉利已。

大畜九三：利有攸往。

大畜上九：何天之衢亨。

颐六二：征凶。

咸六二：咸其腓，凶。居吉。

咸九三：咸其服，执其随，往吝。

遁初六：勿用有攸往。

大壮初九：壮于趾，征凶。

晋六五：往吉，无不利。

明夷初三：有攸往，主人有言。

明夷六二：用拯马壮吉。筮避患吉。

明夷六四：于出门庭。

睽六四：往何咎。

睽上九：往遇雨则吉。

蹇初六：往蹇。三、四同上。

损初九：遄往无咎。

损六三：三人行则损一人。

损上九：利有攸往。

夬初九：往不胜为咎。

夬九四：臀无肤其行次且。

夬九五：中行无咎。

姤初六：有攸往见凶。

姤九三：其行次且厉无大咎。

萃初六：往无咎。

萃六三：往无咎小吝。

困九二：征凶。

困上六：征吉。

革六二：征吉无咎。

革九三：征凶，贞厉。

革上六：征凶，居贞吉。

鼎九三：其行塞。

震六三：震行无眚。

震九四：震遂泥。

震六四：震往来厉。

震上六：征凶。

艮初六：艮其趾。

艮六二：艮其腓。

艮六四：艮其身。

渐九三：夫征不复。

归妹初九：征吉。

丰初九：往有尚。

丰六二：往得疑疾。

巽初六：进退。

涣初六：用拯马壮吉。筮济涣。

节初九：不出户庭无咎。

节九二：不击门庭凶。

节九五：往有尚。

小过九四：往厉必戒，勿用永贞。

未济六三：征凶。

舟车

卦

需：有孚利涉大川。

讼：窒惕不利涉大川。

同人：于野亨利涉大川。

蛊：元亨利涉大川。

大畜：利涉大川。

益：利涉大川。

涣：利涉大川利贞。

中孚：利涉大川利贞。

爻

谦初六：用涉大川吉。

颐六五：不可涉大川。

颐上九：利涉大川。

未济六三：征凶，利涉大川。

大有九二：大车以载。

大畜九三：舆说輹。

大畜九二：舆说輹。

大壮九四：壮于大舆之輹。

困九四：困于金车，吝。

既济初九：曳其轮，无咎。

未济九二：曳其轮，贞吉。

旅

卦

旅：小亨，小贞吉。

爻

旅初六：旅琐琐，斯其所取灾。
旅六二：旅即次，怀其资，得其童仆，贞。
旅九三：旅焚其次，丧其童仆，贞厉。
旅九四：旅于处，得其资斧，我心不快。
旅上九：旅人先笑后号咷，丧牛于易，凶。

酒食

卦

颐：贞吉，自求口食。
大畜：不家食，吉。

爻

需九五：需于酒食，贞吉。
噬嗑六三：噬腊肉遇毒，小吝，无咎。
噬嗑九四：噬干肺，得金矢，利艰贞，吉。
噬嗑六五：噬干肉，得黄金，贞厉，无咎。
困九二：困于酒食。
鼎九三：雉膏不食，疾。
爻豫六五：贞疾，恒不死。
无妄九五：无妄之疾，勿药有喜。

遁九三：有疾厉。

损六四：损其疾，使遄有喜，无咎。

鼎九二：我仇有疾，不我能即，吉。

丰六二：往得疑疾，有孚发若，吉。

兑九四：商兑未能，介疾有喜。

祭祀

卦

观：盥而不荐，有孚颙若。

损：有孚，曷之用，二簋可用亨。

爻

萃六二：孚乃利用禴。

升九二：孚乃利用禴，无咎。

困九一：利用享祀。

困九五：利用祭祀。

既济九五：东邻杀牛，不如西邻禴祭，实受其福。

祷雨

卦

小畜：亨。密云不雨，自我西郊。

爻

小畜上九：既雨既处。

睽上九：往遇雨则吉。

鼎九三：方雨亏悔，终吉。

小过九五：密云不雨，自我西郊。

寇

爻

蒙上九：不利为寇，利御寇。

需九三：需于泥，致寇至。

解六三：负且乘，致寇至。

渐九三：利御寇。

畜

卦

坤：元亨，利牝马之贞。

晋：锡马蕃庶。

离：畜牝牛吉。

爻

屯六二：乘马班如。四、上同。

贲六四：白马翰如。

大畜九三：良马逐。

明夷六二：用拯马壮吉。涣初六同。

睽初九：丧马勿逐，自复。

中孚六四：马匹亡，无咎。

无妄六三：或系之牛，行人之得，邑人之灾。

大畜六四：童牛之牿，元吉。

遁六二：执之，用黄牛之革。

睽六三：其牛掣。

革初九：巩用黄牛之革。

旅上九：旅人先笑后号咷，丧牛于易。

大壮九三：羝羊触藩，羸其角。

大壮六五：丧羊于易。

大壮上六：羝羊触藩，不能退，不能遂。

夬九四：牵羊悔亡。

归妹上六：士刲羊无血。

大畜六五：豮矢之牙吉。

暌上九：见豕负涂。

姤初六：羸豕孚蹢躅。

卜筮为象占一说

昔者圣人用《易》以明民，托之卜筮，然所得之辞，或有悬殊者，如问婚而得田猎，问祭祀而得涉川，问此答彼，阔然不相对，岂有迁就迂诞而用之者哉！若是，则卦爻之辞皆赘言矣。《传》曰："其言曲而中，其事肆而隐，因贰以济民行，以明失得之报。"又曰："明于天之道，而察于民之故，是兴神物，以前民用。"又曰："探赜索隐，钩深致远，以定天下之吉凶，成天下之亹亹者，莫大乎蓍龟，故系辞为所以告也；定之以吉凶，所以断也。"今占筮所得之辞，乃不应合，而在于迁就用之，则奈何哉！盖尝思之，《易》以卜筮设教，古人之卜筮最重，非有大事，不疑不卜也。其见于书者，虞有传禅之筮，周有征伐之卜而已。故《洪范》曰："汝则有大疑，谋及乃心，谋及卿士，谋及庶人，谋及卜筮。"而从逆之问，人谋先之，卜筮次焉。盖诚以事有两可之疑，而后托之卜筮也；而其占又必诚敬专一，积其求决之；真情至诚，以达于神明，故神明感应之诚，亦正告以利害趋向，而不浪漫也。且《易》之初，其以六十四卦示人以占之例，亦已广矣；求君父之道于乾，求臣子之道于坤，婚姻于咸、恒、渐、归妹，待于需，进于晋，行师于师，争讼于讼，聚于萃，散于涣，以至退于遁，守于困，安于泰、鼎，厄于夷、蹇，盈于丰、大有，坏于损、蛊，家人之在室，旅之在涂，既、未济，损、益，大、小过，大、小畜，得失进退之义，虽卦名之为七十九字，文义明白，条例其足亦可决矣。此未有文王卦辞之前已可占而断者，况又三百八十四爻而示之以变乎？夫人诚有大疑，谋及卜筮，必诚意斋戒以占之。《大传》曰："是以将有为也，将有行也，问焉而以言，其受命也如响。无有远近幽深，遂知来物。"此占筮必得应合辞。受命者，神明受祷占者之命辞也。如响者应之端的，而不浪漫以告也。倘心不诚敬，则问此而告彼，阔焉不与事相酬答，实神明之所不主，而不告者也，又何受命如响之。云曷不即卦辞？考之文王，于蒙尝起其占筮之教矣。其言曰："匪我求童蒙，童蒙求我。初筮告，再三渎，渎则不告，利贞。"周子曰："筮者，叩神也。再三渎，渎则不告矣。此文王之所以起其例也。"夫占而揲蓍，蓄十有八变，必成一卦。卦必有卦辞，爻必有爻辞，何以言其告不告也？盖诚意专一而筮，则神之告之卦辞、爻辞应合所问。如占婚姻，与之咸恒，曰纳妇吉，曰勿用取女，曰归妹征凶无攸往；占征伐曰利用侵伐，曰在师中吉，曰不利行师，曰勿用师；占田猎曰田获三狐，曰田获三品，曰即鹿无虞，曰田无禽。若此者，皆所谓告也。若夫卦辞、爻辞不应占之事，此则诚意不至，二三之渎，而所谓不告者也。即文王之所谓不告也。不然则得卦爻，必有辞以告之，又何以有不告之云。夫诚敬不至则吾心之神明不存，而神之神明亦然，得不合之辞，而犹曰神明告我，谬以他意揣摩臆度，迁就曲推，强取以定吉凶，甚至狂妄侥幸，悖乱之念，皆自此生者，古有之矣，是惑之甚也。况世之占者，忽略灭裂，亵渎琐细，不敬尤甚，乃欲以此求神明之指，其至于不验，又妄以为卜筮之理不可信，彼岂知大告不告之道哉！

八卦形象镜

乾

元亨利贞，正大忠厚，其圆转周旋之体，有亢悔刚健之性。

天：晴、雹。
地：京都、坛社。
时：秋九月、十月。戌亥巳酉丑年月日时。
人：君父、老人、王侯、富贵。
事：多动少静。
身：首、肺、骨。
动：马、象。

静：金玉、冠、镜、五金、铜鉄、黑角、钟磬。

屋：公廨、关驲。

宅：冷落秋吉。

婚：声名之家。

食：带骨肉、圆菓、鸡子、凫、貓。

产：贵子，秋吉。

名：刑官、天使。

财：公门之利。

行：西北京都。

谒：利大人长者。

讼：健，贵人助。

茔：高亢天穴。

姓：商音，金傍氏。

数：九。

方：西北。

味：辛。

色：大赤玄。

疾：肺、喘嗽、头。

附：金则五金首饰。

附：木，雕琢之物。

附：火，鎔铸鑪钟。

附：水土，沙土生金。

坤

含弘光大，镇静慈柔，合离则相生，震巽为克制。艮乃冲而相和，坎为财旺生成。

天：阴雾叇，履霜坚冰。

地：乡里、田野、郊原。

时：乙癸未申，八月，辰戌丑未日。

人：后，老妇，大腹人。

事：柔顺，田围，土产。

身：胃、腹。

动：牝牛、马。

静：布帛，麻枲，柔物，土。

屋：矮屋，村舍。

宅：安稳，阴炁。

食：土物，黍稷，牛肉，野兽。

婚：乡村，或寡妇富贵之家。

产：春，不利母。

器用：鼎釜瓦土。

名：田农，教职。

财：五谷，布帛。

行：乡里宜睦。

谒：乡友阴亲。

讼：顺得众心。

茔：平洋近田。

疾：胃脾停谷。

姓：宫音带土。

数：八五。

方：西南。

味：甘。

色：黄。

附：木则砍土丘山，树林竹木。

附：火砖瓦窑器。

附：金乃金钱之器。

重土：田野泥中物。

震

运动震惊之体，轩昂作为之性，虚名虚位。合兑为克制，合巽乃比和，坤艮为财禄，合坎则生旺，合离乃泄气。

天：雷。

地：关市。

时：三四月，亥卯未年月。

人：长男。

事：鼓噪，多动。

身：足、发。

动：龙、鱼、蛇。

静：竹苇、蘩鲜、藁纸。

屋：树木、楼阁、大涂。

宅：烁、虚惊。

婚：长男名家。

食：蹄肉核果。

产：男动胎惊。

名：号令或主布。

财：竹木茶，宜动求。

行：山林东向。

谒：名世家。

讼：反复虚怖。

茔：林中穴。

疾：肝足鸣惊。

姓：角音，木傍氏。

味：酸。

色：青碧。

数：四。

方：正东。

附：水，石乃竹木稼穑之物。

附：金，竹木雕琢之物。

附：火，炙炮之物。

巽

性实体轻，进退动摇。

天：多阴霾，医日障天。

地：花果菜园。

时：春夏之交，辰巳日。

人：长女，秀士，工人，技艺。

事：柔和不定，手艺，同谋。

身：白服，四肢，服气，寡发。

静：工巧，长器，绳。

动：鸡，林禽。

居：寺观，林中。

宅：利市，门户飘蓬。

婚：长女斯文。

名：风宪文职。

产：首胎女。

食：鸡、蔬。

器：床几橼柏。

财：茶木，三倍利

行：东南林荒。

谒：文人秀士。

疾：膻股风气。

茔：林藏风穴。

讼：宜和，风宪怒。

姓：角草头及木傍氏。

数：五。

方：东南。

味：酸。

色：青绿白。

附：离乃笔墨纸书契钞图书之物。

重巽：轻荡之物。

附：兑，可食之物。

附：金，雕镂本器。

坎

隐伏矫揉之象，流而不返之势。

天：月、雨雪。

地：江浒卑湿。

时：十一月、六月，亥子申辰日

人：中男，江湖，盗贼，舟楫。

事：飘泊柔陷。

身：耳血肾。

静：水中物。

动：豕鱼。

屋：近水酒肆。

宅：暗昧阴湿。

婚：中男。

产：次胎男。

食：鱼豕冷酒，海味盐醋。

器：弓轮舟楫。

名：河道兼鱼盐。

谒：江湖邻水人，近捕鱼之家。

疾：耳肾冷泄。

行：涉舟，勿远，北。

财：鱼盐酒，失陷。

讼：阴险，淹滞。

茔：卑湿水穴。

姓：羽音，点水。

数：一、六。

方：北。

味：醎。

色：黑。

附：火乃煎熬陶冶砖器。

离

天：晴霞。

地：窑冶亢燥。

时：夏二七月，寅午戌日。

人：中女文，疾目。

事：聪明文学。

身：心，上焦，目，大腹。

静：甲胄，兵器，槁木。

动：雉蟹龟鳖蚌螺虾。

屋：虚堂，窗。

宅：安恬明达，忌火。

食：雉，煎烧热物。

婚：中女，文家。

器：网罟。

产：中女。

名：官炉冶坊。

行：陆地，男文书事。

财：文书之利。

谒：文书老案。

讼：明辨文动。

疾：心三焦，眼热疫。

茔：高亢无水。

姓：征音，立傍四点。

数：三七。

方：南。

味：苦。

色：紫红。

附：巽，乃书画钞。

附：木，灰炭纸烛。

艮

天：黄沙风尘。

地：土山石。

时：季月，丑寅年日。

人：少男，闲逸山人。

事：守静不决。

身：脾指背鼻。

静：山，土路，门，稼穑。

动：猪鼠，长嘴，啄禽。

屋：近路山居。

宅：安逸隐静。

食：大笋，山菜，鼠。

婚：小童，乡村。

行：不宜远，前阻。

谒：仙逸士。

讼：牵连不决。

茔：山中穴近路。

疾：脾鼻指背。

姓：宫音，山上傍氏。

数：七五。

方：东北。

味：甘。

色：黄。

附：水土泥沙石之物。

附：木禾黍草木。

兑

喜悦和柔之象，口舌是非之事。毁折附决。

天：星雨泽雾霰。

地：冈，原湿，废井。

时：秋八月，巳酉丑年日。

人：少女，妾，巫。

事：朋友聚论，悦，口舌，谤。

身：大肠，舌。

静：钟，雨，缺物。

动：羊犬，声口物。

屋：近宅败墙，户。

宅：秋悦，夏口舌。

食：羊泽马鱼鹅鸭，酒浆。

婚：少女，舌辩人。

产：夏损女胎。

名：武职掌刑泽。

财：文易，费口。

行：勿远，防口舌。

谒：言语，艺术。

讼：曲直，不决，口舌。

疾：喉痰肠舌喘沮。

茔：水穴或废穴。

姓：商音口，金傍氏。

数：二四。

水：辣。

方：西。

色：白。

附：火，炉铸陶冶物。

附：木，雕琢草木物。

重金：女人首饰之类。

夫二策既成，固足以定可否。若非卦爻比象，恐无以辨形势，何以断金短木长乃锄之理，外圆内方为钱之象？据此形属，则物无遗象矣。

吉星起例

天贵：甲戊庚兮艮巽坤，乙巳坎坤正相亲。丙丁乾位当门立，壬癸震巽是根因。辛逢离卦为天乙，此是天干贵气星。

天禄：壬甲从乾乙癸坤，庚来震上巳离门。戊从坎象丁从兑，丙归艮位巽归辛。

天喜：从乾上起正月，顺行十二位是也。

天马：申子辰马在艮，寅午戌马在坤。亥卯未马在巽，巳酉丑马在乾。

天福：甲丙逢坎艮，戊巳见坤宜。丁兑辛壬巽，庚离癸震居。乙与艮相合，天福不须疑。

凶星起例

天刃：甲刃在震乙刃巽，丙戊在离丁巳坤。庚居兑上辛乾位，壬居坎位癸艮行。

大煞：日下大煞要推详，甲乙乾兮丙丁羊。戊巳乾坎庚辛艮，壬癸巽为大煞方。

三煞：申子辰天劫在巽，三煞在坤；寅午戌天劫在乾，三煞在丑；卯亥未天劫在坤，三煞在乾；巳酉丑天劫在艮，三煞在巽。

天姚：申子辰，兑上轮。亥卯未，坎上会。寅午戌，震上出。巳酉丑，离上吼。

天讼：申子辰，乾上寻。亥卯未，对艮位。寅午戌，巽宫伏。巳酉丑，坤上走。

天贼：从艮上起正月，逆行十二位。

天河：从巽上起正月，逆行十二位。

天狱：正月乾，二月坤，三月巽，四月艮，周而复始。

天火：正月坎，二月震，三月离，四月兑，周而复始。

天哭：正月坤，二月坎，三月兑，四月乾，周而复始。

旬中空亡

甲子旬中不见乾，甲戌旬中无坤兑。
甲申旬中无离坤，甲午旬中不见巽。
甲辰旬中无艮震，甲寅旬中无坎艮。

鲁都游都歌

游都鲁都法最玄，穿地寻龙到九泉。
鲁都临处逢白虎，戊己元加辰戌边。
常加月将第八数，两位相逢远近联。

此是孙膑真妙法，千金莫与世人传。
甲己之日丑为先，乙庚神后不虚传。
丙辛常向功曹上，丁壬之日在巳边。
戊癸传送游都地，游都冲处鲁都安。
要知贼夫藏人马，游都之法计推迁。
出入鲁都临定处，依前此法可通仙。

梅花周易数卷八

策数占验

丙午七月初六日，有人拈子时问雨，即以年月日共作二十数，除二八余四为震上，加子时作巽下，得雷风恒之九三爻。原策一百八十，演策九千七百三十二。断曰："是月亢旱，待八月寅卯日，微有风雨些须，主雷轰而散。"盖元为天，属乾金，被会世二爻克之，当为晴明，故云是月旱，待八月火退而金生水也。四柱全无水字，岂有大雨。寅卯日取运三，又属震雷，原卦雷风恒，故风吹雷震，雷收雨息。

有应选者，时方冬月，值坎之上六，原策一百六十八，演策一万一千二百七十四。占曰："即宜速行，来年五月丙申日，官星照临，秋赴任，百姓莫不悦服。但三年后未尽善，然亦不至弃职也。"公识之。盖一而二，三而七，进数无阻。二七离火为印绶，甲午为五月，午运配日得七，为丙申是也，故曰"五月丙申日官星照临"。世为任所，遇四，兑又秋也，以运克之而驾驭得地，故曰"秋赴任"，又为民悦之象。七而四，退数也，故曰"三年后未尽善"。以上克下乃常理，故不弃职。

有占宅者，时方二月，值坤之上六，原策一百四十四，演九千九百五十八。问曰："君家有老人乎？"曰："有。"曰："此宅好则好矣，亦有外人侵凌乎？"曰："未。"曰："则乙丑乙未日晚，防盗贼入室伤人之患，慎之。"盖元为祖父，老人得乾，故知家有老人。世为外人，得巽木乘旺，克入宫中，故知宅有盗入伤人之患。乙丑乙木，以先天支干乙庚丑未八是也。

时八月，或问"此去何如"？拈调字起卦，中孚之九二，演策四千四百二十五。曰："公有交易之喜，主增田土也，应在十月巳午日辰戌时。然此事主谋者多，未免破费，甚有利益，勿吝惜也。"兑为交易，叠见乘旺，交易之喜也。离乃文书，立券也。离火生坤土，增田土也。一土生两金，主谋者多，未免费也。二五进数，甚有利益。十月取会之四也。巳午日，运二也。辰戌时，世之五也。

六月己未，有买宅者，占得大有之九三，演三千八百六十三策。答曰："不可成也。公兄弟行与外人协谋，债事虽成，不利于后。"彼闻之不信，成交入宅，果内外协谋，不数年倾家荡产矣。会为兄弟行，世为外人，二木相比，协谋之象也。身居坎埳，又日辰克之，三八约而盗我之炁，债事不浅也。况六三退数，后何所利。

六月，有长男自东北来占地理者，即以长男作震，东方作艮，得小过六五。原策一百六十八，演九千二百五十六策。断曰："宜东北近山安穴，主出显达子孙，仍多享父母余畜，田宅日进，至巳午年出秀士，中吉之地。"盖运艮宜东北近山；二五进数，主广田产；会火生运，故享上人之庇。世六又是进数，必出贵子。火旺于巳午，取会数火也。

有占婚者，值蒙之六五，演九千七百六十二策。断曰："婚已成矣。粧奁厚赠，但娶后不为大美。"盖会为媒妁，世为妻子，皆遭运克，一言可决。二七比和，为有和也。元为外父，金来生水，嫁资丰厚。但九七六二皆退数，不为后美。

有问疾，说巳时，占值巽之九五，演一万零七百六十七。断曰："不治之症，应在辰日丙申时。"盖元为本命既空，命已尽矣，岂复生哉。运六世七，病进增也。会世纯火煎肾，又于丁丑火土之日，说巳时党起纯火，更见本卦重巽生火，泄了运气，故曰"不治"。辰日者，运入墓也。丙申时者，取世七也。

有人登舟，问"今日出行何如"？值姤之九三，演一万一千零二十五数。断曰："有父母羁绊，来年六月方可行，得利。"客笑曰："舟将解缆，岂有中阻？"意谓占之不验，到舟，顷报母病危，迟至来岁行。盖会为将行之际，落空，故去不成。又会为父母，元为年克，今运今年，不可一而二，故来年方可行。二而五进数也，故云"得利"。

正月丙寅日申时，有求名者，得离之六爻，该一万二千三百零。身空任绝，先逢顺数。断曰："此去顺而得意，正当及时，得东方之官，治军之职则可，治农之职则不可。至申酉月日，宜慎之。"至京果然高第，任东南县令。七月酉时宿于驿，夜分被盗杀死，劫行囊而逸。

占讼，得同人之九二，演六千七百三十八。断曰："此讼主和息，官不怒，吏同心，七月丑未日事毕。"盖运三世八，两木比和而无刑冲，况卦名同人，为和同之象。元为官，生身，故不怒。会为吏，受我生，是受我财事同心也。或曰："运世皆木，何知吏受我财，倘受他财，亦未可知。"盖会与运皆奇，是为同炁，世偶，何为去受他财？七月取会数，丑未日取运，世木克土之淹滞而自散也。

老人断例

乙丑日辰时，有老人自我右角来，面带忧色。问曰："有何忧事？"答曰："无。"因占之，乾天卦，右角为巽，合以巽为地卦，乃天风姤。乾六巽四，共十数，乃四爻动，"包无鱼起凶"。兼以乙丑日，巽方为败亡，辰时为祸害，彼时偶立，见老人之来，乃动以接之，故其应稍迟。乾巽十数，中分，取十数而言之。故曰："子宜慎，恐五日内东方辰巳时，因酒生病。"退后五日，此老有人招饮，鱼骨梗亡。

少年占例

壬申日辰时，少年相遇我前而来问卜，遂占。艮乃少男，自离位来，作下卦，乃贲五。爻曰："贲于丘园，束帛戋戋。"此词吉方吉时吉，当以吉论。但吾在坐，其应迟。断曰："子半月有币聘之喜，午月酉日应之。"

坠枝断例

戊子日酉时，有枯枝坠吾正右，推之，以为槁木取作离卦，正右乃兑方，作下卦，合火泽睽。睽，离也。离别之兆。离九兑七，共十六数，余四，乃四爻动，"睽孤，遇元夫"，兼戊子日酉时，为灭迹，兑方为祸害，合二卦之数断之，半月外必伐。适偶坐，应稍迟，半月后，官命伐之。○元夫，匠人名也。

推牛断例

癸卯日申时，一牛自吾后正北来，状可悯。适坐时，占以坤乃牛，作上卦；自北方坎来，乃下卦，合地水师。坤二坎一，乃六三爻动，曰"师或舆尸"，凶卦，已不吉。子方灭迹，申时稍吉，可救。值坐，应迟，虽吉时可救，惜来方之凶，难逃前数。断曰："此牛二十七日丙子寅时，当杀与千军之后，买此牛犒军分之。"盖得申时吉可救，合用九因之法而断。坎坤三数，以九因之，三九二十七，不在坐则三日矣。

推鸡断例

甲申日巳时，有鸡在吾右角鼓翅飞啼，占之，巽乃鸡，作上卦；右角属乾，下卦，合成小畜。又巽四乾六共十数，除六而四爻动。《易》曰"有孚血去惕出"，以血言之，割鸡之义。甲申日乾为灭迹，已为祸害，况又相冲，系乾中之亥，此鸡必死。然吾坐，其应迟，上下十数。断曰："十日亥时必烹。"果如斯言。亥取其冲也。若以占身，则刀斧伤足矣。

出征占例

十月庚寅，见出征者，闻金鼓声，得雷天大壮五爻，三万九千七百五十八，以变为彼阵之数，四万三千六百三十四，以万为号令，元为师，会为将，运为兵卒，世为甲胄。此元离，彼元震，知彼有意求和；此会兑，彼会乾，两刚相敌，胜负难决，不可为持久计。此运世坤艮见彼运世震巽，则有伤矣。来年二月，必败而返。然彼元世生此元，而会受此元之克，可得名将归。后果人马皆凶，仅获一降将归。

无过捶腹呻吟断

三月壬戌日，有人捶腹而呻吟者，问之曰："有痛楚乎？"答曰：

"无。"遂以手为艮,腹为坤,山地剥之五爻,四万零六百零七。曰:"子家何处?"曰:"距此五千里,出门一年,不得家信。"曰:"如此须速归,君家有大难,人口丧亡,惟一老可存。急归救。"盖得秋数,未时而空缺,多见不祥之兆。其人遄归。次年复来,哭曰:"先生何神哉!一家死亡迨半,幸老人尚存耳。"

占讼

人有讼,久不决。占复之初九爻,得二万二千零二十二。此数皆比和,而会数空了,子必利与吏,而财亦破,然后有人和劝,不凶。八月十日空,决至期方和息。

气不舒状断

有中男冒雨而走,作气不舒之状。占得坎三爻,九千八百六十一,曰:"子宜慎之,人口家道俱不吉。"其人怒而去,不数月,果如所占。乃知九八六一真退数也。离艮乾坎,人财耗散,明矣。中间又无救数,莫逃其凶。

蒙头断

有老人以布盖头而来,占得泰之二爻,四万五千三百七十零。戒之曰:"防庚寅日时,于危险处有跌蹼之患。"数日后有东邻绊行而往赴之,遇风折树枝,惊避在沟,断足。数之莫逃如此。

逃人断

客课后天离之初六,一万七千七百三十一策,曰:"有失家僮之患乎?"曰:"然可寻否?将金物去否?"曰:"有之。先生以大纸一幅,大书,沿河见海,于此定其踪。"客曰:"闻公能推测之,求示教云。"曰:

"汝当去东南山林之中,闻鼓声处捕之。然彼众汝寡,可见不可得。然后复从南去旧路守,必获之。"如言踪迹,遂获。盖兑为僮仆,克入,故知"有失"。坎生身,故云"可寻"。元离运震,故居东南。坎子冲午,故后以南方获之。

失钗断

有失金钗者,刘伯温占之,以后天起卦,得乾之五爻;以先天演数,一万一千二百三十九数。曰:"金物在草木下,克入数全,可寻。"乃令于收豆围中,遍寻不见,复来问。康节曰:"金在草木下,固然。而当秋金带杀气,木在金上,此定有圆物盛之,或在炉灶边寻。"遂归,于豆瓮中获得。

三十六宫春图

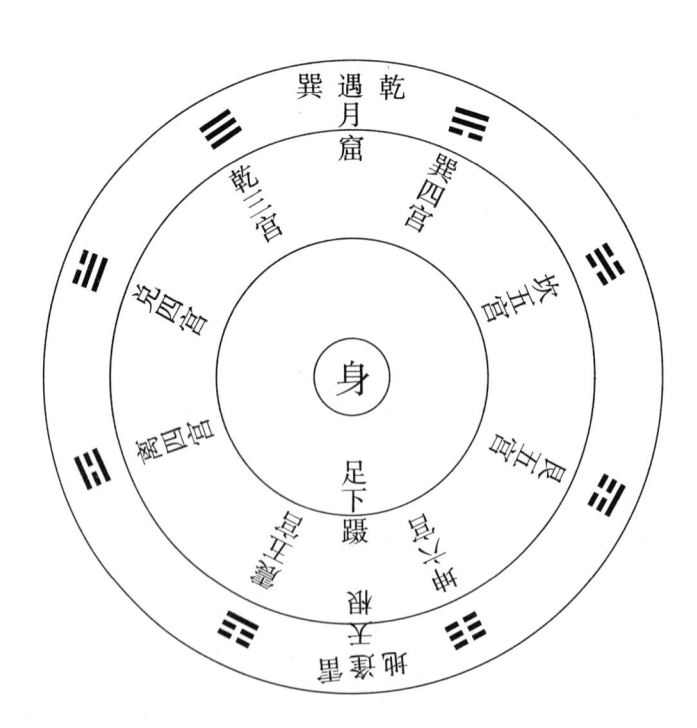

邵子云"三十六宫"者，指八卦之画而言也。刚画奇，一为一宫；柔画偶，二为二宫；八卦二十四画，共三十六宫。阳宫十二，阴宫二十四，则三十六宫不皆春也。以耳目聪明之身，而探月窟，摄天根，知物识人而灼见，其不能齐也。而以无所系累之心来往乎其间，玩对待之象，以施泛应之妙。画之对，则皆一奇一偶也。卦之对，则皆三阴三阳也。如是则泛而应，曲而当，三十六宫，阳宫不暑，阴宫不寒，无适而非春也。

互卦图

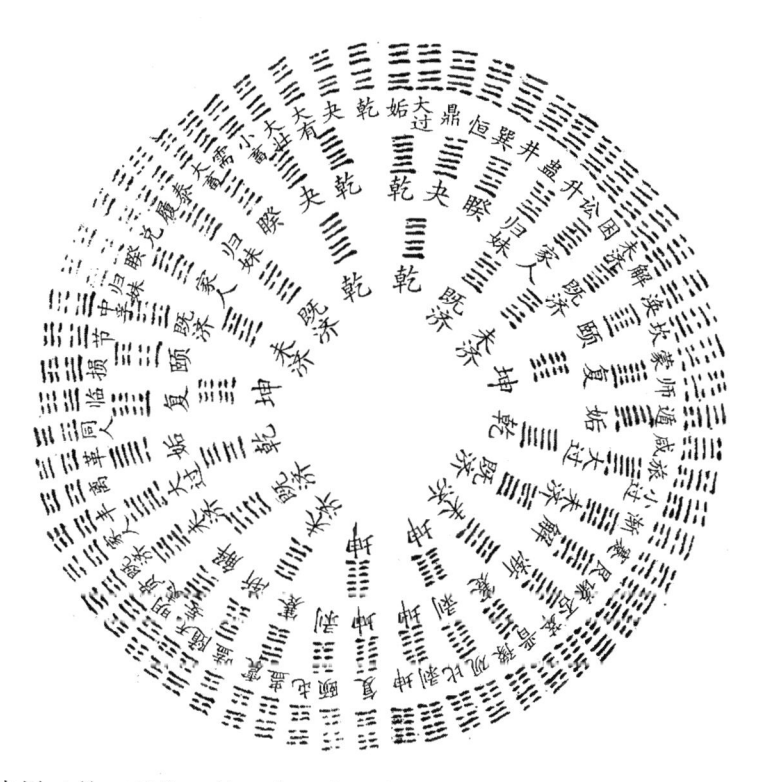

中层二卦，互为一卦，共三十二卦。两片相同，实十六卦。内一层二卦互为一卦，共十六卦，四分相同，实四卦。

《易大传》曰："辨是与非，则非其中爻不备。"以二三四为一卦，又以三四五为一卦。爻辞取象，或以上下一正体之卦，或以中间二互体之卦。

八卦反对六爻互变

杂卦传

乾刚坤柔，比乐师忧。师☷☵比☵☷乾☰☰坤☷☷

临观之义，或与或求。观☴☷临☷☱

屯见而不失，居蒙杂而著。蒙☶☵屯☵☳

震起艮止，损益盛衰之始。艮☶☶震☳☳

大畜时也，无妄灾也。无妄☰☳大畜☶☰

萃聚而升不来，谦轻而豫怠。升☷☴萃☱☷谦☷☶

噬嗑食也，贲元色也。贲☶☲噬嗑☲☳

兑见而巽伏也。巽☴☴兑☱☱

随无故也，蛊则饬也。蛊☶☴随☱☳

剥烂也，复反也。复☷☳剥☶☷

晋昼也，明夷诛也。明夷☷☲晋☲☷

井通也，困相遇也。困☱☵井☵☴

咸速，恒久。恒☷☳咸☱☶

涣离节心，解缓蹇难。节☵☱涣☴☵

睽外也，家人内也。否泰反其类也。家人☴☲睽☲☱否☰☷

大壮则止，遁则退也。遁☰☶大壮☳☰

大有众也，同人亲也。同人☰☲大有☲☰

革去过也，鼎取新也。鼎☲☴革☱☲

小过过也，中孚信也。小过☳☶中孚☴☱

丰多故，亲寡旅也。旅☲☶丰☳☲

离上坎下也。离☲坎☵

小畜寡也，履不处也。履☰☱小畜☴☰

需不进也，讼不亲也。讼☰☵需☵☰

大过颠也。姤遇也，柔遇刚也。渐女归待男行也。颐养正也，既济定也。归妹女之终也，未济男之穷也。夬决也，刚决柔也。君子道长，小人道消也。此不对之卦也。圣人藏诸也。道家象此，以为备养之法。

天地胎育之理，乾纳甲壬，坤纳乙癸者，上下包之也。震巽坎离艮兑纳庚辛戊巳丙丁者，六子生乾坤包中，如物之处胎。甲者左三刚爻乾之炁，右三柔爻坤之炁也。乾初爻交坤生震，故震初爻纳子午，乾初子午故也。《汉上》曰：长子代父也。中爻交坤生坎，故坎初爻纳寅申。震纳子午，顺传寅申，阳道顺。上爻交坤生艮，故艮初爻纳辰戌，亦顺传。坤初爻交乾生巽，故巽初爻纳丑未。坤初丑未故也。《汉上》曰：长女配长男。中爻交乾生离，故离初爻纳卯酉。巽纳丑未，逆传卯酉，阴道逆。《汉上》曰：中女配中男。上爻交乾生兑，故兑初爻纳巳亥，亦逆传。汉上曰：少女配少男也。女从人，故其位不起于未。乾坤始于甲乙则长男长女，乃其次宜纳丙丁，少男少女居其末宜纳庚辛。今乃反此者，卦必自下生。先初，次中，末乃至上，此《易》之叙亦胎育之理也。物处胎甲，莫不倒生，自下而上者卦之叙，而冥合造化胎育之理，合乎自然也。大抵阳卦纳阳干阳支，阴卦纳阴干阴支。阳六干皆进，阴六干皆退。惟乾纳二阳，坤纳二阴，包括首尾，则天地父母之道也。

文王十二月卦炁图

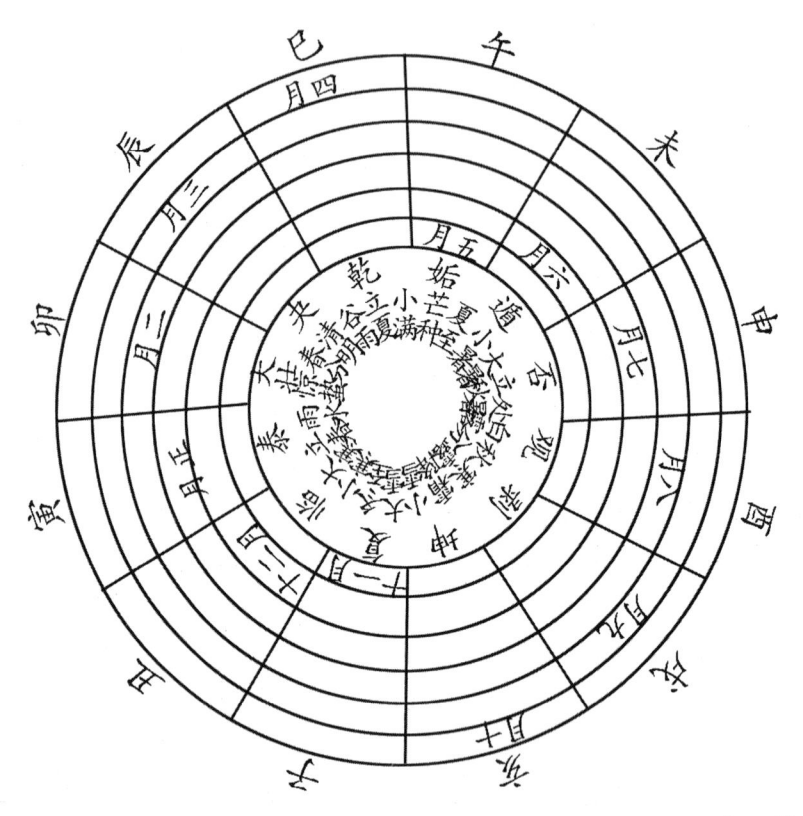

　　阴阳消长，如环无端，卦画之生如此，卦气之运亦如此。十二月，三十六旬分之，则七十二候；十二卦，三十六阳分之，则七十二画。此图纵而数之，阳与阴皆自一而六；横而数之阳六，其六合之为三十六。又见得阳一而阴二，三十六阳贯乎三十六阴之中。阳炁运行于天地，息于复，盈于乾，消于姤，虚于坤。消息盈虚，《易》与天地准，故能弥纶天地之道。复至日临八月，此文王卦卜之辞。十二月卦炁，于此信然矣。

时方吉凶

支神	子 反离	丑 反兑	寅 反兑	卯 反巽	辰 反震	巳 反震	午 反坎	未 反乾	申 反乾	酉 反艮	戌 反坤	亥 反坤
八卦方	坎 正北	艮 近北	艮 近东	震 正东	巽 近东	巽 近南	离 正南	坤 近南	坤 近西	兑 正西	乾 近西	乾 近北
甲子	子 魁罡	丑 墓绝	寅 吉	卯 灭迹	辰 大败	巳 吉	午 破碎	未 墓绝	申 吉	酉 祸害	戌 孤独	亥 空亡
乙丑	子 吉	丑 魁罡	寅 凶败	卯 吉	辰 祸害	巳 败亡	午 吉	未 破碎	申 凶败	酉 祸凶	戌 灭迹	亥 祸害
丙寅	子 孤苦	丑 吉	寅 魁罡	卯 凶败	辰 凶祸	巳 灭迹	午 败亡	未 吉	申 破碎	酉 凶败	戌 空亡	亥 祸害
丁卯	子 灭迹	丑 孤苦	寅 凶祸	卯 魁罡	辰 凶败	巳 吉	午 祸害	未 败巳	申 凶煞	酉 吉	戌 败亡	亥 祸害
戊辰	子 凶败	丑 祸害	寅 凶煞	卯 吉	辰 魁罡	巳 凶败	午 凶煞	未 灭迹	申 凶煞	酉 吉	戌 败亡	亥 空亡
己巳	子 吉	丑 吉	寅 害祸	卯 孤苦	辰 吉	巳 魁罡	午 吉	未 祸害	申 灭迹	酉 败亡	戌 凶煞	亥 破碎
庚午	子 破碎	丑 吉	寅 吉	卯 吉	辰 灭迹	巳 吉	午 魁罡	未 吉	申 凶煞	酉 灭迹	戌	亥 败亡
辛未	子 凶败	丑 破碎	寅 吉	卯 吉	辰 祸害	巳 凶煞	午 吉	未 魁罡	申 吉	酉 吉	戌 灭迹	亥 败亡
壬申	子 吉	丑 墓绝	寅 破碎	卯 凶败	辰 吉	巳 祸害	午 吉	未 墓绝	申 魁罡	酉 凶害	戌 空亡	亥 灭迹
癸酉	子 祸害	丑 墓绝	寅 吉	卯 破碎	辰 吉	巳 吉	午 吉	未 灭迹	申 孤苦	酉 吉	戌 魁罡	亥 空亡 散失
甲戌	子 凶败	丑 灭迹	寅 败亡	卯 吉	辰 破碎	巳 吉	午 凶祸	未 祸害	申 吉	酉 空亡	戌 魁罡	亥 吉
乙亥	子 吉	丑 凶祸	寅 祸害	卯 败亡	辰 墓绝	巳 破碎	午 吉	未 凶败	申 孤苦	酉 天祸	戌 孤苦	亥 魁罡
丙子	子 魁	丑 吉	寅 败亡	卯 灭迹	辰 败亡	巳 凶败	午 破碎	未 吉	申 空亡	酉 祸害	戌 孤苦	亥 凶煞

	子	丑	寅	卯	辰	巳	午	未	申	酉	戌	亥
丁丑	子祸	丑魁罡	寅吉	卯凶祸	辰祸害	巳败亡	午凶煞	未破碎	申空亡	酉散失	戌灭迹	亥孤苦
戊寅	子孤苦	丑凶败	寅魁罡	卯吉	辰凶祸	巳灭迹	午败亡	未破碎	申破碎	酉空亡	戌凶败	亥祸害
己卯	子灭迹	丑孤苦	寅吉	卯魁罡	辰吉	巳凶败	午祸害	未败亡	申凶害	酉破碎	戌祸害	亥凶煞
庚辰	子吉	丑祸害	寅孤苦	卯凶败	辰魁罡	巳凶祸	午吉	未灭迹	申败亡	酉空亡	戌破碎	亥凶煞
辛巳	子凶败	丑墓绝	寅灭迹	卯孤苦	辰吉	巳魁罡	午凶煞	未凶害	申祸害	酉败亡	戌吉	亥碎煞
壬午	子破碎	丑凶败	寅吉	卯祸害	辰凶败	巳吉	午罡魁	未凶害	申空亡	酉灭迹	戌散亡	亥败亡
癸未	子吉	丑破碎	寅凶败	卯吉	辰祸害	巳孤苦	午吉	未魁罡	申空亡	酉吉	戌灭迹	亥凶败
甲申	子败亡	丑吉	寅破碎	卯吉	辰吉	巳祸害	午孤苦	未空亡	申魁罡	酉凶祸	戌吉	亥灭迹
乙酉	子祸害	丑散失	寅吉	卯破碎	辰凶	巳吉	午灭迹	未孤苦	申吉	酉魁罡	戌魁罡	亥吉
丙戌	子吉	丑灭迹	寅祸败	卯吉	辰破碎	巳吉	午空亡	未散亡	申灭迹	酉孤苦	戌吉	亥魁罡
丁亥	子凶	丑吉	寅祸害	卯散亡	辰吉	巳破碎	午空亡	未散亡	申灭迹	酉吉	戌孤苦	亥魁罡
戊子	子魁罡	丑吉	寅吉	卯灭迹	辰败亡	巳吉	午破碎	未空亡	申吉	酉祸害	戌孤苦灭迹	亥吉
己丑	子吉	丑魁罡	寅吉	卯凶	辰孤苦	巳败亡	午空亡	未破碎	申吉	酉凶祸	戌灭迹	亥孤苦
庚寅	子吉	丑凶	寅魁罡	卯吉	辰祸害	巳灭迹	午吉	未空亡	申破碎	酉祸害	戌灾害	亥孤苦
辛卯	子祸害	丑孤苦	寅凶	卯魁罡	辰吉	巳空亡	午灭迹	未败亡	申祸害	酉破碎	戌吉	亥凶祸
壬辰	子凶	丑祸害	寅孤苦	卯灾害	辰魁罡	巳吉	午灭迹	未祸害	申凶煞	酉破碎	戌吉	亥吉
癸巳	子吉	丑凶	寅灭迹	卯孤苦	辰夭	巳魁罡	午吉	未散亡	申祸凶	酉空亡	戌祸害	亥破碎

	子	丑	寅	卯	辰	巳	午	未	申	酉	戌	亥
甲午	子破碎	丑凶煞	寅吉	卯祸	辰孤独	巳空亡	午魁罡	未吉	申吉	酉灭迹	戌散亡	亥吉
乙未	子吉	丑破碎	寅凶	卯吉	辰灭迹	巳孤苦	午吉	未魁罡	申凶败	酉吉	戌祸害	亥散亡
丙申	子散亡	丑吉	寅破碎	卯凶	辰空亡	巳祸害	午孤刑	未吉	申魁罡	酉凶	戌空亡	亥灭迹
丁酉	子凶败	丑散亡	寅凶败	卯破碎	辰天空	巳妖祸	午灭迹	未孤刑	申凶祸	酉魁罡	戌凶煞	亥吉
戊戌	子凶败	丑败亡	寅散亡	卯吉	辰破碎	巳空亡	午凶煞	未吉	申孤苦	酉凶败	戌魁罡	亥祸害
己亥	子吉	丑祸害	寅凶	卯祸	辰破碎	巳吉	午凶败	未空亡	申孤刑	酉吉	戌魁罡	亥魁罡
庚子	子魁罡	丑吉	寅吉	卯灭迹	辰败亡	巳空亡	午破碎	未吉	申吉	酉祸	戌孤刑	亥吉
辛丑	子吉	丑魁罡	寅吉	卯吉	辰祸害	巳败亡	午吉	未凶败	申吉	酉吉	戌灭迹	亥孤刑
壬寅	子孤苦	丑凶	寅魁罡	卯孤刑	辰墓绝	巳灭迹	午吉	未败亡	申吉	酉破碎	戌映	亥祸害
癸卯	子灭迹	丑孤刑	寅吉	卯祸	辰败亡	巳败亡	午吉	未祸害	申祸败	酉吉	戌破碎	亥吉
甲辰	子凶	丑天祸	寅孤刑	卯散失	辰魁罡	巳吉	午凶	未灭迹	申败亡	酉散亡	戌破碎	亥吉
乙巳	子吉	丑凶	寅灭迹	卯吉	辰祸害	巳魁罡	午吉	未散亡	申祸害	酉凶败	戌凶煞	亥破碎
丙午	子破碎	丑吉	寅空亡	卯散亡	辰孤刑	巳凶	午魁罡	未吉	申凶祸	酉灭迹	戌凶败	亥凶煞
丁未	子怨气	丑破碎	寅空亡	卯散失	辰灭迹	巳孤刑	午凶	未魁罡	申吉	酉凶	戌祸	亥凶败
戊申	子祸	丑凶败	寅破碎	卯吉	辰祸	巳凶败	午孤苦	未凶	申魁罡	酉吉	戌墓绝	亥灭迹
己酉	子祸	丑败亡	寅空亡	卯散失	辰墓绝	巳凶	午灭迹	未孤刑	申吉	酉魁罡	戌凶	亥散亡
庚戌	子吉	丑灭迹	寅败亡	卯凶败	辰破碎	巳凶	午吉	未天祸	申孤刑	酉吉	戌魁罡	亥散亡

	子	丑	寅	卯	辰	巳	午	未	申	酉	戌	亥
辛亥	子祸	丑墓绝	寅凶祸	卯祸败	辰吉	巳破碎	午败亡	未墓绝	申夭祸	酉孤刑	戌吉	亥魁罡
壬子	子魁败	丑墓绝	寅亡空	卯灭迹	辰祸败	巳凶煞	午破败	未墓绝	申吉	酉祸	戌孤刑	亥
癸丑	子吉	丑魁罡	寅空亡	卯吉	辰灭迹	巳凶败	午吉	未破碎	申吉	酉凶	戌祸害	亥孤刑
甲寅	子孤刑	丑空亡	寅魁	卯魁罡	辰墓绝	巳灭迹	午败	未吉	申破碎	酉吉	戌墓绝	亥凶祸
乙卯	子凶	丑孤	寅吉	卯吉	辰墓	巳吉	午凶祸	未败亡	申吉	酉破碎	戌墓绝	亥吉
丙辰	子空亡	丑祸害	寅孤刑	卯孤刑	辰魁罡	巳吉	午吉	未灭迹	申败亡	酉吉	戌破碎	亥吉
丁巳	子空亡	丑散失	寅灭迹	卯祸	辰吉	巳魁	午凶害	未吉	申祸害	酉凶败	戌吉	亥破碎
戊午	子破碎	丑害	寅吉	卯祸害	辰孤刑	巳吉	午魁罡	未吉	申吉	酉灭迹	戌败亡	亥吉
乙未	子空亡	丑破碎	寅吉	卯凶	辰灭	巳吉	午吉	未魁	申吉	酉凶	戌祸害	亥败亡
丙申	子败	丑空亡	寅破碎	卯吉	辰凶	巳祸	午孤刑	未凶祸	申魁罡	酉吉	戌凶煞	亥灭迹
丁酉	子祸害	丑败亡	寅凶门	卯破碎	辰吉	巳凶门	午灭迹	未孤刑	申凶败	酉吉	戌吉	亥凶败
壬戌	子空亡	丑灭迹	寅败亡	卯凶门	辰破碎	巳吉	午凶煞	未祸害	申孤刑	酉凶败	戌魁罡	亥吉
癸亥	子空亡	丑散失	寅害祸	卯凶亡	辰死炁	巳破碎	午吉	未凶	申灭迹	酉孤刑	戌墓绝	亥魁罡

十应灵枢篇

凡卦以体为内、用为外者常也,以十应之妙为外者变也。以内外卦参看,内卦不吉而外吉,可以解其凶;内卦吉而外不吉,有以破其吉矣。必内外卦全吉为美。外卦十应之目,详列于左。成卦之时,随其所应断之。

天霁晴明为乾。若乾兑体比和为吉,坎体则逢生为大吉,坤艮体则泄气,震巽体逢克而不吉矣。晴霁日中为离,坤艮体吉,乾兑体不吉。雨雪为坎,震巽体不吉。雷风为震,巽离体吉,坤艮体不吉。阴云为坤,雾气为艮,星月为兑,克体者天时不顺,生体者天意有待。此天时之应也。

茂林修竹为震,巽离与震巽之体利焉,坤艮之体忌之。江泽川津溪涧为坎水之地,震巽体吉而离体凶。窑灶之所为离,坤艮体吉,乾兑不利。山石之地为艮,乾兑坤艮之体吉,坎体不宜。公廨为乾,田野为坤,土石砖瓦之所为艮,颓垣败壁为兑。生吉克凶,此地理之应也。

老人为乾,老妇为坤,艮少男,巽少女,五行生克比和,与前同断。至于人事纷见,随吉凶之意以为兆。如问财见钱宝等物,占功名见文书公服,卜婚见圆物鱼雁之类,皆吉。此人事之应也。

月令日值五行衰旺之炁,如木旺寅卯月日,火旺巳午月日,体卦忌日辰刑克,宜日辰生旺。体卦炁宜旺不宜衰。此时令之应也。

方卦论吉凶者,以体卦为主,看来占之人在何方位,与体卦有无生克。方生体吉,体生方耗炁,体克方吉,方克体不宜,加以参详。如坎体宜坎位,若震巽之位则不吉;离居离位,如坤艮乾兑之位则不吉。盖本卦之位,宜用卦之生,不宜所在之方受用卦之克。若夫器物之卦,所占之方又须审之。如水从地来为坎,卦炁则旺,从坤艮方来则衰。火从南方为离,卦炁则旺,北来则衰。余仿此。盖本卦炁方为旺,受克之方为衰。生体卦炁宜乘旺,方克体,卦炁宜在受克之方。夫震巽之方,不论乾兑坤艮;坤艮之方,不论坎;坎方不论离,离方不论乾兑;乾兑方不论离震巽,以其体卦受方卦之克而无气也。此方卦之应也。

乾马,坤牛,震龙,巽鸡,坎豕,离雉,艮犬,兑羊,又螺蚌之类为离,鱼盐之类为坎,此动物之象。以体卦参之,其不论卦象者,鸦报灾,鹊言喜，鸿雁主音信，蛇蝎防毒害，鸡鸣主佳音，鸟嘶主凶动。此动物之象也。

静乃器物之类，有类卦象者。水坎，火离，木器为震巽，金乃乾兑，土为坤艮。与体卦相参详，有无生克合刑。其不分卦象者，但观器物之兆。圆者事成，缺者事败之意。又详何器物，如笔墨主文书，袍笏主官职，尊俎之具主贵集，枷锁之具防官灾。此静物之应也。

言语不论卦象，但详其事绪，而为占卜之应。闻吉则吉，闻凶则凶。若稠人闹市，难以推断，坐听人少处，或言或语，可辨事情，审其言语何事，心领而意会之。如说朝廷，可以求名；说商贾财货，可以谋利；讲鬼神医巫，主疾病；论州县江湖，主出行；争讼主官非，喜庆主婚姻。事虽不一，仿此而推。喜笑则吉，喧争则讼，事机成矣。此言语之应也。

凡耳闻之声，若论卦象，则雷声为震，风声为巽，雨声为坎。鼓板槌拍之声出于木者皆为震，巽钟磬铃钣之声皆出于金者为乾兑。此声音之卦象，与体卦参决。其余悲喜歌怒，各以类应。若物之鸦鹊分吉凶，雁鸡主远信，皆声音之应也。

五色不论卦象，但以所见之色推。五行青碧绿为木，白属金，黑属水，黄为土，红为火。外卦之五行，应内卦之生克比和吉，克泄凶，此五色之应也。

易数十诀

有先天起数之诀，后天起卦之诀，有体用互变之诀，体用生克之诀，体用衰旺之诀，体用动静之诀，卜占端坐之诀，占卜克应之诀。此七诀者，乃先师所秘授也。得其传，数术神昧，其传不验，应惟在诚感而已。故易之为数，有体用之章，三要之章，十应之妙。总之为十诀，皆不可缺也。

断例条目

天时

天气下降为雨，元生会数之间，地气上升为云。会生元数之上，数逆而偶为久雨，数顺而奇为久晴。一阴一阳，时晴时雨；一逆一顺，或晦或明。缺运者不见日光，缺世者难逢月色。会二七而世一六，朝晴暮雨；元三八而运五十，旦风夕云。又以通变之爻，决远近之期。久晴逢缺而雨，久雨逢断乃晴。一六阴雨而终不晴，二七炎日而必无雨。三震雷电，八巽风霜。四兑雨泽为霖，九乾晴明为日。五坤十艮，乃晦乃阴。

乾兑坎居元生会，有雨无疑。离居元生会，先晴后晦，微雨潇潇。震巽居元生会，晴必有风，或兼雷雨。乾兑居会生元，主阴雨。离居会生运克元，主无雨。艮克元，雨即止。坎克元，阴晴。乾兑克元，不雨即风。坤克元，微雨。震巽克元，非雨即风。一六克元，雨从北来。三八克元，风自东起。四九克元，雨临西止。不合局者不应。

风雨赋

造化之功用难测，理数之玄微可据。乾象乎天圆而明，四时顺布；坤法乎地重而浊，一炁混融。乾坤两全，晴雨时变。坤艮两立，阴晦不常。数有阴阳，画有奇偶。奇阳偶阴，阴雨阳晴。重坤为老阴之极，阴极生阳；重乾为老阳之极，久晴必雨。若重坎重离，时晴时雨。坎为水必雨，离为火必晴。乾兑之金，秋晴明而冬雪冽；坤艮之土，春阴况而夏蒸溽。艮为云，巽为风。乾兑乃霜雪雹霰，离火为日电虹霓。离电震雷会合，雷电交作；坎雨巽风相逢，风雨骤至。震卦重逢，雷惊百里。坎卦叠见，润泽九垓。故卦体之雨逢，依爻象之总断。地天泰，水天需，昏蒙之象；天地否，水地比，黑暗之义。见纯离而夏必旱，见纯坎而冬生寒。既济未济，四时不测风云；中孚大过，三冬必然雨雪。蹇蒙百步须执盖，升观四时勿舟行。离在坤上，暮雨朝晴；离在震宫，暮晴朝雨。巽在离，虹霓乃见。离在坎，造亦同。震离为雷为电，应在夏天；坎水为霜为雪，形于冬月。大小畜而生风，大小过而有雷。

年运

春得夏数者，民多疾病。总依月令。

收成

三八为禾，五十为田。坤艮并而田土相宜，震巽同而禾苗挺秀。体受克秀而不实，变受克实而不收。变体相生，收成吉兆。离多主旱，坎重必淹。坎巽生体，雨顺风调。坤艮同逢，年丰岁稔。本卦言其始，变卦言其终。互上吉则早禾收，互下吉而晚稻秀。兑巽相并，主有凶蝗。坤巽重逢，乃登百谷。巽克体主风不调，兑克体而凶必损。

乾兑起刀兵，震巽属木荣。巽风秧下死，离旱火为云。坎流低莫布，坤厚有收成。乾兑贵财帛，震艮豆麦富。巽风损草木，离禾主生蠹。

国祚

元为君主，会为辅相。会受克，群臣有尊上之威仪；元克世，明主有远谗之刚果。元为宗庙，生运则社稷巩固。世作皇嗣，生一则喜承丕业。天子为运，不宜与世冲刑；臣僚为会，最喜与世比和。上下来生，四海咸知尊圣主。内外纯克，八方无不动干戈。会刑世则奸臣操柄，若直退则科道缩头。运遭克而世来扶，大变处武功有助。数值进而离来生，太平年文官守成。

军旅

全体者得权，空缺者无势。元为帅，会为将，运为兵卒，世为甲胄。

正卦之策为我，变卦之变为彼。元空大将失利，会缺小将无为。运断人马有伤，世绝甲兵不足。彼数强者，则深沟高垒以守；彼数弱者，而坚甲利兵以攻。数多克其元，获其军伍；数盛临其运，破其阵势。此数空三位二位者，失陷而回。彼数缺元策运策者，战败而去。逆数不可往，顺数乃可攻。下生上者天将成功，上克下者师人听命。彼克我数，为我败日；我克彼数，为我胜期。乾兑而兵甲坚利，坤艮而城郭完固。彼势向南者，我宜向北；彼势向东者，我宜向西。盖取受克之方，以决必胜之理。坎艮来克我运，须防山水埋伏。数少来合我多，定然卷旗来降。出征时卦喜进顺，安营处数贵满全。一六居体恐陷塞，二七克运防火攻。元木绝知无粮草，数若退伊动退心。观彼势旺之方，可遁可避；乘我所克之地，乃战乃攻。善守宜择生炁地理，临征要选旺相天文。

堪舆

体为主，用为宾。体为人，用为坟。乾兑宜山首之穴，坎兑宜近水之滨。艮巽乃山湾之所，坤宜平阳地面。艮近山田小径，古坟之处；震宜路傍平冈上穴，山腰所居。震巽宜竹木钟鼓，声音之所。

又艮乃本体，坤乃根源。坎在巽则水自东南，坎在乾则水自西北。在阳左至，在阴右至。无坎见乾爻，涸亢之所。

艮多而为绝顶峰峦，巽多而为深林洞谷。坤近田舍，兑近溪泽。无震巽则树木稀，有乾兑则树木损，互克体为鬼爻所犯。

生体者福荫后昆，克体者灾生眷属。乾兑乃西北之向，震巽乃东南之地。

乾为父，坤为母。阴卦女坟，阳卦男墓。变在内乃新阡，变在外为远祖。见离必是新，见艮不宜改。缺十难存身，缺零必绝嗣。生数有益，逆数多灾。亦以十零，定其坐向。震东兑西类也。元乃椁，会乃棺，运骸骨，世衣裳。此四象之在内者，元为长上，会为亲友，运为夫妻，世为子息。此六亲之在外者。运世数战，十葬九不安，缺十改须急，多缺皆不利，全备乃为奇。

凡占茔地，四数俱宜进顺，四柱不宜休囚。二七生体月高朗，三八益运后荣显。世运争克，骸不安而后必贫。上下比合，葬后安而嗣定发。运克会，父母不安。世泄体，子绪飘蓬。缺元不守祖业，少会定离父庄。运空身与妻灾，世缺子息逃窜。离主文明，克之断作火灾。坎为洪派，冲之必是水没。

卜筑[①]

求田者五十不可缺，问舍者三五须要全。顺生者吉，逢空者凶。全数家宅安，空缺门户缺。二七无制，火灾更兼多故。四九有炁，金帛和益荣昌。生内乃富贵之家，克外乃势力之人。生外贫窘，克内耗散。元会缺父母，会连运世空，妻子灾窘，父母忧来。重克重战，祸患相侵。多缺多空，秋得夏数者疾病相生，夏得秋数者灾殃必至。旺相争迎百福，逢衰殊欠精神。元克运，防有官灾。世克十，恐致盗贼。内生外者财散，外生内者钱多。奇数盛其家少女多男，偶数盛为人少男多女。顺数必发，退数必衰。旺木克土招穿窬，三金制木防倾圮。

乾坤家宅定安稳，震巽门户主虚惊。离主离散，兑乃口舌。坎逢克资财耗散，乾受生金帛满盈。内克外己制人，外克内人谋己。克我旺盗贼侵凌，克我衰小人欺侮。乾为老人，艮少男，震长男，坎中男。离在夏宅内光明，兑在冬家人暗昧。离与巽并远信文书，坎与兑相约交易。离盛逢巽震，无文书必主火惊。坎盛遇乾兑，非交易必多凶失。体衰卦中有鬼且多事；体盛卦中有鬼主病人。

变克我须防官司，体互十和家多疾病。阳多男盛，阴多女盛。

身命

体为主，用为命，俱宜旺，不宜衰。正数相生，五字有情，早年发福。正数无情，互变相生，晚景亨通。正数互变，俱来生体，更情五字有情，一生顺利。正数互变，俱来克体，再见五字无情，平生艰苦。用逢真

[①] 十为坐山，零为方向，又为朝案。

进二炁生体者，发财福；用逢真退二炁克体者，损财物。用逢进炁带吉神生体者，日渐显达；用逢退炁带凶神克体者，日渐退权。用带官贵禄马相扶相生合者，官禄显荣，财源如意。若临无炁，名利亨通。临岁德贵人见宠，临魁元高登科第，临禄贵荣擢高迁，临天喜主弄璋，临天财主进财。贵禄有情，必是仕途轩冕。官禄冲刑，居官难保善终。用带刃劫，破讼相害。相克相刑者，官非口舌，退散人财。天贼临用盗贼侵，天讼临用官非主。天河临用防水厄，天火临用防火灾，天姚临用防阴私之事。体用皆旺，动作轩昂。体用无炁，殊欠精神。体用相生，五字无情，虽富贵而渐衰。体用相克，五字有情，虽贫贱而渐发。用遇真进者主有寿，用遇休囚者主疾夭。用遇凶煞无吉神救者，生平多疾。用逢凶煞有吉神救者，病瘥获福。纯阳遇贵，聪明特达贤人。用得纯巽逢真炁，而又遇升降之期者，为神仙异术高人。用体纯阳五字又逢阳者，为孤遇阴，亦然。用居上九，人物高明。用居上六，人物偏傲。男命以体为主，女命以体为夫。体生者为子，体克者为财。生体者为父，克体者为官，扶体者为弟。两财两妻，两子两男。阳数带煞男有伤，阴数带煞女有伤。有阴无阳则伤父，有伤无阴则伤母。纯阴纯阳，上为父下为母。妻之美恶论财，无财论体。子之贤愚论子，无子论用。兄弟亦然。命之生死，运数推究。数之行运，定位而推。定位即水火金木土，周而复始。逐年太岁，亦依五行推之。又法：论六亲，乾兑用亥水为子，辰土为父，丑土为母；震巽用巳火为子，子水为父，亥水为母；坤艮用申金为子，午火为父，巳火为母；坎用寅木为子，申金为父，酉金为母；离用辰土为子，寅木为父卯木为母。欲知等辈，相扶是也。

开刱

元为元祖，会为月宗。运为己身，世为子孙。无缺必能久长，有空岂得坚牢。三八逢二七，必主回禄。五十生乾兑，仅存瓦石。四九遇一六，先看木朽。元数缺者不利于父母，会数缺者见祸于弟兄。运数缺者身与妻灾，世数缺者子与孙绝。得顺数者先贫后富，值退数者先富后贫。

伉俪

　　正卦之策为此氏，变卦之策为彼族。元会运世之位，祖父妻子之数。男数欲阳，女数欲偶。此夫为十，彼十为妇。女家占得反此，男族占之亦然。元数空不利于长上，会数空不宜于兄弟。十数空夫妻两亡，零数空子孙无依。阴剥阳夫不永，阳胜阴妇必伤。元克运，主婚不领允诺。会生身，执柯须与谐和。世生运，女宅失有顺意。运生元，妻家多要聘财。元空无父母，世缺难成合。会空元若生，不用媒人亲自许。元缺运世比，妻而不告自相亲。世值进生财益子，数若退娶后屡空。

　　单兑逢木，未成先有口舌。重见纯阳，早诺而且忻悦。乾震多才，坤艮有阻。体盛吉，体衰凶。体上为外家，体下为内家。冲时不遂，合时有成。定其日时，观其互变。互有克者，夫妻反目。变有克者，夫妻不全。我不克才强而娶后贫，我既克才强而娶后富。须齐克应，亦论爻词。以互爻为柹媒，以数次为男女。在阳而男人说合，在阴而女子结缘。

麟孕

　　外卦为母，内卦乃身中所怀。阳卦居内，或动是男。阴卦居内，或动是女。要分已临期未临期，如正临盆时得坎数有十，乃生门有水。阳极则阴生，纯乾生女；阴极则阳生，重坤必男。体为母，变为子。变阴生女，变阳生男。变克体，母亡子存。比和则吉，生亦不宜。艮主难生，坎为阴厄。乾为易产，兑乃不全。艮乃止极，震巽同而度其死。乘时当时，不以此论。巽乾有制皆成，多是双生。艮坤不生无恙，不能两全。时与变宜顺，时与体莫冲。何日何时，决其互变。体生内则产，互生内渐生。变生内产迟，互无生者产期未定。变初爻应近，二爻次之，五爻未定，上爻极久。

应制

元为主考，会为提调，运为本身，世为文章。生身者试官高取，扶我者策论新奇。运旺作文有旨，世扶誊录改添。二七生身文必胜，三八益体名高扬。顺而满鳌头有望，空而缺虎榜无名。我克元文下第，元克运试官嗔。元若空，主考不顾试卷。会值缺，提调不荐佳章。运缺文失本旨，世空考卷错讹。大率小考乡试虽与，均用日主月建相扶。

体卦受上生之名易成，若受克则难成。生上则成迟，比和则成速。互为日时，变为事之终。如变克体者，虽总成亦不善终。若生比和则主，乃主发解。

又如乾克体则老人阻隔，艮为少男，坎为中男也。乾生体则老人成就，坎中艮少亦然。体卦旺，互卦生，如坎之遇乾，离之遇巽，必主名题雁塔，身到凤池。艮之遇坤，春天勿用。冬得此，名利双美。艮者止也，极也。乾坤两并，乾体则吉。坎离重逢，离用为佳。丧职失名，莫出乎坎艮；失威损仪，兑卦相逢。兑毁拆也，犹艮止而坎陷也。离乃文书，逢克尤凶，遇生则吉。欲预知其年月，体之下卦取。欲知日时，互之下卦取。

文书音信及命下日期

离巽二卦最为良，更兼禄马贵人方。还逢天赦临身位，官职高迁姓字香。数中犯羊刃空亡花抑煞者，文书无成。

除授

内卦为官，外卦为禄。官克禄主荣迁，禄克官先有祸。世动为身，应为官禄，并居官之所。应克动官禄荣进，动克应丧值失职。动生应我求进，应生动人荐举。元为朝廷之上，会为宰辅之间。运为己身，世为任所。上下不可逆，内外不可空。进数升上，退数失下。元会生体，官禄倍加。元会克体，必遭裁贬。元会泄体，徒费心机。离巽乃文书，乾兑为币聘。元五运二，而近圣君。上乾下坤，出将入相。一六坎陷，二七离明。三八有声名，四九成美满。二七逆体，文书忧恼。一六战体，笞杖灾伤。零空不利于民，运缺难存于己。父母丁忧，因百数断绝。元数不全，恐首先获罪。空两位者不吉，空三位者纯凶。运缺无急救者，赴任即死。三位逢战数者，有罪必刑。阳数重为文职，阴数重必武官。乾坎坤兑，位居西北。艮震巽离，位必东南。元为君，生运者吉；运为臣，克元者凶。上下生身吉兆，上下泄体非祥。世克十恐有贼害，内生外资财散失，外生内财物增美。奇数盛不利于女，偶数盛不利己身。欲知品级，以互之下卦取。如乾则令尹，或传驿宣命之官，因乾多动也。若坤艮乃守土之官，或治田劝农之职。兑离乃主金银炉冶之任。乾兑为武职，巽离乃文官。乾巽乃财赋之官。乾在坎乃盐运，在巽乃参运，重坎则江湖漕运，重艮主草市山场。大过互变克身数，多不成，或孝服，剥卸丧职，不能之任，无善终也。合而成冲而不遂，衰而终滞，旺则必成。

谒贵

元为财，运为食，上下俱宜生体。运为我，世为人，内外不可空亡。运和世，去必厚款更多助。元生身，见则有赠且欢忻。元空待而不周给，世缺去见已无人。二七比，定有文书之美。四九和，决有金玉之助。数值进亟宜往谒，策若退且莫临岐。怕天劫羊刃。

乾君子，兑小人。离巽文书，艮坎反背。体用总要比和，上下不宜战克。阴卦盛利阴贵，阳卦盛利阳人。如坤艮之在春，见贵不得。若坎离之在夏，为事乃成。体生用，故不吉。内生外，亦不宜。互克体用而不悦，若受克重，彼必疾病；受泄重，彼亦空踈。体克用，贵人不得见；用克体，贵人亦不和。体生内，变克内，先吉后凶。变生内，体克内，先怒后悦。内外比和，贵人握手，前后相益。互乾为戌亥日可往，辰巳日为冲。互艮乃寅丑日可往，未申日不用。最要贵人天喜天赦禄马生合。

问财

元为财，会为食，运为己，世为人。元会数顺者得人得物，会世得运生财利加倍。会克体得而即散，生内者吉，克内者无。一六水边获利，二七炎火中觅，三八乃材木，四九乃金银，五十田土之事。若会缺重重，方且致祸。乾金玉，坤丝麻。坎不成，艮乃止。兑毁柝，离消磨。体用克乃无益，比和则吉。为体者莫生于用，为用者勿克于体。四时有炁，理必有财，逢衰无益。至财之数目体卦取，财之日时互卦取。

贸易 要合和，忌冲克

元为易主，会为牙人，运为我财，世为人物。元克世，主人不顾。会值空，中人虚传。数若进，成而有益。策见空，买亦徒然。元会比，中人偏伊多估价。会运合，主谋获我不多许。世生我倍利，数值退亏本。若退数生体，必主退后还成。

元克运，运克元，皆不成。运克会减价，十生百增价。巽乃文书，离亦交易。坎主不成，兑生口舌。坤艮乃山林土田，乾兑乃金银财货。乘旺者吉，逢冲不遂。艮多阻隔，离主离散。上体克内而互卦生内，先逢后吉。互卦克内而变卦生内，无始有终。体互生内而变克内，久后不宜。体内乘旺而诸卦休废，事必益盛。匪人所隔，向后有官司。财多于己相宜，向后亦多利。体旺吉，体衰凶。生我者吉，克我者凶。日时体互变爻。依此断之，理无不中。

商贾

元为财之本，会为财之利。元会顺，买物必得。运世进，与人和谐。元会生体倍利，元会泄体无利。脱货求价，其理则一。头大尾小，折本无聊。欲脱货者，泄体不妨。要全美者，生旺乃佳。会世逢空，有物无人问。若占行货，运为途间之应，世为欲往之方。会和运，逢好侣。百克十，恐为人盗谋。数值进，行多顺意。世若空，此去折钱。一六生身利舟楫，五十益体可途行。三处纯克，恐有失陷。四柱盛满，决无滞阻。

行旅

上卦为外，下卦为家。乾震主动，坤艮主静。坤艮变震终必动，震变坤艮终必止。兑主悦而勿争，内外受生，利有攸往。周卦受克，行则不美。变卦克身，往而忌返。互卦克体，久而无成。坎之为卦，险处生忧。艮之定爻，动而必阻。生体众者往必获财，克体多者行必见事。体更弱者有官事，更无救者恐身危。亦论爻词，又看克应。能行日子，寄在互爻。

元为未去之初，缺则始焉有阻。会为方行之际，空而去也不成。运数空中道不安，世数空彼处多厄。生内者获利千缗，克内者劳苦万端。三八克体必风兴，一六克体见雨阻。逆数不可往，顺数乃可行。空缺之数，行则不归。克战之数，荡而忘返。会空并元克，皆不利。零空不宜，出零乃足也。

出行见贵人天喜居世上，或身带马，百带马，十分如意。十零是震巽，坎为粮斛，马有头归。

来归

乾震多动将来，坤艮多阻未起。兑乃口说所阻，坎乃陷险而应。离巽在内有喜信，进顺居前逢欢悦。一六舟至，五十陆来。空一位者生病，缺两位者身亡。生内即见到，克外无复来。体之上卦取行人之兆，体之下卦作自己之占。变生初爻，临门已至。变生二爻，指日可归。三四中途，五六未起。克应爻词，其言可见。互生变卦，其时可知。

近取日辰远取月，休囚旺相泄天机。

甲己子午加数断，百发百中验无疑。

乾震居零，克体即到，生体尤速。零空人不返，元空彼难离。五爻乃在中途，二爻已近家乡。初二爻动，不久即到。三四爻居危疑进退之间，五六爻虽动未动也。

期约

体生用不至，用生体即来，克体不至。体生用宜去就他，体克用来必迟。比和至，艮坎阻，离即见。阳卦变阴爻来速，阴卦变阳爻来迟。动当震巽，立至。初爻为足，并二爻动，来急。三四爻，犹豫多疑。

盗贼　失物

零为彼类，十为此身，克入莫逃此矣。物之失者观零位，物之得者观会爻。内生外者不见，外生内者易寻。八卦定方，四象明理。元为老人，泄体者是。会乃少壮，克体者强。二七失物，觅之窑灶中；一六丧财，索之沟湿地。三八居草木，四九傍金石。欲识为盗之人，须究成卦之策。坤艮得乾兑，必在城郭；震巽遇五十，多藏沟壑。离在震，乃权要之家。坎遇兑，即歌唱之肆。重木克乾，楼台之上。重艮见震，墙壁之间。坤若见巽，其理亦然。巽为信息，兑为口传。巽兑在元，可问老人与父。巽兑在百，得知朋友弟兄。巽兑在运，问人之妻。巽兑在世，问人之子。欲见其服色察其体，欲知其头帽视其元。会为手执之象，世为足履之物。但以零为藏，十为身，大抵克我不可往，生我乃可求。运空世盛，往必灾伤。彼柔此刚，尤为大吉。离盗贼露败，坤恶险多方。互生体易求，互克体难觅，体生互亦然。外看克应，且审爻词。变卦生入，事终益生。兑爻克应，理必伤人。震主贼多惊，乾主贼皆劳。坎主盗贼，艮乃伏藏。变在内者物未出，变在外者物难寻。有乾恶人已违，有艮住脚未行。坎主伏水滨，见兑必败露。兑及时者不可追，必致相伤。坎及时者勿独觅，恐有灾横。

元为物之根，会为失之物。运为己身，世为窃人。运数空缺，伏藏虚陷之中，却看百零数如何。若零生百，物可还；若零克泄百数，物已失。无百又看千数，若有泄体之数，亦是窃人，又为失物之所。无泄体之数，只以会为方道，又以会为失物之数目，零为人与方向之数目。如九数在零必是九人，可于相去九里之间寻。却又于会数上看是何人品，百零俱空，人物皆无。零受克，其人受制动不得。如占失马，得乾可见。

词讼

讼遇元空，或元克体，体克元，皆不利。若零克体，更凶。元数生体，吉。

元为官，宜生体。会为吏，不可克身。未兴词，宜世运皆空。已成讼，喜我强彼弱。汝我冲门，多费才力。彼此相刑，定有罪名。数有贵人宜寻分，会空或克莫求人。元克世他遭刑限，官生运我得便宜。木土克运身羁囚，金水侵体下足刑。我旺日方可毕事，官墓时谗可出监。有万数，事必经由于台院。无万策，归结只在本衙门。火安静详批允，离相克定驳详。体旺自己胜，体弱他人强。互生体得理，体生互损才，变生体得志。无鬼者贵人顺，有鬼者官事凶。坤乾束修，巽离文书。比和则归一，战克必凶。坎离会难和，坤艮同易散。震巽克体有轻罪，巽体离泄作流徒。克应不吉，见兑桎梏临身。应爻临身，有兑刀刃绝命。逢吉则救，受生不妨。欲知何日何时，看其互上互下。

零生体有得，零泄体有失。运与元会比和，或相合，审得理。零与元会比和，或相合，恐受抑。已经官零空事断绝，未经官零空他凶祸。

百克吏作梗，千克官不和。以正卦变卦，分人策我策。三八棒杖，二七文书，四九资财，五十田土。克出事散，生入事和。欲知惹事之源，惟察成卦之数。乾困金谷，坤乃田产。艮巽乃山林，震兑为口舌。巽交易，离文书。奇偶顺易安，阴阳战难止。上生下，事终本县。下生上，讼涉上司。

问疾[①]

命与体要生旺有气，不宜衰绝。若命体相合及有荗者，病即退。体旺不怕克，体衰命又衰，再受会世克，死期迫矣。元为本命，会为医食，运

[①] 有贵人禄马，应日即安。忌亡神，重喜星、回头、沐浴。关门星，犯者死。

为病人，世为所病。四柱不宜见空，策数又怕进旺。命克体吉，身克命凶。会空不宜医药，世进决是病加。身空衣禄尽，元绝命难存。生体药有效，数退病自痊。乾兑肺经厄，坤艮脾胃伤。三八逢冲内伤肝而外肢体，一六遭克下肾灾而上腰疾。运弱者待煞旺之日可治，被克者怕损泄之期作殃。体弱鬼强，十有九死。体旺鬼休，百无一凶。坎水乃浴尸之神，坤土为埋藏之煞。震巽克体，此是扛尸。离兑克体，焚骨必矣。土煞盛死之逃，体煞盛生之理。艮止也极也，有生体者病久乃止。坎险也难也，有克体者久困必危。欲知痊好之日，应在生体之辰。欲知危亡之日，须凭克体之爻。震巽克来，不宜服药。阴卦克入，定是鬼神。须看爻词，亦赖克应。

元受克，病在首。世受伤，病在足。数中互卦，端可为凭。少缺愈之兆，多缺死之兆。生入者难求生意，克入者将入死期。克外亦奇，生出亦好。零克体，千数不缺吉。会克体，病加重。会衰不妨。退数生身病退，退数克身病增。若命体受伤数绝，死。若零缺身命不受伤，无事。

先看上下卦体变象，如子占父病得泰卦，父不治。父占子病得复卦，子将危。

人物占

体盛乃富人，体用俱盛富贵人。用生体权势人，体生用贫人。用克体贱人，体衰闲人，体用皆衰下贱人，衰而有克废人。

器物占

体盛贵物，体衰贱物。用生体有用物，体生用无用物。克体废器，体用皆盛公用物，或至贵物。乾乃贵物，坤乃土中物。震乃移动物，兑乃金玉并带缺有口之物。

虚实占

体生用为虚，用生体为实。比和者贵，克体亦虚，体克半虚半实。震多虚惊，离多虚信，兑多虚传，乾坎艮多实。

忧疑占

策缺运空防有祸，数全顺旺不须忧。十零空缺，顷刻灾来。零数克身，须臾祸至。元空有终无始，元世俱空，始终无事。元会缺父母有祸，运世缺妻子生灾。重战重克，祸患迭临。多缺多空，死亡相继。内生外者忧损失，外克内者防小人。

闲居占

坎陷离明，巽顺兑和。每于早间无事时，欲知自己，以十为身，看何卦数，以千百零为人事物之应。如占他人家，则以十为其人，又为住基宅屋；以百零为前后左右，看生合冲克推详，看有炁无炁。以百为左为右，零为前为后，生合冲克乃大吉。

舟次占

行舟须决策，元会皆带贵神。会元空缺，世水宜旺。不宜衰，衰则有阻。百不可制千，世不可犯运。千克百平安，舟克水顺利。

元为千，为主事人，事为稍伻，运为舟，世为水。若千数受克，须知主事人不安。如千为坤艮，稍伻亦属土为吉。如舟属木，世属水，不宜于金。如会离，元坎不宜见土，元巽决有风涛之险。百元巽运是坎，稍伻亦主不安。元会金亦然。会不可克十，十克会不妨，盖舟能制水。会克十，若非水灾，定有小人侵算，否则遇浅阻滞。坎巽数连有风波，土多水少有阻滞。数顺比和，无往不利。又以艮坤属十，会主静宜止。乾震元十，会主动宜行。凡占先要上下卦体变象动静，又加占天时数互推之。觑风雨晦明，如三位克元及卦无生尅，俱不可动。

饮食占

凡占饮食，须察动静。动则有，静则无。下卦为我，上卦为人，变为客。互上乃酒，互下食物，体下为何物。变克体下食不终，变生体下吉。互克下及他人克己，俱不得食。上体生下人招饮，下体生上自款人。互受生酒少，体受生客多。变生互客迟至，互生变客先去。上互为日，下互为时。

一六坎水，咸物鱼酒羹汤豕血海味；二七离火，雉带壳甲中柔物苦赤煎炒馒头馄饨；三八震巽木，味酸色青木瓜蔬菜树果；四九乾兑金，味辛形圆色白多骨体坚数多马羊江湖及飞走之物；五十坤艮土，色黄形柔少骨五谷山药。

水一，火二，木三，金四，土五，此造化之理。水润下作咸，火炎上作苦，木曲直作酸，金从革作辛，土稼穑作甘，此食物之五味，而八卦应之。

世数盛者客众，运数缺者主衰。外生内主人欢，内生外宾客喜。离巽文书之会，坎兑歌唱之场。数顺吉，数衰不吉。缺千百者始参差，无十零者不终席。

总断

凡占以运为根本，世为要枢。运宜受别数之生，世宜克上数之克。运党多而身势盛，尤恐旺后遭倾。世党多而体势弱，或有生扶反美。阴消忌阳邪之盛，刚长喜柔弱之衰。外克内数多，再见旺而祸必大。若值退且休囚，其灾必轻。策：策看元运日辰，有扶我扶彼之异。数：数分生克冲合，或主吉主凶之殊。据五行向背制化之理，以明吉凶悔吝之机。更加变通，可宜可忌。触类而通，数理自尽。

资治论

太极生两仪，乾坤定位，天地交而夫妇合，夫妇合而万汇生，万汇生而争端起。故秉阴阳之正体者为圣为贤，理天下之繁剧者为君为师。其有偏于阳者遇刚，偏于阴者遇柔。刚柔相错，而治乱之道因之，虽理数之自然，有治国安民之策者，岂可少哉！夫一贯之下，不容缺一。邵子曰："通天地人者儒也。理数之学，非儒莫备。静则包涵于分寸之内，动则决胜于千里之外，岂寻章摘句之可比乎。"故曰："知文而不知数者，乌足以为学，乌足以为儒耶？"宋邵康节先生受学于李挺之，著《皇极经世》，命象定数，自成一家。大而天地始终，小而人物生死，古今世变，无不该贯，盖得伏羲氏画前之易，而发孔子之所未发者。要其旨，归于道，不相悖，而同出一太极也。夫太极者，气之理数者。气之用理，不离乎用数。因气而有具天地阴阳之理者，易也。所以体天地阴阳之理，变易以从道者心也。心不能静，则无以决天地之疑，成天下之务矣。是以为学之要，须扫除杂念，收敛身心，以有为为应迹，以明觉为自然。久而行之，则志气清明，义理昭著，而理数自然贯通矣。昔张子厚为商洛令时，屡过康节先生庐，求理数之学。对曰："本无多事，以子之才，顷刻可学。但须弃官静养十年，涤虑清心，方能有得。"又有邢恕叔和来学，引今援古，而已对曰："姑置是。先天未有许多话，且使胸中尘念荡涤净尽乃可。"诗曰："若论先天一字无。"又曰："拔山盖世称才力，到此分毫强得无。"并又曰："数学非十年不成。"由此观之，可见数学以静养为先也。盖心静则胸次玲珑，物来顺应矣。鲁齐有云："先天之学，纯乎天者也。非纯乎天之人，不可轻授。"盖以此数蕴神仙之秘诀，泄造化之玄机，得之当重，非人莫传。故康节不授邢叔和，顾授程明道，岂无所见而然耶？

梅花周易数卷九

历代帝王经世甲子岁

唐
尧帝二十一年
虞
舜帝摄位九年
夏
禹王八年
仲康三年
寒浞篡，少康生，二十二年
王槐四年
不降四年
王扃五年
孔甲二十三年
夏王癸桀二十二年
殷
太甲十七年
太康十五年
太戊二十一年
仲丁六年
祖辛十年
祖丁二十九年
盘庚二十五年

武丁八年

祖甲二年

武乙二年

辛纣十八年

周

康王二年

昭王三十六年

穆王四十五年

考王十三年

厉王四十三年

幽王五年

桓王三年

惠王二十年

定王十年

景王八年

敬王四十三年

威烈王九年

显王一十二年

赧王十八年

秦

始皇帝十年

汉

孝文皇帝三年

武帝元狩六年

宣帝五凤元年

平帝元始四年

明帝永平七年

安帝延光三年

灵帝中平元年

魏

魏帝芳邵陵厉公正始五年

永安建武承康元年

晋

惠帝永兴元年

哀帝兴宁二年

宋

文帝元嘉元年

齐

武帝永明二年

梁

武帝大同十年

隋

文帝仁寿四年

唐

高宗麟德元年

玄宗开元十二年

德宗兴元元年

武宗会昌四年

昭宗天祐元年

宋

太祖乾德二年

仁宗天圣二年

宁宗嘉泰五年

理宗改景定五年，下元

元

至元元年

《春秋》以事系日，以日系月，以月系时。系年所以纪远近、别同异也。今叙历代帝王经世甲子岁，所以考经之年也。古法以三百六十五日二十五刻为一岁，十九岁通七闰为一章，四章为一蔀。以六旬其蔀，得四千五百六十年，而为一元。唐虞三代至两汉，皆用此法。晋虞喜因考中王乃知冬至，昏申之王不在昴宿而中东壁，遂立岁差以进天度，则十九岁章蔀之法不复可考矣。泽火革，君子以治历明时，圣人亦有先见于此者。以周历之丁巳元推之，当尧甲子距，积二百七十五万八千零八十七岁，满元法四千五百六十，去之不尽，三千八百四十七算，即唐尧二十年甲子岁之元余也。

至元三十一年甲子

贞元元年至二年丙申

大德元年至十一年丁酉

至大元年至四年辛亥

世祖己卯以来共四十五年

皇庆元年至二年癸丑

延祐元年至七年庚申十五年

至治元年至三年癸亥

泰定元年至五年甲子至丁未四十四年

至正二十四年甲辰十一元三月改和元年共十九年

明

洪武十七年甲子中元

正统九年甲子下元

弘治十七年甲子上元

嘉靖四十三年甲子中元

天启四年甲子下元六纪

今将唐玄宗十二年下元至明天启甲子下元，共一十五元，每年值年卦象，并附值月卦象开左。

一元

甲子	乾子	乾子二百一十六	坤未一百四十四
乙丑	坤未	屯寅一百六十八	蒙巳一百六十八
丙寅	屯寅	需辰一百九十二	讼卯一百九十二
丁卯	蒙巳	师午一百五十六	比丑一百五十六
戊辰	需辰	小畜申二百〇四	履亥二百〇四
己巳	讼卯	泰戌一百八十	否酉一百八十
庚午	师午	同人子二百〇四	大有未二百〇四
辛未	比丑	谦寅一百五十六	豫巳一百五十六
壬申	小畜申	随辰一百八十	蛊卯一百九十二
癸酉	履亥	临午一百六十八	观丑一百六十八
甲戌	泰戌	噬嗑申一百八十	贲亥一百八十
乙亥	否酉	剥戌一百五十六	复酉一百五十六
丙子	同人子	无妄子一百九十二	大畜未一百九十二
丁丑	大有未	颐寅一百六十八	大过巳一百六十八
戊寅	谦寅	坎辰一百六十八	离卯一百九十二
己卯	豫巳	咸午一百八十	恒丑一百八十
庚辰	随辰	遁申一百九十二	大壮亥一百九十二
辛巳	蛊卯	晋戌一百六十八	明夷酉一百六十八
壬午	临午	家人子一百九十二	睽未一百九十二
癸未	观丑	蹇寅一百六十八	解巳一百六十八
甲申	噬嗑申	损辰一百八十	益卯一百八十
乙酉	贲亥	夬午二百〇四	姤丑二百〇四
丙戌	剥戌	萃申一百六十八	升亥一百六十八
丁亥	复酉	困戌一百八十	井酉一百八十
戊子	无妄子	革子一百九十二	鼎未一百九十二

己丑	大畜未	震寅一百六十八	艮巳一百六十八
庚寅	颐寅	渐辰一百八十	归妹卯一百八十
辛卯	大过巳	丰午一百八十	旅丑一百八十
壬辰	坎辰	巽申一百九十二	兑亥一百九十二
癸巳	离卯	涣戌一百八十	节酉一百八十
甲午	咸午	中孚子一百九十二	小过未一百六十八
乙未	恒丑	既济寅一百八十	未济巳一百八十
丙申	遁申	乾辰二百一十六	坤卯一百四十四
丁酉	大壮亥	屯午一百六十八	蒙丑一百六十八
戊戌	晋戌	需申一百九十二	讼亥一百九十二
己亥	明夷酉	师戌一百五十六	比酉一百五十六
庚子	家人子	小畜子二百〇四	履未二百〇四
辛丑	睽未	泰寅一百八十	否巳一百八十
壬寅	蹇寅	同人辰二百〇四	大有卯二百〇四
癸卯	解巳	谦午一百五十六	豫丑一百五十六
甲辰	损辰	随申一百八十	蛊亥一百八十
乙巳	益卯	临戌一百六十八	观酉一百六十八
丙午	夬午	噬嗑子一百八十	贲未一百八十
丁未	姤丑	剥寅一百五十六	复巳一百五十六
戊申	萃申	无妄辰一百九十二	大畜卯一百九十二
己酉	升亥	颐午一百六十八	大过丑一百九十二
庚戌	困戌	坎申一百六十八	离亥一百九十二
辛亥	井酉	咸戌一百八十	恒酉一百八十
壬子	革子	遁子一百九十二	大壮未一百九十二
癸丑	鼎未	晋寅一百六十八	明夷巳一百六十八
甲寅	震寅	家人辰一百九十二	睽卯一百九十二
乙卯	艮巳	蹇午一百六十八	解丑一百六十八
丙辰	渐辰	损申一百八十	益亥一百八十

丁巳	归妹卯	夬戌二百〇四	姤酉二百〇四
戊午	丰午	萃子一百六十八	升未一百六十八
己未	旅丑	困寅一百八十	井巳一百八十
庚申	巽申	革辰一百九十二	鼎卯一百九十二
辛酉	兑亥	震午一百六十八	艮丑一百六十八
壬戌	涣戌	渐申一百八十	归妹亥一百八十
癸亥	节酉	丰戌一百八十	旅酉一百八十
甲子	中孚子	巽子一百九十二	兑未一百九十二
乙丑	小过未	涣寅一百八十	节巳一百八十
丙寅	既济未	中孚辰一百九十二	小过卯一百九十二
丁卯	未济巳	既济午一百八十	未济丑一百八十

二元

戊辰	乾辰	乾申二百一十六	坤亥一百四十四
己巳	坤卯	屯戌一百六十八	蒙酉一百六十八
庚午	屯午	需子一百九十二	讼未一百九十二
辛未	蒙丑	师寅一百五十六	比巳一百五十六
壬申	需申	小畜辰二百〇四	履卯二百〇四
癸酉	讼亥	泰午一百八十	否丑一百八十
甲戌	师戌	同人申二百〇四	大有亥二百〇四
乙亥	比酉	谦戌一百五十六	豫酉一百五十六
丙子	小畜子	随子一百八十	蛊未一百八十
丁丑	履未	临寅一百六十八	观巳一百六十八
戊寅	泰寅	噬嗑辰一百八十	贲卯一百八十
己卯	否巳	剥午一百五十六	复丑一百五十六
庚辰	同人辰	无妄申一百九十二	大畜亥一百九十二

辛巳	大有卯	颐戌一百六十八	大过酉一百九十二
壬午	谦午	坎子一百六十八	离未一百九十二
癸未	豫丑	咸寅一百八十	恒巳一百八十
甲申	随申	遁辰一百九十二	大壮卯一百九十二
乙酉	蛊亥	晋午一百六十八	明夷丑一百六十八
丙戌	临戌	家人申一百九十二	睽亥一百九十二
丁亥	观酉	蹇戌一百六十八	解酉一百六十八
戊子	噬嗑子	损子一百八十	益未一百八十
己丑	贲未	夬寅二百〇四	姤巳二百〇四
庚寅	剥寅	萃辰一百六十八	升卯一百六十八
辛卯	复巳	困未一百八十	井丑一百八十
壬辰	无妄辰	革申一百九十二	鼎亥一百九十二
癸巳	大畜卯	震戌一百六十八	艮酉一百六十八
甲午	颐午	渐子一百八十	归妹未一百八十癸
乙未	大过丑	丰寅一百八十	旅巳一百八十
丙申	坎申	巽辰一百九十二	兑卯一百九十二
丁酉	离亥	涣午一百八十	节丑一百八十
戊戌	咸戌	中孚申一百九十二	小过亥一百六十八
己亥	恒酉	既济戌一百八十	未济酉一百八十
庚子	遁子	乾子二百一十六	坤未一百六十八
辛丑	大壮未	屯寅一百六十八	蒙巳一百六十八
壬寅	晋寅	需辰一百六十八	讼卯一百六十八
癸卯	明夷巳	师午一百五十六	比丑一百五十六
甲辰	家人辰	小畜申二百〇四	履亥二百〇四
乙巳	睽卯	泰戌一百八十	否酉一百八十
丙午	蹇午	同人子二百〇四	大有未二百〇四
丁未	解丑	谦寅一百五十六	豫巳一百五十六
戊申	损申	随辰一百八十	蛊卯一百八十

己酉	益亥	临午一百六十八	观丑一百六十八
庚戌	夬戌	噬嗑申一百八十	贲亥一百八十
辛亥	姤酉	剥戌一百五十六	复酉一百五十六
壬子	萃子	无妄子一百九十二	大畜未一百九十二
癸丑	升未	颐寅一百六十八	大过巳一百九十二
甲寅	困寅	坎辰一百六十八	离卯一百九十二
乙卯	井巳	咸午一百八十	恒丑一百八十
丙辰	革辰	遁申一百九十二	大壮亥一百九十二
丁巳	鼎卯	晋戌一百六十八	明夷酉一百六十八
戊午	震午	家人子一百九十二	睽未一百九十二
己未	艮丑	蹇寅一百六十八	解巳一百六十八
庚申	渐申	损辰一百八十	益卯一百八十
辛酉	归妹亥	夬午二百〇四	姤丑二百〇四
壬戌	丰戌	萃申一百六十八	升亥一百六十八
癸亥	旅酉	困戌一百八十	井酉一百八十
甲子	巽子	革子一百九十二	鼎未一百九十二
乙丑	兑未	震寅一百六十八	艮巳一百六十八
丙寅	涣寅	渐辰一百八十	归妹卯一百八十
丁卯	节巳	丰午一百八十	旅丑一百八十
戊辰	中孚辰	巽申一百九十二	兑亥一百九十二
己巳	小过卯	涣戌一百八十	节酉一百八十
庚午	既济午	中孚子一百九十二	小过未一百六十八
辛未	未济丑	既济寅一百八十	未济巳一百八十

三元

壬申	乾申	乾辰二百一十六	坤卯一百四十四
癸酉	坤亥	屯午一百六十八	蒙丑一百六十八甲
甲戌	屯戌	需申一百九十二	讼亥一百九十二
乙亥	蒙酉	师戌一百五十六	比酉一百五十六
丙子	需子	小畜子二百〇四	履未二百〇四
丁丑	讼未	泰寅一百八十	否巳一百八十
戊寅	师寅	同人辰二百〇四	大有卯二百〇四
己卯	比巳	谦午一百五十六	豫丑一百五十六
庚辰	小畜辰	随申一百八十	蛊亥一百八十
辛巳	履卯	临戌一百六十八	观酉一百六十八
壬午	泰午	噬嗑子一百八十	贲未一百八十
癸未	否丑	剥寅一百五十六	复巳一百六十八
甲申	同人申	无妄辰一百九十二	大畜卯一百九十二
乙酉	大有亥	颐午一百六十八	大过丑一百九十二
丙戌	谦戌	坎申一百六十八	离亥一百九十二
丁亥	豫酉	咸戌一百八十	恒酉一百八十
戊子	随子	遁子一百九十二	大壮未一百九十二
己丑	蛊未	晋寅一百六十八	明夷巳一百六十八
庚寅	临寅	家人辰一百九十二	暌卯一百九十二
辛卯	观巳	蹇午一百六十八	解丑一百六十八
壬辰	噬嗑辰	损申一百八十	益亥一百八十
癸巳	贲卯	夬戌二百〇四	姤酉二百〇四
甲午	剥午	萃子一百六十八	升未一百六十八
乙未	复丑	困寅一百八十	井巳一百八十
丙申	无妄申	革辰一百九十二	鼎卯一百九十二

丁酉	大畜亥	震午一百六十八	艮丑一百六十八
戊戌	颐戌	渐申一百八十	归妹亥一百八十
己亥	大过酉	丰戌一百八十	旅酉一百八十
庚子	坎子	巽子一百九十二	兑未一百九十二
辛丑	离未	涣寅一百八十	节巳一百八十
壬寅	咸寅	中孚辰一百九十二	小过卯一百六十八
癸卯	恒巳	既济未一百八十	未济丑一百八十
甲辰	遁辰	乾申一百十六	坤亥一百四十四
乙巳	大壮卯	屯戌一百六十八	蒙酉一百六十八
丙午	晋午	需午一百九十二	讼子一百九十二
丁未	明夷丑	师寅一百五十六	比巳一百五十六
戊申	家人申	小畜辰二百〇四	履卯二百〇四
己酉	睽亥	泰午一百八十	否丑一百八十
庚戌	蹇戌	同人申二百〇四	大有亥二百〇四
辛亥	解酉	谦戌一百六十八	豫酉一百六十八
壬子	随子	随子一百八十	蛊未一百八十
癸丑	益未	临寅一百六十八	观巳一百六十八
甲寅	夬寅	噬嗑辰一百八十	贲卯一百八十
乙卯	姤巳	剥午一百五十六	复丑一百五十六
丙辰	萃辰	无妄申一百九十二	大畜亥一百九十二
丁巳	升卯	颐戌一百八十	大过酉一百九十二
戊午	困午	坎子一百六十八	离未一百九十二
己未	井丑	咸寅一百八十	恒巳一百八十
庚申	革申	遁辰一百九十二	壮卯一百九十二
辛酉	鼎亥	晋午一百六十八	明夷丑一百六十八
壬戌	震戌	家人申一百九十二	睽亥一百九十二
癸亥	艮酉	蹇戌一百六十八	解酉一百六十八
甲子	渐子	损子一百八十	益未一百八十

乙丑	归妹未	夬寅二百○四	姤巳二百○四
丙寅	丰寅	萃辰一百六十八	升卯一百六十八
丁卯	旅巳	困午一百八十	井丑一百八十
戊辰	巽辰	革申一百	鼎亥一百
己巳	兑卯	震戌一百六十八	艮酉一百六十八
庚午	涣午	渐子一百	归妹未一百
辛未	节丑	丰寅一百八十	旅巳一百八十
壬申	中孚申	巽辰一百九十二	兑卯一百九十二
癸酉	小过亥	涣午一百八十	节丑一百八十
甲戌	既济戌	中孚申一百	小过亥一百
乙亥	未济酉	既济戌一百八十	未济酉一百八十

四元

丙子	乾子	乾子二百一十六	坤未一百四十四
丁丑	坤未	屯寅一百六十八	蒙巳一百六十八
戊寅	屯寅	需辰一百九十二	讼卯一百九十二
己卯	蒙巳	师午一百五十六	比丑一百五十六
庚辰	需辰	小畜申二百○四	履亥二百○四
辛巳	讼卯	泰戌一百八十	否酉一百八十
壬午	师午	同人子二百○四	大有未二百○四
癸未	比丑	谦寅一百五十六	豫巳一百五十六
甲申	小畜申	随辰一百八十	蛊卯一百八十
乙酉	履亥	临午一百六十八	观丑一百六十八
丙戌	泰戌	噬嗑申一百八十	贲亥一百八十
丁亥	否酉	剥戌一百五十六	复酉一百五十六
戊子	同人子	无妄子一百九十二	大畜未一百九十二

己丑	大有未	颐寅一百六十八	大过巳一百九十二
庚寅	谦寅	坎辰一百六十八	离卯一百九十二
辛卯	豫巳	咸午一百八十	恒丑一百八十
壬辰	随辰	遁申一百九十二	大壮亥一百九十二
癸巳	蛊卯	晋戌一百六十八	明夷酉一百六十八
甲午	临午	家人子一百九十二	睽未一百九十二
乙未	观丑	蹇寅一百六十八	解巳一百六十八
丙申	噬嗑申	损辰一百八十	益卯一百八十
丁酉	贲亥	夬午二百〇四	姤丑二百〇四
戊戌	剥戌	萃申一百六十八	升亥一百六十八
己亥	复酉	困戌一百八十	井酉一百八十
庚子	无妄子	革子一百九十二	鼎未一百九十二
辛丑	大畜未	震寅一百六十八	艮巳一百六十八
壬寅	颐寅	渐辰一百八十	归妹卯一百八十
癸卯	大过巳	丰午一百八十	旅丑一百八十
甲辰	坎辰	巽申一百九十二	兑亥一百九十二
乙巳	离卯	涣戌一百八十	节酉一百八十
丙午	咸午	中孚子一百九十二	小过未一百六十八
丁未	恒丑	既济寅一百八十	未济巳一百八十
戊申	遁申	乾辰二百一十	坤卯一百四十四六
己酉	大壮亥	屯午一百六十八	蒙丑一百六十八
庚戌	晋戌	需申一百九十二	讼亥一百九十二
辛亥	明夷酉	师戌一百五十六	比酉一百五十六
壬子	家人子	小畜子二百〇四	履未二百〇四
癸丑	睽未	泰寅一百八十	否巳一百八十
甲寅	蹇寅	同人辰二百〇四	大有卯二百〇四
乙卯	解巳	谦午一百五十六	豫丑一百五十六
丙辰	损辰	随申一百八十	蛊亥一百八十

丁巳	益卯	临戌一百六十八	观酉一百六十八
戊午	夬午	噬嗑子一百八十	贲未一百八十
己未	姤丑	剥寅一百五十六	复巳一百五十六
庚申	萃申	无妄辰一百九十二	大畜卯一百九十二
辛酉	升亥	颐午一百六十八	大过丑一百九十二
壬戌	困戌	坎申一百六十八	离亥一百九十二
癸亥	井酉	咸戌一百八十	恒酉一百八十
甲子	革子	遁子一百九十二	大壮未一百九十二
乙丑	鼎未	晋寅一百六十八	明夷巳一百六十八
丙寅	震寅	家人辰一百九十二	睽卯一百九十二
丁卯	艮巳	蹇午一百六十八	解丑一百六十八
戊辰	渐辰	损申一百八十	益亥一百八十
己巳	归妹卯	夬戌二百〇四	姤酉二百〇四
庚午	丰午	萃子一百六十八	升未一百六十八
辛未	旅丑	困寅一百八十	井巳一百八十
壬申	巽申	革辰一百九十二	鼎卯一百九十二
癸酉	兑亥	震午一百六十八	艮丑一百六十八
甲戌	涣戌	渐申一百八十	归妹亥一百八十
乙亥	节酉	丰戌一百八十	旅酉一百八十
丙子	中孚子	巽子一百九十二	兑未一百九十二
丁丑	小过未	涣寅一百八十	节巳一百八十
戊寅	既济寅	中孚辰一百九十二	小过卯一百九十二
己卯	未济巳	既济午一百八十	未济丑一百八十

五元

庚辰	乾辰	乾申二百一十六	坤亥一百四十四
辛巳	坤卯	屯戌一百六十八	蒙酉一百六十八
壬午	屯午	需子一百九十二	讼未一百九十二
癸未	蒙丑	师寅一百五十六	比巳一百五十六
甲申	需申	小畜辰二百〇四	履卯二百〇四
乙酉	讼亥	泰午一百八十	否丑一百八十
丙戌	师戌	同人申二百〇四	大有亥二百〇四
丁亥	比酉	谦戌一百五十六	豫酉一百五十六
戊子	小畜子	随子一百八十	蛊未一百八十
己丑	履未	临寅一百六十八	观巳一百六十八
庚寅	泰寅	噬嗑辰一百八十	贲卯一百八十
辛卯	否巳	剥午一百五十六	复丑一百五十六
壬辰	同人辰	无妄申一百九十二	大畜亥一百九十二
癸巳	大有卯	颐戌一百六十八	大过酉一百九十二
甲午	谦午	坎子一百六十八	离未一百九十二
乙未	豫丑	咸寅一百八十	恒巳一百八十
丙申	随申	遁辰一百九十二	大壮卯一百九十二
丁酉	蛊亥	晋午一百六十八	明夷丑一百六十八
戊戌	临戌	家人申一百九十二	睽亥一百九十二
己亥	观酉	蹇戌一百六十八	解酉一百六十八
庚子	噬嗑子	损子一百八十	益未一百八十
辛丑	贲未	夬寅二百〇四	姤巳二百〇四
壬寅	剥寅	萃辰一百六十八	升卯一百六十八
癸卯	复巳	困午一百八十	井丑一百八十
甲辰	无妄辰	革申一百九十二	鼎亥一百九十二

乙巳	大畜卯	震戌一百六十八	艮酉一百六十八
丙午	颐午	渐子一百八十	归妹未一百八十
丁未	大过丑	丰寅一百八十	旅巳一百八十
戊申	坎申	巽辰一百九十二	兑卯一百九十二
己酉	离亥	涣午一百八十	节丑一百八十
庚戌	咸戌	中孚申一百九十二	小过亥一百六十八
辛亥	恒酉	既济戌一百八十	未济酉一百八十
壬子	遁子	乾子二百一十六	坤未一百四十四
癸丑	大壮未	屯寅一百六十八	蒙巳一百六十八
甲寅	晋寅	需辰一百九十二	讼卯一百九十二
乙卯	明夷巳	师午一百五十六	比丑一百五十六
丙辰	家人辰	小畜申二百○四	履亥二百○四
丁巳	睽卯	泰戌一百八十	否酉一百八十
戊午	蹇午	同人子二百○四	大有未二百○四
己未	解丑	谦寅一百五十六	豫巳一百五十六
庚申	损申	随辰一百八十	蛊卯一百八十
辛酉	益亥	临午一百六十八	观丑一百六十八
壬戌	夬戌	噬嗑申一百八十	贲亥一百八十
癸亥	姤酉	剥戌一百五十六	复酉一百五十六
甲子	萃子	无妄子一百九十二	大畜未一百九十二
乙丑	升未	颐寅一百六十八	大过巳一百九十二
丙寅	困寅	坎辰一百六十八	离卯一百九十二
丁卯	井巳	咸午一百八十	恒丑一百八十
戊辰	革辰	遁申一百九十二	大壮亥一百九十二
己巳	鼎卯	晋戌一百六十八	明夷酉一百六十八
庚午	震午	家人子一百九十二	睽未一百九十二
辛未	艮丑	蹇寅一百六十八	解巳一百六十八
壬申	渐申	损辰一百八十	益卯一百八十

癸酉	归妹亥	夬午二百〇四	姤丑二百〇四
甲戌	丰戌	萃申一百六十八	升亥一百六十八
乙亥	旅酉	困戌一百八十	井酉一百八十
丙子	巽子	革子一百九十二	鼎未一百九十二
丁丑	兑未	震寅一百六十八	艮巳一百六十八
戊寅	涣寅	渐辰一百八十	归妹卯一百八十
己卯	节巳	丰午一百八十	旅丑一百八十
庚辰	中孚辰	巽申一百九十二	兑亥一百九十二
辛巳	小过卯	涣戌一百八十	节酉一百八十
壬午	既济午	中孚子一百九十二	小过未一百六十八
癸未	未济丑	既济寅一百八十	未济巳一百八十

六元

甲申	乾申	乾辰二百一十六	坤卯一百四十四
乙酉	坤亥	屯午一百六十八	蒙丑一百六十八
丙戌	屯戌	需申一百九十二	讼亥一百九十二
丁亥	蒙酉	师戌一百五十六	比酉一百五十六
戊子	需子	小畜子二百〇四	履未二百〇四
己丑	讼未	泰寅一百八十	否巳一百八十
庚寅	师寅	同人辰二百〇四	大有卯二百〇四
辛卯	比巳	谦午一百五十六	豫丑一百五十六
壬辰	小畜辰	随申一百八十	蛊亥一百八十
癸巳	履卯	临戌一百六十八	观酉一百六十八
甲午	泰午	噬嗑子一百八十	贲未一百八十
乙未	否丑	剥寅一百五十六	复巳一百五十六
丙申	同人申	无妄辰一百九十二	大畜卯一百九十二

丁酉	大有亥	颐午一百六十八	大过丑一百九十二
戊戌	谦戌	坎申一百六十八	离亥一百九十二
己亥	豫酉	咸戌一百八十	恒酉一百八十
庚子	随子	遁子一百九十二	大壮未一百九十二
辛丑	蛊未	晋寅一百六十八	明夷巳一百六十八
壬寅	临寅	家人辰一百九十二	睽卯一百九十二
癸卯	观巳	蹇午一百六十八	解丑一百六十八
甲辰	噬嗑辰	损申一百八十	益亥一百八十
乙巳	贲卯	夬戌二百〇四	姤酉二百〇四
丙午	剥午	萃子一百六十八	升未一百六十八
丁未	复丑	困寅一百八十	井巳一百八十
戊申	无妄申	革辰一百九十二	鼎卯一百九十二
己酉	大畜亥	震午一百六十八	艮丑一百六十八
庚戌	颐戌	渐申一百八十	归妹亥一百八十
辛卯	大过酉	丰戌一百八十	旅酉一百八十
壬子	坎子	巽子一百九十二	兑未一百九十二
癸丑	离未	涣寅一百八十	节巳一百八十
甲寅	咸寅	中孚辰一百九十二	小过卯一百六十八
乙卯	恒巳	既济午一百八十	未济丑一百八十
丙辰	遁辰	乾申二百一十六	坤亥一百四十四
丁巳	大壮卯	屯戌一百六十八	蒙酉一百六十八
戊午	晋午	需子一百九十	讼未一百九十二二
己未	明夷丑	师寅一百五十六	比巳一百五十六
庚申	家人申	小畜辰二百〇四	履卯二百〇四
辛酉	睽亥	泰午一百八十	否丑一百八十
壬戌	蹇戌	同人申二百〇四	大有亥二百〇四
癸亥	解酉	谦戌一百五十六	豫酉一百五十六
甲子	损子	随子一百八十	蛊未一百八十

乙丑	益未	临寅一百六十八	观巳一百六十八
丙寅	夬寅	噬嗑辰一百八十	贲卯一百八十
丁卯	姤巳	剥午一百五十六	复丑一百五十六
戊辰	萃辰	无妄申一百九十二	大畜亥一百九十二
己巳	升卯	颐戌一百六十八	大过酉一百九十二
庚午	困午	坎子一百六十八	离未一百九十二
辛未	井丑	咸寅一百八十	恒巳一百八十
壬申	革申	遁辰一百九十二	大壮卯一百九十二
癸酉	鼎亥	晋午一百六十八	明夷丑一百六十八
甲戌	震戌	家人申一百九十二	睽亥一百九十二
乙亥	艮酉	蹇戌一百六十八	解酉一百六十八
丙子	渐子	损子一百八十	益未一百八十
丁丑	归妹未	夬寅二百〇四	姤巳二百〇四
戊寅	丰寅	萃辰一百八十	升卯一百六十八
己卯	旅巳	困午一百八十	井丑一百八十
庚辰	巽辰	革申一百	鼎亥一百
辛巳	兑卯	震戌一百六十八	艮酉一百六十八
壬午	涣午	渐子一百八十	归妹未一百八十
癸未	节丑	丰寅一百八十	旅巳一百八十
甲申	中孚申	巽辰一百九十二	兑卯一百九十二
乙酉	小过亥	涣午一百八十	节丑一百八十
丙戌	既济戌	中孚申一百九十二	小过亥一百六十八
丁亥	未济酉	既济戌一百八十	未济酉一百八十

七元

戊子	乾子	乾子二百一十六	坤未一百四十四
己丑	坤未	屯寅一百六十八	蒙巳一百六十八
庚寅	屯寅	需辰一百九十二	讼卯一百九十二
辛卯	蒙巳	师午一百五十六	比丑一百五十六
壬辰	需辰	小畜申二百○四	履亥二百○四
癸巳	讼卯	泰戌一百八十	否酉一百八十
甲午	师午	同人子二百○四	大有未二百○四
乙未	比丑	谦寅一百五十六	豫巳一百五十六
丙申	小畜申	随辰一百八十	蛊卯一百八十
丁酉	履亥	临午一百六十八	观丑一百六十八
戊戌	泰戌	噬嗑申一百八十	贲亥一百八十
己亥	否酉	剥戌一百五十六	复酉一百五十六
庚子	同人子	无妄子一百九十二	大畜未一百九十二
辛丑	大有未	颐寅一百六十八	大过巳一百九十二
壬寅	谦寅	坎辰一百六十八	离卯一百九十二
癸卯	豫巳	咸午一百八十	恒丑一百八十
甲辰	随辰	遁申一百九十二	大壮亥一百九十二
乙巳	蛊卯	晋戌一百六十八	明夷酉一百六十八
丙午	临午	家人子一百九十二	睽未一百九十二
丁未	观丑	蹇寅一百六十八	解巳一百六十八
戊申	噬嗑申	损艮一百八十	益卯一百八十
己酉	贲亥	夬午二百○四	姤丑二百○四
庚戌	剥戌	萃申一百六十八	升亥一百六十八
辛亥	复酉	困戌一百八十	井酉一百八十
壬子	无妄子	革子一百九十二	鼎未一百九十二

癸丑	大畜未	震寅一百六十八	艮巳一百六十八
甲寅	颐寅	渐辰一百八十	归妹卯一百八十
乙卯	大过巳	丰午一百八十	旅丑一百八十
丙辰	坎辰	巽申一百九十二	兑亥一百九十二
丁巳	离卯	涣戌一百八十	节酉一百八十
戊午	咸午	中孚子一百九十二	小过未一百六十八
己未	恒丑	既济寅一百八十	未济巳一百八十
庚申	遁申	乾辰二百一十	坤卯一百四十四六
辛壬	大壮亥	屯午一百六十八	蒙丑一百六十八
壬戌	晋戌	需酉一百九十二	讼亥一百九十二
癸亥	明夷酉	师戌一百五十六	比酉一百五十六
甲子	家人子	小畜子二百〇四	履未二百〇四
乙丑	睽未	泰寅一百八十	否巳一百八十
丙寅	蹇寅	同人卯二百〇四	大有辰二百〇四
丁卯	解巳	谦午一百五十六	豫丑一百五十六
戊辰	损辰	随申一百八十	蛊亥一百八十
己巳	益卯	临戌一百六十八	观酉一百六十八
庚午	夬午	噬嗑子一百八十	贲未一百八十
辛未	姤丑	剥寅一百五十六	复巳一百五十六
壬申	萃申	无妄辰一百九十二	大畜卯一百九十二
癸酉	升亥	颐午一百六十八	大过丑一百九十二
甲戌	困戌	坎申一百六十八	离亥一百九十二
乙亥	井酉	咸戌一百八十	恒酉一百八十
丙子	革子	遁子一百九十二	大壮未一百九十二
丁丑	鼎未	晋寅一百六十八	明夷巳一百六十八
戊寅	震寅	家人辰一百九十二	睽卯一百九十二
己卯	艮巳	蹇午一百六十八	解丑一百六十八
庚辰	渐辰	损申一百八十	益亥一百八十

辛巳	归妹卯	夬戌二百〇四	姤酉二百〇四
壬午	丰午	萃子一百六十八	升未一百六十八
癸未	旅丑	困寅一百八十	井巳一百八十
甲申	巽申	革辰一百九十二	鼎卯一百九十二
乙酉	兑亥	震午一百六十八	艮丑一百六十八
丙戌	涣戌	渐申一百八十	归妹亥一百八十
丁亥	节酉	丰戌一百八十	旅酉一百八十
戊子	中孚子	巽子一百九十二	兑未一百九十二
己丑	小过未	涣寅一百八十	节巳一百八十
庚寅	既济寅	中孚辰一百九十二	小过卯一百六十八
辛卯	未济巳	既济午一百八十	未济丑一百八十

八元

壬辰	乾辰	乾申二百一十六	坤亥一百四十四
癸巳	坤卯	屯戌一百六十八	蒙酉一百六十八
甲午	屯午	需子一百九十二	讼未一百九十二
乙未	蒙丑	师寅一百五十六	比巳一百五十六
丙申	需申	小畜辰二百〇四	履卯二百〇四
丁酉	讼亥	泰午一百八十	否丑一百八十
戊戌	师戌	同人申二百〇四	大有亥二百〇四
己亥	比酉	谦戌一百五十六	豫酉一百五十六
庚子	小畜子	随子一百八十	蛊未一百八十
辛丑	履未	临寅一百六十八	观巳一百六十八
壬寅	泰寅	噬嗑辰一百八十	贲卯一百八十
癸卯	否巳	剥午一百五十六	复丑一百五十六
甲辰	同人辰	无妄申一百九十二	大畜亥一百九十二

乙巳	大有卯	颐戌一百六十八	大过酉一百九十二
丙午	谦午	坎子一百六十八	离未一百九十二
丁未	豫丑	咸寅一百八十	恒巳一百八十
戊申	随申	遁辰一百九十二	大壮卯一百九十二
己酉	蛊亥	晋午一百六十八	明夷丑一百六十八
庚戌	临戌	家人申一百九十二	睽亥一百九十二
辛亥	观酉	蹇戌一百六十八	解酉一百六十八
壬子	噬嗑子	损子一百八十	益未一百八十
癸丑	贲未	夬寅二百〇四	姤巳二百〇四
甲寅	剥寅	萃辰一百六十八	升卯一百六十八
乙卯	复巳	困午一百八十	井丑一百八十
丙辰	无妄辰	革申一百九十二	鼎亥一百九十二
丁巳	大畜卯	震戌一百六十八	艮酉一百六十八
戊午	颐午	渐子一百八十	归妹未一百八十
己未	大过丑	丰寅一百八十	旅巳一百八十
庚申	坎申	巽辰一百九十二	兑卯一百九十二
辛酉	离亥	涣午一百八十	节丑一百八十
壬戌	咸戌	中孚申一百九十二	小过亥一百六十八
癸亥	恒酉	既济戌一百八十	未济酉一百八十
甲子	遁子	乾子二百一十六	坤未一百四十四
乙丑	大壮未	屯寅一百六十八	蒙巳一百六十八
丙寅	晋寅	需辰一百九十二	讼卯一百九十二
丁卯	明夷巳	师午一百五十六	比丑一百五十六
戊辰	家人辰	小畜申二百〇四	履亥二百〇四
己巳	睽卯	泰戌一百八十	否酉一百八十
庚午	蹇午	同人子二百〇四	大有未二百〇四
辛未	解丑	谦寅一百六十八	豫巳一百六十八
壬申	损申	随辰一百八十	蛊卯一百八十

癸酉	益亥	临午一百五十六	观丑一百五十六
甲戌	夬戌	噬嗑申一百八十	贲亥一百八十
乙亥	姤酉	剥戌一百五十六	复酉一百五十六
丙子	随子	无妄子一百九十二	大畜未一百九十二
丁丑	升未	颐寅一百六十八	大过巳一百九十二
戊寅	困寅	坎辰一百六十八	离卯一百九十二
己卯	井巳	咸午一百八十	恒丑一百八十
庚辰	革辰	遁申一百九十二	大壮亥一百九十二
辛巳	鼎卯	晋午一百六十八	明夷戌一百六十八
壬午	震午	家人子一百九十二	睽未一百九十二
癸未	艮丑	蹇寅一百六十八	解巳一百六十八
甲申	渐申	损辰一百八十	益卯一百八十
乙酉	归妹亥	夬午二百〇四	姤丑二百〇四
丙戌	丰戌	萃申一百六十八	升亥一百六十八
丁亥	旅酉	困戌一百八十	井酉一百八十
戊子	损子	革子一百九十二	鼎未一百九十二
己丑	兑未	震寅一百六十八	艮巳一百六十八
庚寅	涣寅	渐辰一百八十	归妹卯一百八十
辛卯	节巳	丰午一百八十	旅丑一百八十
壬辰	中孚辰	巽申一百九十二	兑亥一百九十二
癸巳	小过卯	涣戌一百八十	节酉一百八十
甲午	既济午	中孚子一百九十二	小过未一百六十八
乙未	未济丑	既济寅一百八十	未济巳一百八十

九元

丙申	乾申	乾辰二百一十六	坤卯一百四十四
丁酉	坤亥	屯午一百六十八	蒙丑一百六十八
戊戌	屯戌	需申一百九十二	讼亥一百九十二
己亥	蒙酉	师午一百五十六	比酉一百五十六
庚子	需子	小畜子二百〇四	履未二百〇四
辛丑	讼未	泰寅一百八十	否巳一百八十
壬寅	师寅	同人辰二百〇四	大有卯二百〇四
癸卯	比巳	谦午一百五十六	豫丑一百五十六
甲辰	小畜辰	随申一百八十	蛊亥一百八十
乙巳	履卯	临戌一百六十八	观酉一百六十
丙午	泰午	噬嗑子一百八十	贲未一百八十
丁未	否丑	剥寅一百五十六	复巳一百五十六
戊申	同人申	无妄辰一百九十二	大畜卯一百九十二
己酉	大有亥	颐午一百六十八	大过丑一百九十二
庚戌	谦戌	坎申一百六十八	离亥一百九十二
辛亥	豫酉	咸戌一百八十	恒酉一百八十
壬子	随子	遁子一百九十二	大壮未一百九十二
癸丑	蛊未	晋寅一百六十八	明夷巳一百六十八
甲寅	临寅	家人辰一百九十二	睽卯一百九十二
乙卯	观巳	蹇午一百六十八	解丑一百六十八
丙辰	噬嗑辰	损申一百八十	益亥一百八十
丁巳	贲卯	夬戌二百〇四	姤酉二百〇四
戊午	剥午	萃子一百六十八	升未一百六十八
己未	复丑	困寅一百八十	井巳一百八十
庚申	无妄申	革辰一百九十二	鼎卯一百九十二

辛酉	大畜亥	震午一百六十八	艮丑一百六十八
壬戌	颐戌	渐申一百八十	归妹亥一百八十
癸亥	大过酉	丰戌一百八十	旅酉一百八十
甲子	坎子	巽子一百九十二	兑未一百九十二
乙丑	离未	涣寅一百八十	节巳一百八十
丙寅	咸寅	中孚辰一百九十二	小过卯一百六十八
丁卯	恒巳	既济午一百八十	未济丑一百八十
戊辰	遁辰	乾申二百一十六	坤亥一百四十四
己巳	大壮卯	屯戌一百六十八	蒙酉一百六十八
庚午	晋午	需子一百九十	讼未一百九十
辛未	明夷丑	师寅一百五十六	比巳一百五十六
壬申	家人申	小畜辰二百〇四	履卯二百〇四
癸酉	睽亥	泰午一百八十	否丑一百八十
甲戌	蹇戌	同人申二百〇四	大有亥二百〇四
乙亥	解酉	谦戌一百五十六	豫酉一百五十六
丙子	损子	随子一百八十	蛊未一百八十
丁丑	益未	临寅一百六十八	观巳一百六十八
戊寅	夬寅	噬嗑辰一百八十	贲卯一百八十
己卯	姤巳	剥午一百五十六	复丑一百五十六
庚辰	萃辰	无妄申一百九十二	大畜亥一百九十二
辛巳	升卯	颐酉一百六十八	大过酉一百九十二
壬午	困午	坎子一百六十八	离未一百九十二
癸未	井丑	咸寅一百八十	恒巳一百八十
甲申	革申	遁辰一百九十二	大壮卯一百九十二
乙酉	鼎亥	晋午一百六十八	明夷丑一百六十八
丙戌	震戌	家人申一百九十二	睽亥一百九十二
丁亥	艮酉	蹇戌一百六十八	解酉一百六十八
戊子	渐子	损子一百八十	益未一百八十
己丑	归妹未	夬寅二百〇四	姤巳二百〇四

庚寅	丰寅	萃辰一百六十八	升卯一百六十八
辛卯	旅巳	困午一百八十	井丑一百八十
壬辰	巽辰	革申一百九十二	鼎亥一百九十二
癸巳	兑卯	震戌一百六十八	艮酉一百六十八
甲午	涣午	渐子一百八十	归妹未一百八十
乙未	节丑	丰寅一百八十	旅巳一百八十
丙申	中孚申	巽辰一百九十二	兑卯一百九十二
丁酉	小过亥	涣午一百八十	节丑一百八十
戊戌	既济戌	中孚申一百九十二	小过亥一百六十八
己亥	未济酉	既济戌一百八十	未济酉一百八十

十元

庚子	乾子	乾子二百一十六	坤未一百四十四
辛丑	坤申	屯寅一百六十八	蒙巳一百六十八
壬寅	屯寅	需辰一百九十二	讼卯一百九十二
癸卯	蒙巳	师午一百五十六	比丑一百五十六
甲辰	震辰	小畜申二百〇四	履亥二百〇四
乙巳	讼卯	泰戌一百八十	否酉一百八十
丙午	师午	同人子二百〇四	大有未二百〇四
丁未	比丑	谦寅一百五十六	蒙巳一百五十六
戊申	小畜申	随辰一百八十	蛊卯一百八十
己酉	履亥	临午一百六十八	观丑一百六十八
庚戌	泰戌	噬嗑申一百八十	贲亥一百八十
辛亥	否酉	剥戌一百五十六	复酉一百五十六
壬子	同人子	无妄子一百九十二	大畜未一百九十二
癸丑	大有未	颐寅一百六十八	大过巳一百九十二
甲寅	谦寅	坎辰一百九十二	离卯一百六十八

乙丑	豫巳	咸午一百八十	恒丑一百八十
丙辰	随辰	遁申一百九十二	大壮亥一百九十二
丁巳	蛊卯	晋戌一百六十八	明夷酉一百六十八
戊午	临午	家人子一百九十二	睽未一百九十二
己未	观丑	蹇寅一百六十八	解巳一百六十八
庚申	噬嗑申	损辰一百八十	益卯一百八十
辛酉	贲亥	夬午二百〇四	姤丑二百〇四
壬戌	剥戌	萃申一百六十八	升亥一百六十八
癸亥	复酉	困戌一百八十	井酉一百八十
甲子	无妄子	革子一百九十二	鼎未一百九十二
乙丑	大畜未	震寅一百六十八	艮巳一百六十八
丙寅	颐寅	渐辰一百八十	归妹卯一百八十
丁卯	大过巳	丰午一百八十	旅丑一百八十
戊辰	坎辰	巽申一百九十二	兑亥一百九十二
己巳	离卯	涣戌一百八十	节酉一百八十
庚午	咸午	中孚子一百九十二	小过未一百六十八
辛未	恒丑	既济寅一百八十	未济巳一百八十
壬申	遁申	乾辰二百一十	坤卯一百四十四六
癸酉	大壮亥	屯午一百六十八	蒙丑一百六十八
甲戌	晋戌	需申一百九十二	讼亥一百九十二
乙亥	明夷酉	师戌一百五十六	比酉一百五十六
丙子	家人子	小畜子二百〇四	履未二百〇四
丁丑	睽未	泰寅一百八十	否巳一百八十
戊寅	蹇寅	同人辰二百〇四	大有卯二百〇四
己卯	解巳	谦午一百五十六	豫丑一百五十六
庚辰	损辰	随申一百八十	蛊亥一百八十
辛巳	益卯	临戌一百六十八	观酉一百六十八
壬午	夬午	噬嗑子一百八十	贲未一百八十

癸未	姤丑	剥寅一百五十六	复巳一百五十六
甲申	萃申	无妄辰一百九十二	大畜卯一百九十二
乙酉	升亥	颐午一百六十八	大过丑一百九十二
丙戌	困戌	坎申一百六十八	离亥一百九十二
丁亥	井酉	咸戌一百八十	恒酉一百八十
戊子	革子	遁子一百九十二	大壮未一百九十二
己丑	鼎未	晋寅一百六十八	明夷巳一百六十八
庚寅	震寅	家人辰一百九十二	睽卯一百九十二
辛卯	艮巳	蹇午一百六十八	解丑一百六十八
壬辰	渐辰	损申一百八十	益亥一百八十
癸巳	归妹卯	夬戌二百〇四	姤酉二百〇四
甲午	丰午	萃子一百六十八	升未一百六十八
乙未	旅丑	困寅一百八十	井巳一百八十
丙申	巽申	革辰一百九十二	鼎卯一百九十二
丁酉	兑亥	震午一百六十八	艮丑一百六十八
戊戌	涣戌	渐申一百八十	归妹亥一百八十
己亥	节酉	丰戌一百八十	旅酉一百八十
庚子	中孚子	巽子一百九十二	兑未一百九十二
辛丑	小过未	涣寅一百八十	节巳一百八十
壬寅	既济寅	中孚辰一百九十二	小过亥一百六十八
癸卯	未济巳	既济未一百八十	未济丑一百八十

十一元

甲辰	乾辰	乾申二百一十六	坤亥一百四十四
乙巳	坤卯	屯戌一百六十八	蒙酉一百六十八
丙午	屯午	需子一百九十二	讼未一百九十二

丁未	蒙丑	师寅一百五十六	比巳一百五十六
戊申	需申	小畜辰二百〇四	履卯二百〇四
己酉	讼亥	泰午一百八十	否丑一百八十
庚戌	师戌	同人申二百〇四	大有亥二百〇四
辛亥	比酉	谦戌一百五十六	豫酉一百五十六
壬子	小畜子	随子一百八十	蛊未一百八十
癸丑	履未	临寅一百六十八	观巳一百六十八
甲寅	泰寅	噬嗑辰一百八十	贲卯一百八十
乙卯	否巳	剥午一百五十六	复丑一百五十六
丙辰	同人辰	无妄申一百九十二	大畜亥一百九十二
丁巳	大有卯	颐戌一百六十八	大过酉一百九十二
戊午	谦午	坎子一百六十八	离未一百九十二
己未	豫丑	咸寅一百八十	恒巳一百八十
庚申	随申	遁辰一百九十二	大壮卯一百九十二
辛酉	蛊亥	晋午一百六十八	明夷丑一百六十八
壬戌	临戌	家人申一百九十二	睽亥一百九十二
癸亥	观酉	蹇戌一百六十八	解酉一百六十八
甲子	噬嗑子	损子一百八十	益未一百八十
乙丑	贲未	夬寅二百〇四	姤巳二百〇四
丙寅	剥寅	萃辰一百六十八	升卯一百六十八
丁卯	复巳	困午一百八十	井丑一百八十
戊辰	无妄辰	革甲一百九十二	鼎亥一百九十二
己巳	大畜卯	震戌一百六十八	艮酉一百六十八
庚午	颐午	渐子一百八十	归妹未一百八十
辛未	大过丑	丰寅一百八十	旅巳一百八十
壬申	坎申	巽辰一百九十二	兑卯一百九十二
癸酉	离亥	涣午一百八十	节丑一百八十
甲戌	咸戌	中孚申一百九十二	小过亥一百六十八

乙亥	恒酉	既济戌一百八十	未济酉一百八十
丙子	遁子	乾子二百一十六	坤未一百四十四
丁丑	大壮未	屯寅一百六十八	蒙巳一百六十八
戊寅	晋寅	需辰一百九十二	讼卯一百九十二
己卯	明夷巳	师午一百五十六	比丑一百五十六
庚辰	家人辰	小畜申二百〇四	履亥二百〇四
辛巳	睽卯	泰戌一百八十	否酉一百八十
壬午	蹇午	同人子二百〇四	大有未二百〇四
癸未	解丑	谦寅一百五十六	豫巳一百五十六
甲申	损申	随辰一百八十	蛊卯一百八十
乙酉	益亥	临午一百六十八	观丑一百六十八
丙戌	夬戌	噬嗑申一百八十	贲亥一百八十
丁亥	姤酉	剥戌一百五十六	复酉一百五十六
戊子	萃子	无妄子一百九十二	大畜未一百九十二
己丑	升未	颐寅一百六十八	大过巳一百九十二
庚寅	困寅	坎辰一百六十八	离卯一百九十二
辛卯	井巳	咸午一百八十	恒丑一百八十
壬辰	革辰	遁申一百九十二	大壮亥一百九十二
癸巳	鼎卯	晋戌一百六十八	明夷酉一百六十八
甲午	震午	家人子一百九	睽未一百九
乙未	艮丑	蹇寅一百六十八	解巳一百六十八
丙申	渐申	损辰一百八	益卯一百八
丁酉	归妹亥	夬午二百〇四	姤丑二百〇四
戊戌	丰戌	萃申一百六	升亥一百六
己亥	旅酉	困戌一百八十	井酉一百八十
庚子	巽子	革子一百九	鼎未一百九
辛丑	兑未	震寅一百六十八	艮巳一百六十八
壬寅	涣寅	渐辰一百八	归妹卯一百八

癸卯	节巳	丰午一百八十	旅丑一百八十
甲辰	中孚辰	巽申一百九十二	兑亥一百九十二
乙巳	小过卯	涣戌一百八十	节酉一百八十
丙午	既济午	中孚子一百九	小过未一百六
丁未	未济丑	既济寅一百八十	未济巳一百八十

十二元

戊申	乾申	乾辰二百一十六	坤卯一百四十四
己酉	坤亥	屯午一百六十八	蒙丑一百六十八
庚戌	屯戌	需申一百九十二	讼亥一百九十二
辛亥	蒙酉	师戌一百五十六	比酉一百五十六
壬子	需子	小畜子二百〇四	履未二百〇四
癸丑	讼未	泰寅一百八十	否巳一百八十
甲寅	师寅	同人辰二百〇四	大有卯二百〇四
乙卯	比巳	谦午一百五十六	豫丑一百五十六
丙辰	小畜辰	随申一百八十	蛊亥一百八十
丁巳	履卯	临戌一百六十八	观酉一百六十八
戊午	泰午	噬嗑子一百八十	贲未一百八十
己未	否丑	剥寅一百五十六	复巳一百五十六
庚申	同人申	无妄辰一百九十二	大畜卯一百九十二
辛酉	大有亥	颐午一百六十八	大过丑一百九十二
壬戌	谦戌	坎申一百六十八	离亥一百九十二
癸亥	豫酉	咸戌一百八十	恒酉一百八十
甲子	随子	遁子一百九十二	大壮未一百九十二
乙丑	蛊未	晋寅一百六十	明夷巳一百六十八
丙寅	临寅	家人辰一百九十二	睽卯一百九十二

丁丑	观巳	蹇午一百六十八	解丑一百六十八
戊辰	噬嗑辰	损申一百八十	益亥一百八十
己巳	贲卯	夬戌二百〇四	姤酉二百〇四
庚午	剥午	萃子一百六十八	升未一百六十八
辛未	复丑	困寅一百八十	井巳一百八十
壬申	无妄申	革辰一百九十二	鼎卯一百九十二
癸酉	大畜亥	震午一百六十八	艮丑一百六十八
甲戌	颐戌	渐申一百八十	归妹亥一百八十
乙亥	大过酉	丰戌一百八十	旅酉一百八十
丙子	坎子	巽子一百九十二	兑未一百九十二
丁丑	离未	涣寅一百八十	节巳一百八十
戊寅	咸寅	中孚辰一百九十二	小过卯一百六十八
己卯	恒巳	未济午一百八十	既济丑一百八十
庚辰	遁辰	乾申二百一十六	坤亥一百四十四
辛巳	大壮卯	屯戌一百六十八	蒙酉一百六十八
壬午	晋午	需子一百九十二	讼未一百九十二
癸未	明夷丑	师寅一百五十六	比巳一百九十二
甲申	家人申	小畜辰二百〇四	履卯二百〇四
乙酉	睽亥	泰午一百八十	否丑一百八十
丙戌	蹇戌	同人申二百〇四	大有亥二百〇四
丁亥	解酉	谦戌一百五十六	豫酉一百五十六
戊子	损子	随子一百八十	蛊未一百八十
己丑	益未	临寅一百六十八	观巳一百六十八
庚寅	夬寅	噬嗑辰一百八十	贲卯一百八十
辛卯	姤巳	剥午一百五十六	复丑一百五十六
壬辰	萃辰	无妄申一百九十二	大畜亥一百九十二
癸巳	升卯	颐戌一百六十八	大过酉一百九十二
甲午	困午	坎子一百六十八	离未一百九十二
乙未	井丑	咸寅一百八十	恒巳一百八十

丙申	革申	遁辰一百九十二	大壮卯一百九十二
丁酉	鼎亥	晋午一百六十八	明夷丑一百六十八
戊戌	震戌	家人申一百九十二	睽亥一百九十二
己亥	艮酉	蹇戌一百六十八	解酉一百六十八
庚子	渐子	损子一百八十	益未一百八十
辛丑	归妹未	夬寅二百〇四	姤巳二百〇四
壬寅	丰寅	萃辰一百六十八	升卯一百六十八
癸卯	旅巳	困午一百八十	井丑一百八十
甲辰	巽辰	革申一百九十二	鼎亥一百九十二
己巳	兑卯	震戌一百六十八	艮酉一百六十八
丙午	涣午	渐子一百八十	归妹未一百八十
丁未	节丑	丰寅一百八十	旅巳一百八十
戊申	中孚申	巽辰一百九十二	兑卯一百九十二
己酉	小过亥	涣午一百八十	节丑一百八十
庚戌	既济戌	中孚申一百九十二	小过亥一百六十八
辛亥	未济酉	既济戌一百八十	未济酉一百八十

十三元

壬子	乾子	乾子二百一十六	坤未一百四十四
癸丑	坤未	屯寅一百六十八	蒙巳一百六十八
甲寅	屯寅	需辰一百九十二	讼卯一百九十二
乙卯	蒙巳	师午一百五十六	比丑一百五十六
丙辰	需辰	小畜申二百〇四	履亥二百〇四
丁巳	讼卯	泰戌一百八十	否酉一百八十
戊午	师午	同人子二百〇四	大有未二百〇四
己未	比丑	谦寅一百五十六	豫巳一百五十六
庚申	小畜申	随辰一百八十	蛊卯一百八十

辛酉	履亥	临午一百六十八	观丑一百六十八
壬戌	泰戌	噬嗑申一百八十	贲亥一百八十
癸亥	否酉	剥戌一百五十六	复酉一百五十六
甲子	同人子	无妄子一百九十二	大畜未一百九十二
乙丑	大有未	颐寅一百六十八	大过巳一百九十二
丙寅	谦寅	坎辰一百六十八	离卯一百九十二
丁卯	豫巳	咸午一百八十	恒丑一百八十
戊辰	随辰	遁申一百九十二	大壮亥一百九十二
己巳	蛊卯	晋戌一百六十八	明夷酉一百六十八
庚午	临午	家人子一百九十二	睽未一百九十二
辛未	观丑	蹇寅一百六十八	解巳一百六十八
壬申	噬嗑申	损辰一百八十	益卯一百八十
癸酉	贲亥	夬午二百〇四	姤丑二百〇四
甲戌	剥戌	萃申一百六十八	升亥一百六十八
乙亥	复酉	困戌一百八十	井酉一百八十
丙子	无妄子	革子一百九十二	鼎未一百九十二
丁丑	大畜未	震寅一百六十八	艮巳一百六十八
戊寅	颐寅	渐辰一百八十	归妹卯一百八十
己卯	大过巳	丰午一百八十	旅丑一百八十
庚辰	坎辰	巽申一百九十二	兑亥一百九十二
辛巳	离卯	涣戌一百八十	节酉一百八十
壬午	咸午	中孚子一百九十二	小过未一百六十八
癸未	恒丑	既济寅一百八十	未济巳一百八十
甲申	遁甲	乾辰二百一十六	坤卯一百四十四
乙酉	大壮亥	屯午一百六十八	蒙丑一百六十八
丙戌	晋戌	需申一百九十二	讼亥一百九十二
丁亥	明夷酉	师戌一百五十六	比酉一百五十六
戊子	家人子	小畜子二百〇四	履未二百〇四

己丑	暌未	泰寅一百八十	否巳一百八十
庚寅	蹇寅	同人辰二百〇四	大有卯二百〇四
辛卯	解巳	谦午一百五十六	豫丑一百五十六
壬辰	损辰	随申一百八十	蛊亥一百八十
癸巳	益卯	临戌一百六十八	观酉一百六十八
甲午	夬午	噬嗑子一百八十	贲午一百八十
乙未	姤丑	剥寅一百五十六	复巳一百五十六
丙辰	萃申	无妄辰一百九十二	大畜卯一百九十二
丁亥	升亥	颐午一百六十八	大过丑一百九十二
戊戌	困戌	坎申一百六十	离亥一百九十二八
己酉	井酉	咸戌一百八十	恒酉一百八十
庚子	革子	遁子一百九十二	大壮未一百九十二
辛丑	鼎未	晋寅一百六十八	明夷巳一百六十八
壬寅	震寅	家人辰一百九十二	暌卯一百九十二
癸卯	艮巳	蹇午一百六十八	解丑一百六十八
甲辰	渐辰	损申一百八十	益亥一百八十
乙巳	归妹卯	夬戌二百〇四	姤酉二百〇四
丙午	丰午	萃子一百六十八	升未一百六十八
丁未	旅丑	困寅一百八十	井巳一百八十
戊申	巽申	革辰一百九十二	鼎卯一百九十二
己酉	兑亥	震午一百六十八	艮丑一百六十八
庚戌	涣戌	渐申一百八十	归妹亥一百八十
辛卯	节酉	丰戌一百八十	旅酉一百八十
壬子	中孚子	巽子一百九十二	兑未一百九十二
癸丑	小过未	涣寅一百八十	节巳一百八十
甲寅	既济寅	中孚辰一百九十二	小过卯一百六十八
乙卯	未济巳	既济午一百八十	未济丑一百八十

十四元

丙辰	乾辰	乾申二百一十六	坤亥一百四十四
丁巳	坤卯	屯戌一百六十八	蒙酉一百六十八
戊午	屯午	需子一百九十二	讼未一百九十二
己未	蒙丑	师寅一百五十六	比巳一百五十六
庚申	需申	小畜辰二百〇四	履卯二百〇四
辛酉	讼亥	泰午一百八十	否丑一百八十
壬戌	师戌	同人申二百〇四	大有亥二百〇四
癸亥	比酉	谦戌一百五十六	豫酉一百五十六
甲子	小畜子	随子一百八十	蛊未一百八十
乙丑	履未	临寅一百六十八	观巳一百六十八
丙寅	泰寅	噬嗑辰一百八十	贲卯一百八十
丁卯	否巳	剥午一百五十六	复丑一百五十六
戊辰	同人辰	无妄申一百九十二	大畜亥一百九十二
己巳	大有卯	颐戌一百六十八	大过酉一百九十二
庚午	谦午	坎子一百六十八	离未一百九十二
辛未	豫丑	咸寅一百八十	恒巳一百八十
壬申	随申	遁辰一百九十二	大壮卯一百九十二
癸酉	蛊亥	晋午一百六十八	明夷丑一百六十八
甲戌	临戌	家人申一百九十二	睽亥一百九十二
乙亥	观酉	蹇戌一百六十八	解酉一百六十八
丙子	噬嗑子	损未一百八十	益卯一百八十
丁丑	贲未	夬寅二百〇四	姤巳二百〇四
戊寅	剥寅	萃辰一百六十八	升卯一百六十八
己卯	复巳	困午一百八十	井丑一百八十
庚辰	无妄辰	革申一百九十二	鼎亥一百九十二

辛巳	大畜卯	震戌一百六十八	艮酉一百六十八
壬午	颐午	渐子一百八十	归妹未一百八十
癸未	大过丑	丰寅一百八十	旅巳一百八十
甲申	坎申	巽辰一百九十二	兑卯一百九十二
乙酉	离亥	涣午一百八十	节丑一百八十
丙戌	咸戌	中孚申一百九十二	小过亥一百六十八
丁亥	恒酉	既济戌一百八十	未济酉一百八十
戊子	遁子	乾子二百一十六	坤未一百四十四
己丑	大壮未	屯寅一百六十八	蒙巳一百六十八
庚寅	晋寅	需辰一百九十二	讼卯一百九十二
辛卯	明夷巳	师午一百五十六	比丑一百五十六
壬辰	家人辰	小畜申二百〇四	履亥二百〇四
癸巳	睽卯	泰戌一百八十	否酉一百八十
甲午	蹇午	同人子二百〇四	大有未二百〇四
乙未	解丑	谦寅一百五十六	豫巳一百五十六
丙申	损申	随辰一百八十	蛊卯一百八十
丁酉	益亥	临午一百六十八	观丑一百六十八
戊戌	夬戌	噬嗑申一百八十	贲亥一百八十
己亥	姤寅	剥戌一百五十六	复酉一百五十六
庚子	萃子	无妄子一百九十二	大畜未一百九十二
辛丑	升未	颐寅一百六十八	大过巳一百九十二
壬寅	困寅	坎辰一百六十八	离卯一百九十二
癸卯	井巳	咸午一百八十	恒丑一百八十
甲辰	革辰	遁申一百九十二	大壮亥一百九十二
乙巳	鼎卯	晋戌一百六十八	明夷酉一百六十八
丙午	震午	家人子一百九十二	睽未一百九十二
丁未	艮丑	蹇寅一百六十八	解巳一百六十八
戊申	渐申	损辰一百八十	益卯一百八十

己酉	归妹亥	夬午二百〇四	姤丑二百〇四
庚戌	丰戌	萃申一百六十八	升亥一百六十八
辛亥	旅酉	困戌一百八十	井酉一百八十
壬子	巽子	革子一百九十二	鼎未一百九十二
癸丑	兑未	震寅一百六十八	艮巳一百六十八
甲寅	涣寅	渐辰一百八十	归妹卯一百八十
乙卯	节巳	丰午一百八十	旅丑一百八十
丙辰	中孚辰	巽申一百九十二	兑亥一百九十二
丁巳	小过卯	涣戌一百八十	节酉一百八十
戊午	既济午	中孚子一百九十二	小过未一百六十八
己未	未济丑	既济寅一百八十	未济巳一百八十

十五元

庚申	乾申	乾辰二百一十六	坤卯一百四十四
辛酉	坤亥	屯午一百六十八	蒙丑一百六十八
壬戌	屯戌	需申一百九十二	讼亥一百九十二
癸亥	蒙酉	师戌一百五十六	比酉一百五十六
甲子	需子	小畜子二百〇四	履未二百〇四
乙丑	讼未	泰寅一百八十	否巳一百八十
丙寅	师寅	同人辰二百〇四	大有卯二百〇四
丁卯	比巳	谦午一百五十六	豫丑一百五十六
戊辰	小畜辰	随申一百八十	蛊亥一百八十
己巳	履卯	临戌一百六十八	观酉一百六十八
庚寅	泰寅	噬嗑子一百八十	贲未一百八十
辛未	否丑	剥寅一百五十六	复巳一百五十六
壬申	同人申	无妄辰一百九十二	大畜卯一百九十二

癸酉	大有亥	颐午一百六十八	大过丑一百九十二
甲庚	谦戌	坎申一百六十八	离亥一百九十二
乙亥	豫酉	咸戌一百八十	恒酉一百八十
丙子	随子	遁子一百九十二	大壮未一百九十二
丁丑	蛊未	晋寅一百六十八	明夷巳一百六十八
戊寅	临寅	家人辰一百九十二	睽卯一百九十二
己卯	观巳	蹇午一百六十八	解丑一百六十八
庚辰	噬嗑辰	损申一百八十	益亥一百八十
辛巳	贲卯	夬戌二百〇四	姤酉二百〇四
壬午	剥午	萃子一百六十八	升未一百六十八
癸未	复丑	困寅一百八十	井巳一百八十
甲申	无妄申	革辰一百九十	鼎卯一百九十
乙酉	大畜亥	震午一百六十八	艮丑一百六十八
丙戌	颐戌	渐申一百八十	归妹亥一百八十
丁亥	大过酉	丰戌一百八十	旅酉一百八十
戊子	坎子	巽子一百九十二	兑未一百九十二
己丑	离未	涣寅一百八十	节巳一百八十
庚寅	咸寅	中孚辰一百九十二	小过卯一百六十八
辛卯	恒巳	既济午一百八十	未济丑一百八十
壬辰	遁辰	乾申二百一十六	坤亥一百四十四
癸巳	大壮卯	屯戌一百六十八	蒙酉一百六十八
甲午	晋午	需子一百九十	讼未一百九十
乙未	明夷丑	师寅一百五十	比巳一百五十
丙申	睽亥	小畜辰二百〇四	履卯二百〇四
丁酉	家人申	泰午一百八十	否丑一百八十
戊戌	蹇戌	同人申二百〇四	大有亥二百〇四
己亥	解寅	谦戌一百五十六	豫酉一百五十六
庚子	损子	随子一百八十	蛊未一百八十
辛丑	益未	临寅一百六十八	观巳一百六十八

壬寅	夬寅	噬嗑辰一百八十	贲卯一百八十
癸卯	姤巳	剥午一百五十六	复丑一百五十六
甲辰	萃辰	无妄申一百九十二	大畜畜一百九十二
乙巳	升卯	颐戌一百六十八	大过酉一百九十二
丙午	困午	坎子一百六十八	离未一百九十二
丁未	井丑	咸寅一百八十	恒巳一百八十
戊申	革申	遁辰一百九十二	大壮卯一百九十二
己酉	鼎亥	晋午一百六十八	明夷丑一百六十八
庚戌	震戌	家人申一百九十二	睽亥一百九十二
辛亥	艮酉	蹇戌一百六十八	解酉一百六十八
壬子	渐子	损子一百八十	益未一百八十
癸丑	归妹未	夬寅二百〇四	姤巳二百〇四
甲寅	丰寅	萃辰一百六十八	升卯一百六十八
乙卯	旅巳	困午一百八十	井丑一百八十
丙辰	巽辰	革申一百九十二	鼎亥一百九十二
丁巳	兑卯	震戌一百六十八	艮酉一百六十八
戊午	涣午	渐子一百八十	归妹未一百八十
己未	节丑	丰寅一百八十	旅巳一百八十
庚申	中孚申	巽辰一百九十二	兑卯一百九十二
辛酉	小过亥	涣午一百八十	节丑一百八十
壬戌	既济戌	中孚申一百九十二	小过亥一百六十八
癸亥	未济酉	既济戌一百八十	未济酉一百八十

右十五元卦象，上行阳，下行阴，为年卦用之。卦下两行小字卦，为月卦用之。前卦属阳，后卦属阴。凡占十年百年千年者，各以御年卦中值年爻策定之。先值阴阳老少，成策于位中，又加并所得之年次论，共得几策。

假令唐玄宗开元二十五年丁丑岁，始得杨贵妃，其御年大有卦四九卦值事，阴年阳爻老阳也。置三十六策于位，加入次年二十五，共得六十一数。内去四十八策，余十三策。至十三年天宝八年己丑岁，禄山泄迹。十三年兵起汉阳，十五年死于马嵬之下。是庚寅辛丑，岂不验哉！四十八乃是四周，系是四年干支也。

假令辛巳岁归妹卦御年，上六爻当值，取流年卦中巳字用也。此阴年阴爻，少阴也。三十二策，又加平正六年六策，共三十八策。内除十二策，外有二十六策，是物旺二十六年也。

凡所得物之始，以年月日卦支生成之策占之，万无一失。又看得失之际，是何支干神煞定终始，吉神则吉终，凶煞则凶毕。或兵刃所伤，或宴乐所失，或损荒所损，或财利所诱，各支干而验之。

假令四月十五日师卦六四爻当值，其日甲辰阳日，得阴爻为老阴，二十四策；又加日策一十五策，共得三十九策。内除三十策，余有九策。其物必于二十三日壬子，当因雨水致毁坏而终也。色亦同矣。凡占不出年内物者，先置月之爻策，又加物之日数，从正位一周十二，共得几策，先除月十二，以外有几策，是其所终之月也。其法与日同。

无情物数 《孝先照胆经》

皆用本年月日时当值卦数策，或有本年月日时爻策定之。凡占不出旦暮之物者，用当日所值之卦奇偶中时爻之策定之也。盖取始得之时者，看是甚时命。寅为初，卯为二，辰为三，丑乃十二，所得者加并于时爻策位上，看是共得多少算，先除十二，即十二时之策也。除去之外，余者是其所失之时也。

假令庚申日巳时，始获一物，其日师卦当值，巳时，在偶卦位，大有卦九爻中，其阴时得阳爻，为老阳，其数三十六策。又寅至巳，四策也。用此四策，加并于爻策位中，共得四十策。却除十二时除之，三周计三十六，余有四策，其物从寅命之，至辛巳时，因锋锐之器而终矣。凡占不出晦朔之物者，先置月爻之策，又以得物日看是几日，命旦为初一日，至三十日而止，乃以始得物之日，加于日支策位上，共得几策若干。其余之策数，物之终日也。

梅花周易数卷十

左传筮法

陈宣公筮公子完之生

观　否_{初爻变}

庄公二十二年，陈人杀其太子御寇，_{宣公杀其太子}陈公子完奔齐。_{完，御寇党。}齐侯_{桓公。}使敬仲_{完子。}为卿，辞，使为上正。_{掌百工官。}初，懿氏卜妻敬仲，_{懿氏，陈大夫。}其妻占之，曰："吉。是谓'凤凰于飞，和鸣锵锵，_{犹夫妇相随适齐。}有妫之后，_{妫，陈姓。}将育于姜。_{齐姓。}五世其昌，并于正卿。八世之后，莫之与京。'陈厉公，蔡出也。_{姊妹之子曰出。}故蔡人杀五父而立之。_{五父，陈佗。}生敬仲，其少也。周史_{周太史}有以《周易》见陈侯者，陈侯使筮之，遇观之否。曰：是谓'观国之光，利用宾于王。'此其代陈有国乎？不在此，其在异国。非此其身，在其子孙。_{光，远而有耀者也。}坤，土也。巽，风也。乾，天也。风为天于土，土，山也，有山之材而照之天，光于是乎？居土上，故曰'观国之光'。庭实旅百，奉之以玉帛，天地之美具焉，故曰'利用宾于王'。四为诸侯，_{乾有国朝、王之象，艮为门庭，乾为金玉，坤为布帛，诸侯朝王陈赟帛之象。旅，陈也。百物言备。}犹有观焉，故曰'其在后乎'。_{因观文以博占，故曰'犹有观'。非在己之言，故知在子孙。}风行而著于土，故曰'其在异国乎'。若在异子，必姜姓也。姜，太岳之后也。_{姜姓之先，为尧四岳。}山岳则配天，物莫能两大，陈衰，此其昌乎？"_{变而象艮固，故当兴于太岳之后。}及陈之初亡也，_{昭八年，楚灭陈。}陈桓子始大于齐，_{桓子，敬仲五世孙，陈元字。}其后亡也。哀十七年，楚复灭陈。**成子得政**。成子，陈常也，敬仲八世孙。卜筮者，圣人所以定犹豫，决疑似，因生义教者也。《书·洪范》：通龟筮以同卿士之教。南蒯卜乱而遇元吉，惠伯答以忠信则可。臧会卜僭，遂获其应，丘明故举诸繇应于行事者，以示来世，而君子志其善者，远者。他仿此。

愚谓贞观全体夹画，艮三巽五，互体亦艮，今必曰"风为天于土，山为山于天，光照山之材"，故曰"观国之光"，又曰"庭实玉帛，其天地之美"，故曰"利用宾于王"，如此则是观以变否，有乾天之光，有艮山之材，有坤地之土，又具乾天坤地之美为赘，而后成观六四一爻之词，何其谬也！扭合附会，本不足法，特以其去经最近，取互体甚明，说象无滞碍，为有补焉耳。看来左氏所载占词，决非尽当时史氏之笔。要皆左氏引而自文之，以故扭合附会处尤多。

毕万筮仕于晋

屯　比一爻变

闵公二年，晋侯献公。作二军，将上军太子申生，将下军赵凤，御戎。毕万为右。为公御右也。凤，赵衰兄。毕万，魏犨祖父。以灭耿，灭霍，灭魏。二国姬姓。还，赐毕万魏，以为大夫。卜偃晋掌卜大夫。曰："毕万之后必大。万，盈数也。魏，大名也。以是始赏天启之矣。天子曰兆民，诸侯曰万民。今名之大，以从盈数，其必有众。"初，毕万筮仕于晋，遇屯之比。辛廖晋大夫。占之曰："吉。屯固比入，吉孰大焉，其必蕃昌。屯险难所以为坚固，比亲密所以为得入。震为土，变坤。车从马，震车坤马。足居之，震。兄长之，震长之。母覆之，坤。众归之，坤为众。六体不易，一爻变六易。合而能固，安而能杀，公侯之卦也。比合，屯固，坤安，震杀，故曰公侯之卦。公侯之子孙，必复其始。毕万公高之后，传为魏之子孙众多，张本。

愚按：朱子《启蒙》谓：一爻变，则以本卦变爻词占。其下亦引毕万所筮。以今观之，未尝不取之卦，且不特论一爻，兼取贞悔卦体，似可为占者法也。他仿此。

鲁桓公筮成季之将生

大有　乾_{一爻变}

闵公二年，秋八月，共仲使卜齮贼公于武闱。_{宫中小门。愚按：共仲，公子庆父，通夫人哀姜，故杀闵公。}成季以僖公适邾，共仲奔莒，乃入立之，_{谓成季，以僖公入立之。}成季之将生也，桓公使卜楚丘_{鲁掌卜大夫。}之父卜之，曰：男也，其名曰友，在公之右，_{左右言用事。}间于两社，_{周社亳社，两社之间，朝廷执政所在。}为公室辅。季氏亡，则鲁不昌。又筮之，遇大有之乾，曰：同复于父，敬如公所。_{乾为君父，离变乾见，敬与君同。}及生，有文在手，曰"友"，遂以命之。

秦伯伐晋卜徒父筮之吉

蛊_{六爻不变}

僖公九年，齐师会秦师，纳晋惠公。_{按：晋献公以骊姬之难，太子申生死，公子重耳、夷吾出奔。九年，献公卒，秦穆公纳夷吾，是为惠公。}十五年。初，晋侯之入也，许赂秦伯以河外列城五，既而不与，晋饥，秦输之粟。十三年。秦饥，晋闭之籴。十四年。故秦伯伐晋，卜徒父筮之，吉。_{徒父，秦掌龟卜者。卜人用筮，豫所见，杂言之。}涉河，侯车败，诘之。_{秦军涉河，晋侯军败，秦伯不解，魏败在己，故诘。}对曰："乃大吉也。三败，必获晋君。其卦遇蛊，曰：'千乘三去，三去之余，获其雄狐。'夫狐蛊，必其君也。"于《易》利涉大川，亦秦胜晋之卦。今所言，盖卜筮书杂词，以狐为君。其义欲以论晋君，其象则未闻。蛊之贞，风也。其悔，山也。岁云秋矣，我落其实而取其材，所以克也。_{秋风落木实，则材为人取。}实落材亡，不败何待？三败及韩。_{晋三军败。}壬戌，战于韩原，_{九月十三。}秦伯获晋侯以归。穆姬_{晋献公女，为秦穆公夫人。}曰："晋君朝以入，则婢子夕以死。夕以入则朝以死，惟君裁之。"乃舍诸灵台，许晋侯平。

按朱子《启蒙》，六爻不变，则占本卦彖词，而以内卦为贞，外卦为悔。今虽不及象词，而以贞悔分彼我，亦可以见占法矣。

晋献公筮嫁伯姬于秦

归妹　睽—爻变

僖公十五年。初，晋献公筮嫁伯姬于秦，遇归妹之睽。史苏晋卜筮史。占之曰："不吉。其繇曰：'士刲羊，亦无衁也。女承筐，亦无贶也。'上六爻词。衁，血；贶，赐。上六无应，所求不获，故下卦无血，上承无实。西邻责言，不可偿也。嫁女遇不吉之卦，故知有责让之言，不可报偿。愚谓西邻责言兑象，秦在西，为晋之邻，震变，故不偿其言。归妹之睽，犹无相也。无相助谓睽，故无相助。震之离，亦离之震，为雷为火，为嬴，败姬。车说其輹，火焚其旗，不利行师，败于宗丘。丘犹邑也。上六爻在震则无应，故车说輹。在离则失位，故火焚旗。言失车，火之用也，故不利行师。则不出国，近在宗邑。　谓震变离，为兑泽所胜，兑在西，故有嬴败姬之象。归妹'睽孤，寇张之弧'，睽上爻之词。侄其从姑，震未离火，火从木生。离为震妹，干火为姑，谓我侄者，我谓之姑。谓子圉贽秦。六年其逋逃，归其国而弃其家，家谓子圉，归怀嬴。明年其死于高梁之墟。"惠公死之。明年，文公入杀怀公于高梁。高梁，晋地。凡筮者用《周易》，则其象可推，非此而往，则临时占者，或取于象，或取于繇，或取于时日旺相，以成其占。附会以爻象。则构虚而不经，故略言其归趣。及惠公在秦，曰："先若从史苏之占，吾不及此。夫韩简侍，曰："龟象也，筮数也，物生而后有象，象而后有滋，滋而后有数。先君之败德，及可数乎？史苏是占，勿从何益。"

按：僖公九年，九月，晋献公卒。子夷吾许秦穆公重赂，穆公纳之，十一月。是为惠公，十年不与秦赂。十一年，晋荐饥乞于秦，输之粟。十四年，秦饥乞籴于晋，晋闭之籴。十五年九月，秦伯伐晋，获晋侯。十一月归晋侯，十六年晋太子圉质秦，秦妻之。质秦，应占言侄其从姑，妻之，即怀嬴。二十二年，子圉逃归晋。应占言逃归其国而弃其家。二十三年九月，惠公卒，子圉立，是为怀公。二十四年九月，秦穆公纳公子重耳，是为晋文公。二月壬寅，入晋师，怀公奔高梁。戊申，文公使杀怀公于高梁。应占言死高梁之墟。史苏之占何神也，使晋侯践言报施，秦师不兴，占其能应乎？然史苏谓嫁伯姬不吉，今乃以伯姬说身逃难，惠公犹曰先君若从史苏之占，吾不及此，不自反而咎先君，谬矣夫。

晋文公筮勤王

大有　睽—爻变

僖公二十四年冬，甘昭公通于隗氏。王替隗氏。秋颓叔、桃子奉太叔以狄师伐周，王出适郑，处于汜。按：初，襄王以狄师伐郑，王德狄，以狄女隗氏为后。甘昭公，王弟子带也，食邑于甘。河南县西南，有甘水通于隗氏。王废后。初，王使大夫颓叔、桃子以狄伐郑，至是，二大夫曰：狄其怨。遂奉太叔，即子带，以狄伐周。王适郑。汜，在郑南襄城县。太叔以隗氏居于温。二十五年春正月丙午，秦伯师于河上，将纳王。狐偃言于晋侯文公。曰："求诸侯莫如勤王。"使卜偃卜之，曰："吉。遇黄帝战于阪泉之兆。"公曰："吾不堪也，筮之。"筮之。遇大有睽，曰："吉。遇公用享于天子之卦。六三爻。战克而王飨，吉孰大焉。且是卦也，天为泽以当日，天子降心以逆公，不亦可乎。"乾变兑，以当离日之在天垂照在泽。天子在上，说心在下，是降心逆公之象。大有去睽，而复亦其所也。言去睽卦还诣大有，亦即天子降尊之象。乾尊离卑，降尊下卑，亦其义也。晋侯辞秦师而下，三月甲辰，次于阳樊，右师围温，左师逆王。四月丁巳，王入于王城，取太叔于温，杀之于隰城。戊午，晋侯朝王，王享醴，命之宥。既行享礼而设醴酒，又加之常帛以助欢也。宥，助也。

王子伯廖引易论公子

丰　离—爻变

宣公八年，郑公子曼满与王子伯廖语，欲为卿，二子郑大夫。伯廖告人曰："无德而贪，其在《周易》，丰之离，丰上六变纯离。易尚变，故虽不筮，必以变言其义。上六曰：丰其屋，蔀其家，阒其户，阒其无人，三岁不觌，凶。义取无德而大其屋，不过三岁，必灭亡。弗过之矣。不过三年。间一年，郑人杀之。

谓言不可不慎也。心一动于欲，而形于言，见吉凶焉，岂伯廖丰上六之辞奇中哉。夫《易》之变，固已前知之矣。观此类，其殆所谓《易》有圣人之道四焉，其一曰"以动者尚其变"之谓乎。夫所谓动，不特谓我欲动，而见诸行事也。见人之善恶是非，忽动其心，而必尚易之变以论之，亦是也。吁，易其神矣乎！人心之灵其神矣乎！

晋知庄子引易论先縠之败

师　临——爻变

宣公十二年春，楚子庄王。围郑。前年盟辰陵而又徵，事晋故。克之，入自皇门，至于达路，涂方九轨曰达。郑伯肉袒，牵羊以迎。王曰："其君能下人，必能信用其民矣。"退三十里，许之平。夏六月乙卯，晋荀林父救郑，先縠彘季。佐之，及河，闻郑既及楚平，桓子林父。欲还，彘子不可，以中军佐济，佐彘子师渡河。知庄子曰：荀首乃林父弟，时为下军大夫。"此师殆哉。《周易》有之，在师之临，曰：'师出以律，否臧凶。'执事顺成为臧，逆为否。彘子逆命不顺成，故应不臧之凶。众散为弱，坎为众，变兑，兑柔弱。川壅为泽，坎变兑。有律以如己也。如，从也。法行则人从法，法败则法从人。坎为法象，今为众则散，为川则壅，是失法之用，从人之象。故曰律否臧，则律竭也。竭败变坎为兑，是法败。盈而以竭，天且不整，所以凶也。水遇天寒，不得整流则竭涸。不行之谓临，泽不行之物。有师而从临，孰甚焉，此之谓矣。譬彘子违命不可行。果遇必败，遇敌。彘子尸之，主此祸。虽兑而归，必有大咎。按：以上《左传》文。林父师师及楚子，战于邲，郑地。晋师败绩。愚引经文一句足其义。《传》云：丙辰，楚重至邲，大重轻重，则战在乙卯日。明年秋，赤狄伐晋，及清，先縠召之也。邲战不得志，故召狄欲为变。冬，晋人讨邲之败与清之师，归罪于先縠而杀之，遂灭其族。

愚谓行不可不慎也。心一动而差，其所行凶，悔吝已随之，况兵凶器，战危事乎！救郑之师，晋人所不得已也。郑既及楚平，桓子欲还，当矣。彘子乃不可，已昧"师左次"之训，乖"长子帅师"之义，犯"弟子舆尸"之戒。又况师之临，夫"律否"、"臧否"，又有如知庄子之所云者乎？其丧师亡身灭宗，固其宜矣。呜呼！以动者尚其变，知庄子引《易》，其殆所谓不假卜筮而知吉凶者欤！

晋厉公筮击楚子

复 六爻不变

成公十六年春，楚子_{共王。}以汝阴之田求成于郑，_{郑成公。汝水之南，近郑地。}郑叛晋，子驷从楚子盟于武城。夏四月，晋侯_{厉公。}将伐郑，师起，楚子救郑。五月，晋楚遇于鄢陵。_{郑地。}苗贲皇_{贲皇，楚国叔子。宣四年奔晋。}言于晋侯曰："楚之良，在其中军，王族而已。请分良以击其左右，而三军萃于王侧，必大败之。"公筮之史，曰："吉。其卦遇复。曰：南国蹙，射其元王，中厥目。_{此卜者词也，复阳长之卦，阳无起于南，行推阴，故曰南国蹙也。南国势蹙，则离受其咎，离为诸侯，又为目，阳炁激而飞矢之象，故曰射其元王，中厥目。}国蹙王伤，不败何待？"公从之。吕锜梦射月，中之，_{吕锜，魏锜。}退入于泥。占之，曰："姬姓，日也。异姓，月也，必楚王也。退入于泥，亦必死矣。及战，射共王，中目。王召养由基，与之两矢，使射吕锜，中项，伏弢_{弓衣。}以一矢复命。楚子宵遁。晋入楚军三日谷。_{食楚粟三日。}

愚谓此卦占辞与卦象绝不类，注终未的确。意者震坤巽离在中间，楚正南国，今有东方震卦，西南角坤，而无巽离，西南共坤各得坤一半，坤为国，岂非南国蹙乎？巽为白眼，离为目，无离无巽，岂非蹙目乎？震为苍筤竹，岂非矢乎？若只就两体占，贞我悔彼，初九"元吉"，上六"迷复凶，有灾眚，用行师终有大败，以其国君凶"，坤西南即南国也。震木克坤上，剥之义也。国君即无土也。有灾眚，眚为目疾，即中厥目之象也。亦可以旁通矣。

鲁穆姜筮往东宫

艮 随 五爻变

襄公九年，穆姜薨于东宫，_{太子宫。穆姜滛娇，如欲废成公，故徙东宫。按：}

姜，成公母。**始往筮之，遇艮之八。**《周礼·太卜》掌三易，杂用连山归藏二易，皆以七八占，故言遇艮之八。按：武公十六年，穆姜往东宫，筮。**史曰：是谓艮之随，**史疑古易遇八卦不利，故更以《周易》占变爻，得随而论之。**随其出也，**史谓随非闭固之卦。**君必速出。姜曰：亡是。于《周易》曰：随元亨利贞无咎。**易筮皆以变者占，遇一爻变，义异，并则论象，故姜亦以《象》占也。史据《周易》，故指周易质之。**元体之长也，亨嘉之会也，利义之和也，贞事之干也。体仁足以长人，嘉会足以合礼，利物足以和义，贞固足以干事。然故不可诬也，是以虽随无咎。**言不诬，四德乃无咎。**今我妇人而与于辞固在下位，**卑于大夫。**而有不仁，不可为元；不靖国家，不可为亨；作而害身，不可谓利；弃位而姣，**媱之别名。**不可谓贞。有四德者，随而无咎。我皆无之，岂随也哉！我则取恶，能无咎乎？必死于此，弗得出矣。**

愚谓弃位而姣等语，正姜氏所讳，岂肯自播其恶。况其言曰：是于《周易》曰随元亨利贞无咎，而继之以元体之长云云，则夏商所未尝道可见此。愚所以为左氏本文言语作为穆姜之言明矣。一时不暇详审，径以夫子之言，为穆姜之言，后之人反以为夫子引穆姜之言也。详见《本义》。后疑《文言》辩，姑陈其概于此。按《汉上丛说》云：左成公十六年，穆姜往东宫，筮之。襄公二十六年，孔子生，上距穆姜二十四年。穆姜时虽已诵乾卦文言，然其言与今稍异。以今易考，之删改者二，增益者六，则古有是言，孔子文之，为信然矣。此即《本义》说，以备参诣云。

郑太叔引易论楚子

复　颐—爻变

襄公二十二年，郑伯使游吉如楚，及汉，楚人还之，曰：宋之盟，君实亲辱。今吾子来，寡君谓吾子姑还，吾将使驿奔，**问诸晋，**问郑君应来否。**而以告子太叔**吉。**归复命。告子展曰：楚子将死矣。不修其德政，而贪昧于诸侯，以逞其愿，欲久得乎？周易有之，在复之颐，曰：迷复凶，其楚子之谓乎？欲复其愿而弃其本，复归无所，是谓迷复，能无凶乎？君其往也，送葬而归，以快楚心，是谓迷复，楚不几十年未能恤诸侯也，吾以休吾民矣。十二月，楚子昭卒。

崔武子筮娶齐棠公妻

困　大过一爻变

襄公二十五年春，齐棠公齐棠邑大夫。之妻，东郭偃之妹也。东郭偃臣崔武子，棠公死，偃御武子以吊见棠姜而美之，使偃取之。偃曰：男女辨姓，今君出自丁，齐，丁之崔杼祖。臣出自桓，不可。齐桓公，偃之祖，同姜氏不可昏。武子筮之，遇困之大过。史皆曰吉。示陈文子，文子曰："夫从风，坎中男曰夫，变巽曰从风。风陨，妻不可娶也。风陨物者，变而陨，故妻不可娶。且其繇曰：'困于石，据于蒺藜，入于其宫，不见其妻，凶'，困六二爻词。'困于石，往不济也'，坎水险石不可动。据于蒺藜，所恃伤也。坎险兑伤，天之生物，而险者蒺藜据之则伤。入于其宫，不见其妻凶，无所归也。卜昏遇困六三，失位无应，则丧其妻失其所归也。"崔子曰："嫠也何害，先夫当之矣。"遂娶之。庄公通焉。夏五月，弑庄公，立景公，相之。庆封相左，景公杵臼，灵公孽人子，庄公并母弟庆封崔党。二十七年初，崔杼生成及疆而寡。偏丧田寡侍也。娶东郭姜，生明姜，以孤入，曰："棠无咎棠公子。与东郭偃相，崔氏成疾，废立明。崔成、崔疆杀东郭偃、棠无咎。崔杼怒见庆封，庆封使卢蒲嬖弊，庆封属大夫。灭崔氏，杀成与疆，而尽俘其家，其妻缢。东郭妻。嬖后命崔子且御而归之，为崔子御。至则无归矣，乃缢。终入于其宫不见其妻凶。崔明夜辟诸人墓。开先人塚藏也。

愚谓崔杼以一妇人之故，弑其君，灭其家，杀其妻，而丧其身，贪色违筮之凶，酷烈如此，悲夫！

秦医和引易对晋赵孟

蛊

晋侯平公求医于秦，秦伯使医和视之，曰："疾不可为也。是为近女室疾，如蛊，非鬼非食，惑以丧志。"赵孟曰："何谓蛊？"对曰："淫溺惑乱之所生也。于文皿虫为蛊，在《周易》，女惑男，风落山，谓之蛊。少男悦长女，非匹，故感山木得风则落。皆同物也。"赵孟曰："良医也。"厚礼归之。

鲁庄公筮叔孙穆子之生

明夷　谦—爻变

昭公四年初，穆子去叔孙氏及庚宗，遇妇人，使私为食而宿焉。成十六年，避侨如之难，奔齐。○庚宗，鲁地。齐适娶于国氏，齐正卿，姜姓。生孟丙仲壬，梦天压己，弗胜，顾而见人，深目猳喙，号之曰："牛助予！"乃胜之。旦而召其徒，无之，且曰志之，及鲁人召之归，既立，鲁立为卿。庚宗妇人献雉，问其姓，问有子否。对曰："余子长矣，能奉雉矣。"襄二年，竖牛五六岁。召见，则所梦也，号曰牛，使为竖，小臣，传言。有宠。长，使为政。公孙明知叔孙于齐，公孙明，齐大夫，子明与叔孙相亲知。归，未逆国姜，子明取之，故怒其子长而后逆之，牛谮而杀孟，又谮而逐仲。穆子疾病，牛实馈弗进，叔孙不食卒。三日绝粮。牛立昭子，相之。昭子，豹庶子，叔孙婼也。初，穆子之生也，庄叔穆子父得臣。筮之，遇明夷之谦，以示卜楚丘。卜人姓名。曰："是将行，出奔。而归为子祀，以谮人入其名，曰牛，卒以馁死。明夷日也，离日夷伤，曰明夷。日之数十，甲至癸。故有十时，亦当十位，自王以下，其二为公，其三为卿，日中当王，食时当公，平旦为卿，鸡鸣为士人，定为与，黄昏为隶，日入为僚，晡时为仆，日昳为台，隅中日出，阙不在等。尊王公，旷其位。日上其中，王。食日为二，公。旦日为三，卿。明夷之谦，明而未融，其当旦乎？故曰为子祀。庄叔卿也，卜豹为卿，故知为子祀。日之谦当鸟，故曰明夷于飞。明而未融，故曰垂其翼。象日之动，故曰君子于行。当三在旦，故三日不食。旦在三，又非食时，故三日不食。离火也，艮山也，离为火，火焚山，山败于人，为言，艮为言，愚谓无所本。败言为谗，离焚故言败。故曰"有攸往，主人有言"，言必谗也。纯离为牛，世乱谗胜，胜将适离，故曰其名为牛。离焚山则离胜，譬世乱则谗胜，山焚则离独存，故知名牛。竖牛非牡牛，故不吉。谦不足，谦退。飞不翔不远，垂不峻翼不广，故曰其为子后乎？不远翔，故知不远大。吾子亚卿也，抑少不终。

旦日正卿，庄叔父子世为亚卿，故不立，以终尽卦体，盖引而致之。昭子即位，朝其家众，曰："牛祸叔孙氏，杀嫡立庶，罪莫大焉。必速杀之。"牛惧，奔齐。孟仲之子杀之塞关之外，投其首于宁风<small>齐地</small>。之棘上。仲尼曰："叔孙昭子之不劳，不可能也。"<small>不以立己为分劳。</small>周任有言曰："为政者不赏私劳，不伐私怨。诗云：'有觉德行，四国顺之。'"

愚谓此卦占辞，亦多附会，又必兼之卦。以论本卦爻辞，亦如前失。

卫孔成子筮立君

屯　屯　比<small>上不变下一爻变</small>

昭公七年，卫襄公夫人姜氏无子，<small>姜宣。</small>嬖人婤姶生孟絷，孔成子梦康叔，谓己立元。<small>成子，卫卿烝，鉏余也。梦时元未生。</small>余使羁之，孙圉与史苟相之。<small>羁烝鉏子，苟史朝子。</small>史朝亦梦康叔谓已："余将命而子苟与孔烝鉏之曾孙圉相元。"史朝见成子，告之梦，梦协婤姶生子，名之曰元，<small>在二年。</small>孟絷之足不良能行，孔成子以《周易》筮之，曰："元尚亨卫国，主其社稷。<small>命蓍之辞。</small>"遇屯，又曰："余尚立絷，尚克嘉之。"遇屯之比，以示史朝。朝曰："元亨，又何疑焉。<small>屯，元亨。</small>"成子曰："非长之谓乎？"对曰："康叔名之，可谓长矣。孟非人也，将不列于宗，不可谓长。且其繇曰'利建侯'，嗣吉何建，建非嗣也。二卦皆云，<small>再得屯子其建之，康叔命之，二卦告之。</small>筮袭于梦，武王所用也。《大誓》：'朕梦协朕卜，袭于休祥。'武王辞。弗从何为？弱足者居侯，主社稷，临祭祀，奉民人，事鬼神，从朝会，又焉得居？各以所利，不亦可乎？"故孔成子立灵公。

鲁南蒯筮以费叛

坤　比<small>一爻变</small>

昭公十二年，季平子立，不礼于南蒯。<small>蒯，南遗之子。季氏，费邑宰。</small>南蒯欲出季氏，使子仲<small>公子憖。</small>更其位。不克，以费叛，如齐。南蒯之将叛也，枚筮之，遇坤之比。曰："黄裳元吉。"以为大吉也，示子服惠伯，曰："即欲有事，何如？"惠伯曰："吾尝学此矣。忠信之事则可，不然必败。外强内温，坎险故强，坤顺故温。忠也。和以率贞，水和土安贞。信也。故曰黄裳元吉。黄，中之色也。裳，下之饰也。元，善之长也。中不忠，不得其色；言明黄。下不共，不得其饰；事不善，不得其极；失中德。外内倡和为忠，率事以信为共，供养三德为善，非此三者弗当。且夫《易》不可以占险，将何事也，且可饰乎？中美为黄，上美为元，下美则元参成可筮，犹有阙也。筮虽吉，未也。"十三年，费人叛南氏。十四年，司徒老祁、虑癸二人南蒯家臣。遂劫南蒯曰：群臣不忘其君，季氏。将不能畏子矣，何所不逞，欲请送子。南蒯遂奔齐。司徒老祁、虑癸来归费。归鲁。

按：朱文公尝谓："《易》中都是正，吉不曾不正，吉都是利正，不曾说利不正。"又曰："大率《易》为君子设，非小人盗贼所得窃取而用之。"又曰："《易》中言吉者，有其德则其占吉，如是吉；无其德而得是占者，却是反说。如南蒯得黄裳元吉之占是也。"且载其事于坤六五爻，而日此可以见占法矣。学者有见于此。

晋蔡墨引《易》对魏献子

乾　乾　乾　乾　乾　坤
姤　同人　大有　夬　坤　剥

五卦一爻变一卦六爻变

昭公二十九年秋，龙见于绛郊，晋国都。魏献子问于蔡墨，晋大夫。曰："吾闻之矣。虽莫知于龙，以其不生得也。谓之知，信乎？"对曰："人实不知，非人实知。古者畜龙，故国有豢龙氏，有御龙氏，昔有飂叔安，飂国叔安，君名。"有裔子曰："董父扰顺也。畜龙以事舜帝，赐之姓，曰董氏，曰豢龙，官名。其后又有刘累学扰龙于豢龙氏，以事夏孔甲，赐氏曰御龙。龙一雌死，醢以食。夏后既而使求，求致龙。惧而迁于鲁县。龙水物也，水宫弃矣，故龙不生得。不然《周易》有之，在乾之姤，曰'潜龙勿用'，同人曰'见龙在田',大有曰'飞龙在天',夬曰'亢龙有悔',坤曰'见群龙无首吉',坤之剥曰'龙战于野'。若不朝夕见,谁能物之。"

按杜氏注曰：今说《易》者皆以龙喻阳炁,如史墨之言,则为皆是真龙。愚谓乾六爻皆阳且变动不居,故以为六龙之象,最为的当,岂得为皆是真龙也哉。然而善《易》者胸次悠然,与《易》为一,居观象玩辞,动观变玩占,乃真见其上下无常,刚柔相易,是亦一翼龙而已矣。其昧者未足与语此。

史墨举易对赵简子

大壮 六爻不变

昭公三十二年十二月,昭公薨于乾侯。乾侯在魏郡斥丘县,晋境内邑。○按：二十五年,公伐季氏,季平子请罪,弗许。三家遂共伐公,公败奔齐次阳州。二十六年、二十七年居郓,鲁地。二十八年次乾侯。二十九年居郓。三十年、三十一年、三十二年在乾侯,薨在外。凡八年。赵简子问于史墨曰："季氏出其君而民服焉。诸侯与之君死于外,而莫之或罪也。"对曰："物生有两,有三,有五,有陪贰,故天有三辰,地有五行,体有左右,各有妃偶。谓陪贰。王有公,诸侯有卿,皆有贰也。天生季氏以贰鲁侯,为日久矣,民之服焉,不亦宜乎。鲁君世从其失,季氏世修其勤,民忘君矣,虽死于外,其谁矜之。社稷无常奉,君臣无常位,自古以然,故诗曰：高岸为谷,深谷为陵。《小雅》。三后虞夏商。之姓,于今为庶,主所知也。在《易》卦,雷乘乾,曰大壮,天之道也。乾为天子,震为诸侯,而在乾上,君臣易位,犹臣大强壮,若天上有雷。"

按：昭公乾侯之事,与夏王相歼商丘、周厉王崩于彘,皆天地间人道非常之大变也。史墨乃妄引陪贰之说,而谓天生季氏以贰鲁侯,又明言社稷无常奉,君臣无常位,且又妄引《诗》、《易》以对,左氏从而书之,其与《春秋》书公薨乾侯,如青天白日,不可掩蔽,以诛季氏不臣之罪者,异矣。呜呼,《春秋》何等时耶？功利之习,坏烂人心；君臣大义,澌灭殆尽。不惟乱臣贼子如三家者,放逐其君,为不知有君；而惟季氏之服诸侯,有知有君；而惟季氏之与史墨不知有君,而放言无忌。赵简子不知有君，而听言不辨。左氏亦不知有君，而载言不择。夫岂知谷陵迁改，乃地道之变而非常；雷天大壮乃天道之常，初非志变；况《易》乃崇阳抑阴之书，雷在天上，夫子《大象》但取其成四阳壮长之卦，而曰"君子以非礼弗履"耳，未必如杜氏注所谓"君臣易位"也。史墨不求其义，妄引以对，可谓诬天矣。天但使季氏贰君，何尝使季氏逐君哉！如墨言一阳之天道，则公僭王，卿僭侯，乱臣贼子接迹于世矣，纲常安在！然则《春秋》夫子作也，《易象》夫子翼也，道一而已。请得为易大壮一洗史墨之恶论。

鲁阳虎筮救郑

泰　需—爻变

哀公九年夏，宋公伐郑。秋，晋赵鞅卜救郑，不吉。阳虎以《周易》筮之，遇泰之否，曰：宋方吉，不可与也。宋，微子后，今卜得帝乙之卦，故谓宋吉不可与战。微子启，帝乙之元子也。宋郑，甥舅也。祉，禄也。若帝乙之元子妇妹而有吉禄我，安得安焉。乃止。

集国语 韦昭本注

晋筮立成公

乾　否 三爻变

《周语》：简王十二年，晋孙谈之子周适周，事单襄公，谈，晋襄公之孙，惠伯谈也，周谈之子。晋悼公名晋，自献公用骊姬，谮谮不畜群公子，故周适周，事单襄公。襄公有疾，召顷公襄公子。而告之曰：必善晋周，将得晋国，成公之归也。吾闻晋之筮也，成公，晋文公庶子黑臀也。归者，自周归晋也。赵穿弑灵公，赵盾逆黑臀于周，立之。著曰之筮，立成公也。遇乾之否。曰：配而不终，君三出焉。乾君也，故曰配。配，先君也。不终，子孙不终为君。下变乾，有臣象。三爻，故三也。上乾天子也，五体不变，周天子国也，三爻有三变，故君三出于周。一既往矣，谓成公往为君。后之不知其次，必此。次成公而往必周子。晋仍无道，而鲜胄其将，失之矣。仍数鲜寡胄，后厉公素行无道，公族后又寡少，将失国也。必是善晋子，其当之也。顷公许诺。及厉公之乱，谓弑。召周子而立，是为悼公。

晋公子重耳筮得国

屯　豫 三爻变

《晋语》：秦伯穆公。召公子晋重耳。于楚，楚子成王。厚币以送公子于秦，公子亲筮之，曰："尚有晋国。"命筮之词。得贞屯悔豫皆八也。震在屯为贞，在豫为悔，八为震两阴爻，在贞悔皆不动，故曰皆。公谓爻无为也。筮史占之，皆八，不吉。筮人掌三《易》，以《连山》、《归藏》占此二卦，皆言不吉。○按：曰皆八，便见用夏商二《易》。闭而不通，爻无为也。震动遇坎险阻，则爻无所为也。司空季子曰："吉。是在《周易》，皆利建侯，不有晋国，以辅王室，安能建侯？我命筮曰尚有晋国，告我曰利建侯，得国之务也，吉孰大焉。震车也，坎水坤土也，屯厚也，豫乐也。车班内外，顺以训之，班偏也，屯内豫外，皆震坤顺，屯豫皆有坤。泉货以资之，资财，屯豫皆有艮坎，水在山为泉源，流而不竭也。土厚而乐其实，屯豫皆有坤，故厚豫为乐。不有晋国，何以当之？震，雷也，车也；坎，劳也，水也，众也；主雷与车，内为主。而尚水与众，车有震武，车声隆，有威武。众顺文也。文武具，厚之至也，故曰屯。其繇曰：'元亨利贞，勿用有攸往，利建侯。'主震雷长也，故曰元众而顺嘉也。内有震雷，故曰利贞。车上水下，必伯。车动而上威也，水动而下顺也。有威而众从，必伯。小事不济，壅也。故曰勿用有攸往。一夫之行也，一夫，一索男象，作行足象。众顺而有武威，故曰利建侯。复述上事。坤母也，震长男也，母老子强，故曰豫。其繇曰：'利建侯。'行师居乐，出威之谓也。居乐，母内出威，震外居乐，故利建，故利建侯行师。得国之卦也。"十月惠公卒，十二月秦伯纳公子。

晋大夫筮公子重耳归国

泰六爻不变

《晋语》：秦伯纳公子及河，董因迎公子于河，因，晋大夫莘有之后。《传》曰：莘有之二子，董之晋，故晋有董史。公问焉，曰："吾其济乎？"对曰："岁在大梁，将集天行，元年始受实沈之星也。在大梁，谓鲁僖公二十三年，岁星在大梁之次也。集，成也。行，道也。言公将成天道也。公以辰出晋祖唐叔，所以封也，而参入晋星也。元年谓文公即位之元年，僖二十四年，岁在大梁，在实沈之次，受于大梁也。自胃七度至毕十一度为大梁，自毕十三度至东井十五度为实沈。实沈之墟，晋人所居，所以兴也。墟，次也。所居，居其年次，所主祀也。《传》曰：高辛氏有季子曰，实沈迁于大夏，主祀参，唐人是因。成王灭唐，封叔虞，南有晋水，子变改为晋侯，故参为晋星。今君当之，无不济矣。晋筮在实沉墟。君之行也，岁在大火，阏伯之星也，是谓大辰。鲁僖五年，重耳奔时，岁在大火。大火，大辰也。《传》曰：高辛氏有子阏伯，迁于商丘，祀大火。辰以成善，后稷是相，唐叔以封。成善为辰为农祥，后稷所经纬以成善道。相，视也，谓视农祥，以成农事。封者，谓唐叔封时，岁在大火。瞽史记曰：嗣续其祖，如谷之滋。必有晋国。臣筮之，得泰之八。乾上坤上，泰遇泰，无动爻，无同侯。三至五，震为侯，阴爻不动，其数皆八，故云得泰之八，与贞屯悔豫皆八义同。愚谓此用夏商周断法也。曰，是谓天地配享，小往大来。阳下阴升故曰配享，小谓子圉，大谓文公。今及之矣，何不济之有！且以辰出而参，参下当有入字。皆晋祥也，而天之大纪也，所以大纪天时。济且康成必伯，诸侯子孙赖之，君无惧矣。"公子济河，怀公奔高梁。晋地。壬寅，公入于晋师。甲辰，秦伯还。送于河而还。丙午，入于曲沃。丁未，入于绛，即位于武宫。戊申，刺怀公于高梁。

家语

孔子筮得贲

贲六爻不变

孔子筮得贲，愀然有不平之色。子张进曰："师闻卜者得贲卦者吉也，而夫子有不平之色，何也？"孔子对曰：以其离耶！在《周易》，山下有火，贲，非正色之谓也。夫质也，黑白宜正焉。今得贲，非吉兆也。吾闻丹漆不文，白玉不雕，何谓也？质有余，不受饰也。程舜俞《筮法注》曰：杨子云《太玄经》礥首、次二曰：黄不纯，屈于根。注《易》贲卦：山下有火，黄白色也。故曰黄不纯也。

愚谓六爻不变，法宜以彖辞占，而彖传所谓刚柔相文，观天文以察时变，观人文以化成天下者，正切夫子事也。而夫子占辞乃如此辞，其所谓法外意，人固不识者耶。

坤凿度

孔子筮得旅卦

旅六爻不变

《易坤凿度》：仲尼，鲁人，生不知易本，偶占其命，得旅，请益于商瞿氏，曰："子有圣知而无位。"孔子泣而曰："天也，命也。凤皇不来，河无图至，呜呼，天之命也。叹讫而后息志停读，五十究作《十翼》。

按：商瞿受易夫子者也，夫子乃请益焉，何哉？至于泣无位，叹息天命之不与，其然岂其然乎？○《坤凿度》乃纬书，未可以为信也。姑录而论之以祛惑云。

附抄

筮法有以卦名占者，有以卦字占者，有以卦炁占者，有以卦体卦象占者，有以卦爻词占者，有以世应纳甲占者，不一而足，今附见，以备观览。

丰丘濬步当改元

宋《丁未录》：杨绘过池阳见丘濬，濬曰："明年当改元。以《周易》步之，丰卦用事，必以丰字纪年。"果改年元丰。

愚谓此以卦名占者，虽不筮，而尚其变以步之，亦圣道以动者尚其变之义也。

贲宋叶助占得子

洪氏《夷坚志》：宋南渡前，叶助年壮无子，问日者黄某，筮之，得贲，曰：今日辰居土，土加贲为坟，君当生子，但有悼正之戒。果生男，数岁而晁夫人亡。

晋叶少蕴筮生子

又载：叶助生少蕴，少蕴登第，为淮东提刑周崇实壻，尝命一黄山人筮，遇晋，曰："三年后孪生二女。晋卦，坤离二阴也。晋字两口，卦辞画日三接，三年之象也。俟验，当以前程奉告。"少蕴深恶其说，已而果然，遂问异时休咎。曰："公贵人也。当褊仪清要，登改府，终节度使，宜善自爱。"少蕴以白父，父曰："三十年前，有一黄氏占得汝之期，不诬，且谓当建节者，岂此人耶？"试更吕之真所筮，昔父子奉之如神。少蕴后为尚书左丞，绍兴间，年七十，告老，得观文殿学士，除重庆军节度使。致仕二年，薨。

愚谓前一则以卦字加日辰占，此一则以卦字及卦词占，所谓建节者，其亦康侯之象欤？

泰 筮父疾

《北史·赵辅和传》：有人父为刺史，得书云疾，是人诣观，托友筮，遇泰卦。筮者曰：此占甚吉。是人以辅和父疾，谓筮者云：乾下坤上，乃父入土矣，岂得吉。果亡。

归妹之暌 二爻变

晋顾士群筮母病，《郭璞洞林》。命筮之，曰归妹之随。云："命尽。秋节至，七月遂亡。"盖归妹女之终，兑主秋至，故立秋后亡。

按：前一则以卦体卦象占，此一则以卦炁及杂卦辞占。程舜俞集《筮法》云："按《六经图》，下云泰乃天地炁交之卦，而占父者父入土也。归妹男女有家之卦也，而占母者母之终也。"观此亦可见占法矣。

蹇 东汉沛献王筮雨

东观汉祀沛献王辅，善京房易。永平五年少雨，上御云台关，自以《周易》占之，得水山蹇卦。其繇曰："蚁封穴，大雨将至。"以问辅，辅曰："艮下坎上，蹇。艮为山，坎为水，山出云为雨，蚁穴居，知雨将至，故以为兆。"果如其言。

离之明夷

宋太祖即位之年，十一月甲子，召陈抟问享国长短。曰："今年是庚申，应睡而不答。"太祖又问，乃曰："睡到五更醒，方问此事回首。"举杖画地，作又木字讫，投杖而睡。太祖命筮之，得离之明夷。抟变色曰："陛下有国中原而得南方火盛之卦，非吉兆也。"太祖曰："物可言之。"抟用杖画灰，作两卦象。太祖曰："朕寿几何？"窦仪在侧，太祖命仪为抟执帽，抟取帽盖巾，拜曰："万岁。但是子年子月子日，陛下终于火日之下。离火日也，陛下之子孙尽矣。"太祖愕然曰："孰敢为之。"抟指离九三爻及明夷之九三，曰："此人为之。"太祖曰："其人安出？"对曰："在西北，陛下之亲也。"太祖曰："后若何？"对曰："后一百九岁，南方妖气入中国，中国用之，天下自此多事矣。"太祖曰："宋之子孙若何？"对曰："甲午之岁，有金安者，出丁酉金为妻才，子孙生之，其祸滋甚。又六年而通于中国，又六年丙午螣蛇，宋其危乎？明两作乎，焚如死如弃如，有二君者实受其福。"太祖曰："然则遂亡乎？"对曰："宋火德也，火德犹盛，宋之子孙当有兴东北，终于东南。有近君，有实窃其位。"太祖曰："夫兴于东北，终于东南，其人安在？"曰："明夷之六四曰获明夷之心乎？出门庭，东北之位也；出涕沱若，兴复之志也。近君者虽窃其位火德也，丁巳岁其危乎。"太祖曰："中原可复得乎？"曰："陛下得国之初而卜东南旺卦，亦终而已矣。岁在癸巳，灭我者其衰乎。甲午宋德复兴，有贤人扶助，则可以复占。如非其人，虽能复之，亦旋失之。岁在庚申，宋之祚其衰乎？自辛酉至庚申，已三百年，遇此以往，未之或知也。"又指地炉中余木曰："可能复过此乎？"舍杖而睡。

解之既济 五爻变

《晋书·郭璞传》：璞为著作郎，于时阴阳错谬，而刑狱繁兴。璞上疏曰："臣闻《春秋》之义，贵元慎始，故分至启闭，以观云物，所以显夫人之统，存休咎之证。臣不揆浅见，辄依岁首，粗有所占，得解之既济。按爻论思，方涉春木王龙德之时，而为废水之氛来见乘，如升阳未布，隆隆仍积，坎为法象，刑狱所丽，变坎加离，厥象不烛。以义推之，皆为刑狱殷繁，理有拥滥。如去年十二月二十九日，太白蚀月，月者属坎，群阴之府，所以照察幽情，以佐太阳者也。太白金行之星而来犯之，天意若曰刑理失中，自坏其所以为法也。臣术学庸近，不练内事，卦理所及，敢不尽言。又去秋以来，沉雨跨年，虽为金家涉火之祥，然亦是刑狱充溢怨嗟之氛所致。往建兴四年十二月，中行丞相令史淳于伯刑于市，而血逆流长，标伯者小人，虽罪在未允，何足感动灵变，致若斯之怪耶？明皇天所以保祐王家子，爱陛下，屡见灾异，殷勤无已，陛下宜侧身思惧，以应灵谴。皇极之事不虚降，不然恐将来必有愆阳苦雨之灾，崩震薄蚀之变，狂狡蠢戾，以益陛下旰食之劳也。臣谨循按旧经，《尚书》有五事供御之术，《京房易传》有消复之救，所以缘咎而致爱，因异而迈政，故木不生庭，太戊无以隆；雉不鸣鼎，武丁不为宗。夫畏寅者所以响福，怠傲者所以招患，此自然之法应，不可不察也。按解卦爻曰：君子以赦过宥罪。既济卦爻曰：君子以思患而预防之。臣愚以为宜发哀矜之诏，引在予之责，荡涤瑕衅，赞阳布惠，以幽毙之人，应苍天以悦，育否滞之氛，随谷风而舒散，此亦寄时事以制用，借闭塞而曲成者也。"疏奏，优诏报之。

愚谓此以卦象占要之，郭璞特假卜筮以摅其拳拳忠君爱国之怀抱，正严君平与人子言依于孝，与人臣言依于忠之微意也。论筮者又不可不察。

乾之同人 一爻变

《唐书》：回纥将朝京师，筮遇乾之同人。卜者曰："此行当见一大人，将见郭子仪还。"

愚谓此以九二爻词占，朱文公《本义》引此云：回纥谓郭子仪曰，卜者言此行当见一大人，还其占，盖与此合。若子仪者，虽未及乎夫子之所论，然其至公无我，亦可谓当时之大人矣。

乾之大有 一爻变

《北史》：北齐神武室中无火而有光，筮遇乾之大有。占者曰："吉。《易》曰飞龙在天，大人造也。贵不可言。"

愚谓此以九五爻文词及文言辞占。

暌 假悔筮马逸

《五代史》：唐藁城镇将假悔夜泊邮亭，马断鞍而逸，数日不知所适，使使诣筮者董贺，筮之，遇暌。据初九用事，应以失亡之事，毋乃马乎？勿逐自复，必有絷而送之者回家。未入室，果有边鄙恶子牵而送还。

愚谓此以暌初九爻辞占。

夬 路晏筮伏盗

《五代史》：唐明宗时，行肇司马路晏夜适厕，有盗伏焉。晏心动，取烛照之，盗即告晏，请勿惊，某禀命有自，察公正直，不敢动剑，匣剑而去。由是昼夜惊惧，以备不虞。召董贺筮，夬二爻用事。曰："惕号，莫夜有戎，勿恤。察象征辞，大有害公之心。然难已过，但守其中正，请释忧心。"晏亦终无患。又按朱文公《语录》载：王子献占，遇夬九二，曰"惕号莫夜有戎勿恤吉"。占者曰："夜有惊恐，后有兵权。"未几，夜遇寇，旋得洪帅。

愚谓二筮皆用夬九二爻辞占，而后占又以戎象为有兵权也。

小过 筮婚姻

程汝随《外编》云：或人筮得此，不信其占，再筮之，仍得小过，为占之，曰："内卦互得渐，渐女归吉；外卦互归妹，说以动，所以归妹也。"

愚谓此以初至四互一卦，再以三卦至上又互一卦为占，虽是一法，要亦占之变例。

大过 汉武帝伐匈奴

《西汉·匈奴传》：武帝轮台之诏曰：古者出师，卿大夫预谋，参以龟筮，不吉，不行，乃筮之，得大过，又在九五，曰：匈奴困败，不可失时。占星望氛，蓍龟皆吉。匈奴必破。及今计谋卦兆皆反。程舜俞集《筮法》载：师春曰：大过，木兆卦也。外克内应，克世之兆，所以败也。

愚谓此乃占法变例，卦体本不好，何缘筮者吉而彼凶。卦既不言变而去，又在九五，必五爻变也。师春又自以京房易占，反指匈奴为内为世，言其受克而败，亦成反说，此皆不可晓。岂筮者以九五君爻为主，金克巽木，而言匈奴困败予。是亦未可知也。姑记之。

愚弱冠时，集《左氏筮法》一编，后以兵毁，今再纂于此，以《春秋内外传》为主，并及《家语》、《凿度》及附抄史传数条，以备占法。若《郭氏洞林》用五行六神 青龙朱雀等。及年月日诸煞神占，灵验无比，不可胜书。余因阅《杜氏春秋解》后序云：晋太康元年三月，汲郡有发旧塚者，大得古书。又有一卷，纯集左传卜筮事，名曰"师春"。师春者，似是抄集者之人名也。然则已有先我着鞭矣。编集不可少如此夫。

郭氏洞林纂辑

按：《洞》上中下三卷，晋河东郭璞景纯公之所撰也。《本传》云："璞好经术，博学高才，受业郭公，得《青囊经》九卷，遂洞五行天文卜筮之术，禳灾转祸，通致无方。尝撰筮验前后六十余事，名曰《洞林》。又抄京费诸家要撮，并撰《新林》十篇，《卜韵》一篇，世皆罕有。其书余泛王浩古、仲氏楚翁才占得《洞林》书，撮抄其事之重大者一二于左，以见一斑云。

岁在甲子，正月，中丞相扬。州令余占安危诸事如何，得咸之井，按卦东北郡县有武名地，当有铜铎六枚，一枚有龙虎象异祥。兑为金，金有口舌来达号令者，铜铎也。山陵神炁出，此则丞相创以令天下，见在丑地，则金墓也起。起以卦为推立之应。晋陵武晋县也。又当犬与豬交者，狗变入居中，思与相连其事审也。戌亥世应，土胜水，二物相交象。吾和合为一体，此丞相确有江东也。民当以水妖相警。岁在水位而水爻复变成坎，当出天水之象，以此知其灵应巽木戌言。果又妖生二月，变为鬼，戌土所克，果无他水，乃金子来扶其母，是亦丞相相将兴之象。西南郡县有阳名者，井水当自沸。卦变入井内，丙午变而犯井阳，故知井湧也。于公野应在历阳。虎来入州城寺。兑者虎出山而入门阙，正月戌为天煞，即刺史宅，虎属寅，与月并而来，此大人将兴之应。东方当有蟹鼠为灾，必食稻稼。有离体眼相连之象，艮为鼠，又煞阴在子，子亦鼠，而岁子来刑卯，故知其方有灾。又当以鹅应翔为瑞。鹅有象鸟，而为征以应象，出其相其应，将岁其祥也。其年晋陵郡武进县民陈龙果于田中得铜铎六枚，言六者，用坎数也。铜者，咸本家兑故也。口有龙虎文。又得者名龙，益审。陈土姓，金之用进者，乃生金也。丹徒县流民赵子庚家有狗，与吴人豬相交。其年六月，天连雨，百姓相惊，妖言云当有十丈水，翕然骇动，无几自静。又众人传言延陵大陂中有龙生，草蓐复数里，竟不知其信否。其明年五岁九月中，吴兴临安县民陈嘉阙，亲得石瑞祥气之应也。六月十五己未日未时，历阳县中有井水沸涌，经日乃止。阴阳相感，各以其类，亦是金水之应也。六月晦日，虎来州城，洛井中见，觉便去。其秋冬，吴诸郡皆有蟹鼠为灾。鼠为子子水，蟹亦水物，皆金之子。晋王初登，祚五月有群鹅之应。此论一岁并事，略举一卦之意。惟不得腊中行刑，有血逆之变，将推之不精，亦自无征不登于卦乎。死者晋陵郡淳于伯也。

摄提之岁，晋王将即祚，太岁在寅，为摄提格。余自敬占国家征瑞之事，得豫之暌。按卦论之曰：会稽郡当出钟，以告成功，王者功成作乐。会稽晋王初封国，又会稽山灵祥之所兴也，神出于家。井者子爻，并知此实王者受命之事也。上有铭勒。坤为文章，与天子爻并，故知晋王受命之事准此，应在民间井池中得之。钟出于民家井中者，以象晋王出家而王也。金以水为子子相扶而生，此即家之祥征事也。由应所谓"先王作乐崇德，殷荐于上帝"，言王者祭天地以告成功，亦安乐无复事也。其后岁在执徐，会稽郡剡县民陈青井中得一钟，长七寸四分，口径四寸半，器虽小，形制甚精，上有古文篆书十八字，时人莫之能识，盖王者践，必有荐符，塞天下之心，与神明契合，然后可受命，观铎启号于晋陵，钟造成于会稽，端不失类，出皆以方，天人合际，不可察也。

按：前一则《洞林下卷》之首，后一则《洞林下卷》之终，皆取其事之重者载之，以见卜筮之有关于国家也如此。

吾乡适遭危难，灾厉寇戎并作，百姓遑遑，靡知所投。时涉易义，颇晓分蓍，遂寻思贞筮，钩求攸济。于是普卜郡内县道可以逃死之处者，皆得遇明夷之象，乃投策喟然叹曰：嗟乎，黔黎时漂异类，桑梓之邦其为鱼乎。于是潜命姻妮密交，得数十家，与共流遁。当由吴坂，遇贼据之，乃却回，从蒲坂而之河北。时草贼刘石，又招集亡命，专为掠害，势不可遏，于是同行君子皆欲假道取便，又未审所之，乃令吾决其去留，卦遇同人之革，其林曰：朱雀西北，白虎东起。离为朱雀，兑为白虎，言火能销金之义。奸猾衔璧，敌人束手。兑为口，乾为玉。玉在口中，故曰衔璧。

占行得此，是为无咎。余初为占，尚未能取定，众不见从，却退猗氏县，而贼遂踵至，众人遑窘，方计旧之。从此至河北，有一间逵，名焦丘，不通车乘，惟可轻步，极险难过，捕奸之薮。然势危理迫，不可得停，复自筮之如何，得随之升。其林曰：虎立山石，马过其左。兑虎震马，互艮山石。駮为功曹，猾为主者。駮猾能伏虎。○愚谓：惜不注駮猾象。垂耳而潜，不敢来下。兑虎去不能见。爰升虚邑，遂释恐有悮。魏野。随时制行卦义也，升贼不来，知无寇当魏，则河北亦荒败。便以林义通示行人，说欲从此道之意，咸失色丧气，无有赞者。或云：林迨悮人，不可轻信。吾知众人沮贰，乃更申命，侯一月，契以福机，约十余家，即从此径诣河北，后贼攻猗氏，合城覆没，靡有遗育。

昌邑不静，复南过颖，由脉头口渡，去三十里，所传高贼屯驻，栅断渡口，以要流人。时数百家，车千乘，不敢前。行令余占可决，得泰，欣然语众曰：群类避难，而得拔茅汇征之卦，且泰者通也，吉又何疑。吾为前驱，从者数十家，至贼界，贼已去。余匪回避，樶津渡为贼所劫，人仅得在，悔不取余卦。至淮南安丰县，众人缅然怀悲，咸思归志，令余卦决之。卜住安丰，得既济，其林曰：小狐迄济，垂尾累衰。言垂渡而困。初虽偷安，终靡所依。按卦言之，秋春吉悲。

卜诣寿春，得否，其林曰：乾坤蔽塞道消散，虎刑挟鬼法凶乱。十一月虎刑在午为鬼，鬼即贼。乱则何时时建寅，火鬼生处。僵尸交林血流漂。火刑与鬼并。此占行人入涂炭。

卜诣松滋，不吉。卜诣合肥，又不吉。卜诣阳泉，得小过之坤。其林曰：小过之坤卦不奇，虽有旺炁变阳离。卜时立春，其炁变入坤中炁废。初见勾陈被牵羁，暂过则可羁不宜。将见劫退事几危，赖有龙德终无疵。十二月龙德在艮，凡有月德终无患。

于是诸计皆不可，众伴悉散，乃独往阳阳泉，会寿春有事，周馥反，为阳泉群凶所迫，登时遑虑，卆无所至，乃至庐江。其年春三月，诸家住安丰者为贼所得，所谓春悲也。松滋、合肥，残夷更相攻，人无有全者。

右二则前一则上卷之首，后一则亦在上卷内。皆卜避难事。所谓林者，自为韵语占决之词也。

义兴郡丞叔宝得伤寒疾，积日危困，令卦，得遁之姤，其林曰：卦象出墓炁家囚，艮为乾墓，世主丑故。卜时五月，申金在囚。变身见绝鬼潜游。身在丙午，夏入辛亥，在五月。爻墓冲刑鬼煞俱，生戌为鬼墓，而初六为戌刑，刑在占，故言充刑。五月白虎在卯，与月煞并也。卜病得此归蒿丘。谁能救之坤上牛，以卜爻见丑为子，丑为子能扶身，克鬼之厌，虎煞上令伏不动。若依子色吉之尤。巽主辛丑，丑为白虎。金色复征，以和解鬼及虎煞，皆相制也。按林，即令求白牛，而庐江荒僻，卆索不得，即日有大牛从西南来诣，途中仍留一宿，主人乃知，过将去。去之后，寻复挽断纲来临叔宝，叔宝惊愕起，病得愈也。此即救愈潜应，感而遂通。此一则系上卷，卜疾有自然救御之道。

丞相椽恒茂伦嫂病困，虑不能济，令余卦之，得贲之豫。其林曰：时阴在初卦失度，卜时四月，降阴在初，而见阳爻，此为失度。杀阴为刑鬼入墓。四月杀阴在申，申为未鬼，与杀阴并，又身为卯，变入乙未，未是木墓。建未之月难得度，消息卦爻为扶助。冯马之师及寡姬，马，午。马为火，冯亦马，申是杀阴，以火姓消之，巽为寡妇。自然奇救宜飧兔。兔属卯，所谓破墓出身。子若恤之得守故。茂伦归求兔，令嫂食之，便心痛不可堪。于是病愈。此奇救也。

东中郎参军景绪病，经年不愈，在丹徒遣其弟景歧来卦。六月癸酉日，得临之颐。其林曰：卯与身世并，而扶天医。六月天医在卯。按卦病法当食兔乃瘥。弟归，捕获一头，食之果瘥。

右二则前一则在上卷，后一则在中卷，皆以食兔愈病也。

余至扬州从事洪泰言家，时坐有众客，语余曰：家适有祥，试为卦，若得吉者，当作二十人主人。即为卜之，遇豫之解。其林曰：有釜之象无火形，不见离也。变见夜光连月精。坎为月。潜龙在中不游行，蟠也。按卦卜之澡盘鸣。金妖所凭无咎庆，澡盘非鸣或有鸣。弘泰言大骇，云："前夜月出，盥盘忽鸣，中有盘龙象也。"

右一则亦中卷，此可谓占法之奇中者。卷内他皆称是，难以尽书。姑录此八则，亦可概见云。

周易书斋精品书目

书　　名	作　　者	定　　价	出版社
影印涵芬楼本正统道藏[再造善本；全512函1120册]	[明]张宇初编	280000.00	九州
术藏[全6箱，精装100册]	谢路军主编	58000.00	燕山
道藏[全6箱，精装60册]	谢路军主编	48000.00	九州
焦循文集[全精装18册]	[清]焦循撰	9800.00	九州
邵子全书[全精装15册]	[宋]邵雍撰	9600.00	九州
阳宅三要[宣纸线装一函三册]	[清]赵九峰撰	298.00	华龄
绘图全本鲁班经匠家镜[宣纸线装一函四册]	[周]鲁班著	680.00	华龄
青囊海角经[宣纸线装一函四册]	[晋]郭璞著	680.00	华龄
地理点穴撼龙经[宣纸线装一函三册]	[清]寇宗注	680.00	华龄
秘藏疑龙经大全[宣纸线装一函一册]	[清]寇宗注	280.00	华龄
杨公秘本山法备收[宣纸线装一函一册]	[清]寇宗注	280.00	华龄
校正全本地学答问[宣纸线装一函三册]	[清]魏清江撰	680.00	华龄
赖仙原本催官经[宣纸线装一函一册]	[宋]赖布衣撰	280.00	华龄
赖仙催官篇注[宣纸线装一函一册]	[宋]赖布衣撰	280.00	华龄
尹注赖仙催官篇[宣纸线装一函一册]	[宋]赖布衣撰	280.00	华龄
赖仙心印[宣纸线装一函一册]	[宋]赖布衣撰	280.00	华龄
新刻赖太素天星催官解[宣纸线装一函二册]	[宋]赖布衣撰	480.00	华龄
天机秘传青囊内传[宣纸线装一函一册]	[清]焦循撰	280.00	华龄
阳宅斗首连篇秘授[宣纸线装一函一册]	[明]卢清廉撰	280.00	华龄
精刻编集阳宅真传秘诀[宣纸线装一函二册]	[明]李邦祥撰	480.00	华龄
秘传全本六壬玉连环[宣纸线装一函二册]	[宋]徐次宾撰	480.00	华龄
秘传仙授奇门[宣纸线装一函二册]	[清]湖海居士辑	480.00	华龄
祝由科诸符秘卷祝由科诸符秘旨合刊[宣纸线装一函二册]	[清]郭相经辑	480.00	华龄
校正古本入地眼图说[宣纸线装一函二册]	[宋]辜托长老撰	480.00	华龄
校正全本钻地眼图说[宣纸线装一函二册]	[宋]辜托长老撰	480.00	华龄
赖公七十二葬法[宣纸线装一函二册]	[宋]赖布衣撰	480.00	华龄
新刻杨筠松秘传开门放水阴阳捷径[宣纸线装一函二册]	[唐]杨筠松撰	480.00	华龄
校正古本地理五诀[宣纸线装一函二册]	[清]赵九峰撰	480.00	华龄
重校古本地理雪心赋[宣纸线装一函二册]	[唐]卜应天撰	480.00	华龄

书　名	作　者	定　价	出版社
宋国师吴景鸾先天后天理气心印补注[宣纸线装一函一册]	[宋]吴景鸾撰	280.00	华龄
新刊宋国师吴景鸾秘传夹竹梅花院纂[宣纸线装一函二册]	[宋]吴景鸾撰	480.00	华龄
连山[宣纸线装一函一册]	[清]马国翰辑	280.00	华龄
归藏[宣纸线装一函一册]	[清]马国翰辑	280.00	华龄
周易虞氏义笺订[宣纸线装一函六册]	[清]李翊灼订	1180.00	华龄
周易参同契通真义[宣纸线装一函二册]	[后蜀]彭晓撰	480.00	华龄
御制周易[宣纸线装一函三册]	武英殿影宋本	680.00	华龄
宋刻周易本义[宣纸线装一函四册]	[宋]朱熹撰	980.00	华龄
易学启蒙[宣纸线装一函二册]	[宋]朱熹撰	480.00	华龄
易余[宣纸线装一函二册]	[明]方以智撰	480.00	九州
明抄真本梅花易数[宣纸线装一函三册]	[宋]邵雍撰	480.00	九州
古本皇极经世书[宣纸线装一函三册]	[宋]邵雍撰	980.00	九州
奇门鸣法[宣纸线装一函二册]	[清]龙伏山人撰	680.00	华龄
奇门衍象[宣纸线装一函二册]	[清]龙伏山人撰	480.00	华龄
奇门枢要[宣纸线装一函二册]	[清]龙伏山人撰	480.00	华龄
奇门仙机[宣纸线装一函三册]	王力军校订	298.00	华龄
奇门心法秘纂[宣纸线装一函三册]	王力军校订	298.00	华龄
御定奇门秘诀[宣纸线装一函三册]	[清]湖海居士辑	680.00	华龄
龙伏山人存世文稿[宣纸线装五函十册]	[清]矫子阳撰	2800.00	九州
奇门遁甲鸣法[宣纸线装一函二册]	[清]矫子阳撰	680.00	九州
奇门遁甲衍象[宣纸线装一函二册]	[清]矫子阳撰	480.00	九州
奇门遁甲枢要[宣纸线装一函二册]	[清]矫子阳撰	480.00	九州
遯甲括囊集[宣纸线装一函三册]	[清]矫子阳撰	980.00	九州
增注蒋公古镜歌[宣纸线装一函一册]	[清]矫子阳撰	180.00	九州
宫藏奇门大全[线装五函二十五册]	[清]湖海居士辑	6800.00	星易
遁甲奇门秘传要旨大全[线装二函十册]	[清]范阳耐寒子辑	6200.00	星易
增广神相全编[线装一函四册]	[明]袁珙订正	980.00	星易
遁甲奇门捷要[宣纸线装一函一册]	[清]杨景南编	380.00	故宫
奇门遁甲备览[宣纸线装一函二册]	清顺治抄本	760.00	故宫
六壬类聚[宣纸线装一函四册]	[清]纪大奎撰	1520.00	故宫
订正六壬金口诀[宣纸线装一函六册]	[清]巫国匡辑	1280.00	华龄
六壬神课金口诀[宣纸线装一函三册]	[明]适适子撰	298.00	华龄
改良三命通会[宣纸线装一函四册,第二版]	[明]万民英撰	980.00	华龄
增补选择通书玉匣记[宣纸线装一函二册]	[晋]许逊撰	480.00	华龄

书　名	作　者	定　价	出版社
增补四库青乌辑要[宣纸线装全18函59册]	郑同校	11680.00	九州
第1种:宅经[宣纸线装1册]	[署]黄帝撰	180.00	九州
第2种:葬书[宣纸线装1册]	[晋]郭璞撰	220.00	九州
第3种:青囊序青囊奥语天玉经[宣纸线装1册]	[唐]杨筠松撰	220.00	九州
第4种:黄囊经[宣纸线装1册]	[唐]杨筠松撰	220.00	九州
第5种:黑囊经[宣纸线装2册]	[唐]杨筠松撰	380.00	九州
第6种:锦囊经[宣纸线装1册]	[晋]郭璞撰	200.00	九州
第7种:天机贯旨红囊经[宣纸线装2册]	[清]李三素撰	380.00	九州
第8种:玉函天机素书/至宝经[宣纸线装1册]	[明]董德彰撰	200.00	九州
第9种:天机一贯[宣纸线装2册]	[清]李三素撰辑	380.00	九州
第10种:撼龙经[宣纸线装1册]	[唐]杨筠松撰	200.00	九州
第11种:疑龙经葬法倒杖[宣纸线装1册]	[唐]杨筠松撰	220.00	九州
第12种:疑龙经辨正[宣纸线装1册]	[唐]杨筠松撰	200.00	九州
第13种:寻龙记太华经[宣纸线装1册]	[唐]曾文辿撰	220.00	九州
第14种:宅谱要典[宣纸线装2册]	[清]铣溪野人校	380.00	九州
第15种:阳宅必用[宣纸线装2册]	心灯大师校订	380.00	九州
第16种:阳宅撮要[宣纸线装2册]	[清]吴鼒撰	380.00	九州
第17种:阳宅正宗[宣纸线装1册]	[清]姚承舆撰	200.00	九州
第18种:阳宅指掌[宣纸线装2册]	[清]黄海山人撰	380.00	九州
第19种:相宅新编[宣纸线装1册]	[清]焦循校刊	240.00	九州
第20种:阳宅井明[宣纸线装2册]	[清]邓颖出撰	380.00	九州
第21种:阴宅井明[宣纸线装1册]	[清]邓颖出撰	220.00	九州
第22种:灵城精义[宣纸线装2册]	[南唐]何溥撰	380.00	九州
第23种:龙穴砂水说[宣纸线装1册]	清抄秘本	180.00	九州
第24种:三元水法秘诀[宣纸线装2册]	清抄秘本	380.00	九州
第25种:罗经秘传[宣纸线装2册]	[清]傅禹辑	380.00	九州
第26种:穿山透地真传[宣纸线装2册]	[清]张九仪撰	380.00	九州
第27种:催官篇发微论[宣纸线装2册]	[宋]赖文俊撰	380.00	九州
第28种:入地眼神断要诀[宣纸线装2册]	清抄秘本	380.00	九州
第29种:玄空大卦秘断[宣纸线装1册]	清抄秘本	200.00	九州
第30种:玄空大五行真传口诀[宣纸线装1册]	[明]蒋大鸿等撰	220.00	九州
第31种:杨曾九宫颠倒打劫图说[宣纸线装1册]	[唐]杨筠松撰	200.00	九州
第32种:乌兔经奇验经[宣纸线装1册]	[唐]杨筠松撰	180.00	九州
第33种:挨星考注[宣纸线装1册]	[清]汪董缘订定	260.00	九州
第34种:地理挨星说汇要[宣纸线装1册]	[明]蒋大鸿撰辑	220.00	九州

书　　　名	作　者	定　价	出版社
第35种:地理捷诀[宣纸线装1册]	[清]傅禹辑	200.00	九州
第36种:地理三仙秘旨[宣纸线装1册]	清抄秘本	200.00	九州
第37种:地理三字经[宣纸线装3册]	[清]程思乐撰	580.00	九州
第38种:地理雪心赋注解[宣纸线装2册]	[唐]卜则巍撰	380.00	九州
第39种:蒋公天元余义[宣纸线装1册]	[明]蒋大鸿等撰	220.00	九州
第40种:地理真传秘旨[宣纸线装3册]	[唐]杨筠松撰	580.00	九州
增补四库未收方术汇刊第一辑(全28函)	线装影印本	11800.00	九州
第一辑01函:火珠林·卜筮正宗	[宋]麻衣道者著	340.00	九州
第一辑02函:全本增删卜易·增删卜易真诠	[清]野鹤老人撰	720.00	九州
第一辑03函:渊海子平音义评注·子平真诠·命理易知	[明]杨淙增校	360.00	九州
第一辑04函:滴天髓:附滴天秘诀·穷通宝鉴:附月谈赋	[宋]京图撰	360.00	九州
第一辑05函:参星秘要诹吉便览·玉函斗首三台通书·精校三元总录	[清]俞荣宽撰	460.00	九州
第一辑06函:陈子性藏书	[清]陈应选撰	580.00	九州
第一辑07函:崇正辟谬永吉通书·选择求真	[清]李奉来辑	500.00	九州
第一辑08函:增补选择通书玉匣记·永宁通书	[晋]许逊撰	400.00	九州
第一辑09函:新增阳宅爱众篇	[清]张觉正撰	480.00	九州
第一辑10函:地理四弹子·地理铅弹子砂水要诀	[清]张九仪注	320.00	九州
第一辑11函:地理五诀	[清]赵九峰著	200.00	九州
第一辑12函:地理直指原真	[清]释如玉撰	280.00	九州
第一辑13函:宫藏真本入地眼全书	[宋]释静道著	680.00	九州
第一辑14函:罗经顶门针·罗经解定·罗经透解	[明]徐之镆撰	360.00	九州
第一辑15函:校正详图青囊经·平砂玉尺经·地理辨正疏	[清]王宗臣著	300.00	九州
第一辑16函:一贯堪舆	[明]唐世友辑	240.00	九州
第一辑17函:阳宅大全·阳宅十书	[明]一壑居士集	600.00	九州
第一辑18函:阳宅大成五种	[清]魏青江撰	600.00	九州
第一辑19函:奇门五总龟·奇门遁甲统宗大全·奇门遁甲元灵经	[明]池纪撰	500.00	九州
第一辑20函:奇门遁甲秘笈全书	[明]刘伯温辑	280.00	九州
第一辑21函:奇门庐中阐秘	[汉]诸葛武侯撰	600.00	九州
第一辑22函:奇门遁甲元机·太乙秘书·六壬大占	[宋]岳珂纂辑	360.00	九州
第一辑23函:性命圭旨	[明]尹真人撰	480.00	九州

书 名	作 者	定 价	出版社
第一辑 24 函:紫微斗数全书	[宋]陈抟撰	200.00	九州
第一辑 25 函:千镇百镇桃花镇	[清]云石道人校	220.00	九州
第一辑 26 函:清抄真本祝由科秘诀全书·轩辕碑记医学祝由十三科	[上古]黄帝传	800.00	九州
第一辑 27 函:增补秘传万法归宗	[唐]李淳风撰	160.00	九州
第一辑 28 函:神机灵数一掌经金钱课·牙牌神数七种·珍本演禽三世相法	[清]诚文信校	440.00	九州
增补四库未收方术汇刊第二辑(全 36 函)	线装影印本	13800.00	九州
第二辑第 1 函:六爻断易一撮金·卜易秘诀海底眼	[宋]邵雍撰	200.00	九州
第二辑第 2 函:秘传子平渊源	燕山郑同校辑	280.00	九州
第二辑第 3 函:命理探原	[清]袁树珊撰	280.00	九州
第二辑第 4 函:命理正宗	[明]张楠撰集	180.00	九州
第二辑第 5 函:造化玄钥	庄圆校补	220.00	九州
第二辑第 6 函:命理寻源·子平管见	[清]徐乐吾撰	280.00	九州
第二辑第 7 函:京本风鉴相法	[明]回阳子校辑	380.00	九州
第二辑第 8—9 函:钦定协纪辨方书 8 册	[清]允禄编	780.00	九州
第二辑第 10—11 函:鳌头通书 10 册	[明]熊宗立撰辑	880.00	九州
第二辑第 12—13 函:象吉通书	[清]魏明远撰辑	1080.00	九州
第二辑第 14 函:选择宗镜·选择纪要	[朝鲜]南秉吉撰	360.00	九州
第二辑第 15 函:选择正宗	[清]顾宗秀撰辑	480.00	九州
第二辑第 16 函:仪度六壬选日要诀	[清]张九仪撰	680.00	九州
第二辑第 17 函:葬事择日法	郑同校辑	280.00	九州
第二辑第 18 函:地理不求人	[清]吴明初撰辑	240.00	九州
第二辑第 19 函:地理大成一:山法全书	[清]叶九升撰	680.00	九州
第二辑第 20 函:地理人成二:平阳全书	[清]叶九升撰	360.00	九州
第二辑第 21 函:地理大成二:地理六经注·地理大成四:罗经指南拔雾集·地理大成五:理气四诀	[清]叶九升撰	300.00	九州
第二辑第 22 函:地理录要	[明]蒋大鸿撰	480.00	九州
第二辑第 23 函:地理人子须知	[明]徐善继撰	480.00	九州
第二辑第 24 函:地理四秘全书	[清]尹一勺撰	380.00	九州
第二辑第 25—26 函:地理天机会元	[明]顾陵冈辑	1080.00	九州
第二辑第 27 函:地理正宗	[清]蒋宗城校订	280.00	九州
第二辑第 28 函:全图鲁班经	[明]午荣编	280.00	九州
第二辑第 29 函:秘传水龙经	[明]蒋大鸿撰	480.00	九州
第二辑第 30 函:阳宅集成	[清]姚廷銮纂	480.00	九州

书　名	作　者	定　价	出版社
第二辑第31函:阴宅集要	[清]姚廷銮纂	240.00	九州
第二辑第32函:辰州符咒大全	[清]觉玄子辑	480.00	九州
第二辑第33函:三元镇宅灵符秘箓·太上洞玄祛病灵符全书	[明]张宇初编	240.00	九州
第二辑第34函:太上混元祈福解灾三部神符	[明]张宇初编	360.00	九州
第二辑第35函:测字秘牒·先天易数·冲天易数/马前课	[清]程省撰	360.00	九州
第二辑第36函:秘传紫微	古朝鲜抄本	240.00	九州
中国风水史	傅洪光撰	32.00	九州
古本催官篇集注	李佳明校注	48.00	九州
增广沈氏玄空学	郑同点校	68.00	华龄
地理点穴撼龙经	郑同点校	32.00	华龄
绘图地理人子须知(上下)	郑同点校	78.00	华龄
玉函通秘	郑同点校	48.00	华龄
绘图入地眼全书	郑同点校	28.00	华龄
绘图地理五诀	郑同点校	48.00	华龄
一本书弄懂风水	郑同著	48.00	华龄
风水罗盘全解	傅洪光著	58.00	华龄
堪舆精论	胡一鸣著	29.80	华龄
堪舆的秘密	宝通著	36.00	华龄
中国风水学初探	曾涌哲	58.00	华龄
全息太乙	李德润著	68.00	华龄
大六壬通解(全三册)	叶飘然著	168.00	华龄
壬占汇选(精抄历代六壬占验汇选)	肖岱宗点校	48.00	华龄
大六壬指南	郑同点校	28.00	华龄
六壬金口诀指玄	郑同点校	28.00	华龄
大六壬寻源编[全三册]	[清]周螭辑录	180.00	华龄
六壬辨疑　毕法案录	郑同点校	32.00	华龄
时空太乙(修订版)	李德润著	68.00	华龄
全息太乙(修订版)	李德润著	68.00	华龄
大六壬断案疏证	刘科乐著	58.00	华龄
六壬时空	刘科乐著	68.00	华龄
飞盘奇门秘本:鸣法体系校释(精装上下)	刘金亮撰	198.00	九州
御定奇门宝鉴	郑同点校	58.00	华龄
御定奇门阳遁九局	郑同点校	78.00	华龄

书　　名	作　者	定　价	出版社
御定奇门阴遁九局	郑同点校	78.00	华龄
奇门秘占合编:奇门庐中阐秘·四季开门	[汉]诸葛亮撰	68.00	华龄
奇门探索录	郑同编订	38.00	华龄
奇门遁甲秘笈大全	郑同点校	48.00	华龄
奇门旨归	郑同点校	48.00	华龄
奇门法窍	[清]锡孟樨撰	48.00	华龄
奇门精粹——奇门遁甲典籍大全	郑同点校	68.00	华龄
御定子平	郑同点校	48.00	华龄
增补星平会海全书	郑同点校	68.00	华龄
五行精纪:命理通考五行渊微	郑同点校	38.00	华龄
青囊汇刊1:青囊秘要	[晋]郭璞等撰	48.00	华龄
青囊汇刊2:青囊海角经	[晋]郭璞等撰	48.00	华龄
青囊汇刊3:阳宅十书	[明]王君荣撰	48.00	华龄
青囊汇刊4:秘传水龙经	[明]蒋大鸿撰	68.00	华龄
青囊汇刊5:管氏地理指蒙	[三国]管辂撰	48.00	华龄
子平汇刊1:渊海子平大全	[宋]徐子平撰	48.00	华龄
子平汇刊2:秘本子平真诠	[清]沈孝瞻撰	38.00	华龄
子平汇刊3:命理金鉴	[清]志于道撰	38.00	华龄
子平汇刊4:秘授滴天髓阐微	[清]任铁樵注	48.00	华龄
子平汇刊5:穷通宝鉴评注	[清]徐乐吾注	48.00	华龄
子平汇刊6:神峰通考命理正宗	[明]张楠撰	38.00	华龄
子平汇刊7:新校命理探原	[清]袁树珊撰	48.00	华龄
子平汇刊8:重校绘图袁氏命谱	[清]袁树珊撰	68.00	华龄
纳甲汇刊1:校正全本增删卜易	郑同点校	68.00	华龄
纳甲汇刊2:校正全本卜筮正宗	郑同点校	48.00	华龄
纳甲汇刊3:校正全本易隐	郑同点校	48.00	华龄
纳甲汇刊4:校正全本易冒	郑同点校	48.00	华龄
纳甲汇刊5:校正全本易林补遗	郑同点校	38.00	华龄
纳甲汇刊6:校正全本卜筮全书	郑同点校	68.00	华龄
子平精粹1:官板音义详注渊海子平(精)	郑同点校	98.00	华龄
子平精粹2:秘授滴天髓阐微(精)	郑同点校	98.00	华龄
子平精粹3:命理秘本穷通宝鉴(精)	郑同点校	98.00	华龄
子平精粹4:神峰通考命理正宗(精)	郑同点校	98.00	华龄

书　名	作　者	定　价	出版社
子平精粹5:子平真诠、命理约言(精)	郑同点校	98.00	华龄
京氏易精粹1:火珠林·黄金策(精)	郑同点校	98.00	华龄
京氏易精粹2:易林补遗、周易尚占(精)	郑同点校	98.00	华龄
京氏易精粹3:校正增删卜易(精)	郑同点校	98.00	华龄
京氏易精粹4:野鹤老人占卜全书(精)	郑同点校	98.00	华龄
京氏易精粹5:易隐、易冒(精)	郑同点校	98.00	华龄
古今图书集成术数丛刊:卜筮(全二册)	[清]陈梦雷辑	80.00	华龄
古今图书集成术数丛刊:堪舆(全二册)	[清]陈梦雷辑	120.00	华龄
古今图书集成术数丛刊:相术(全一册)	[清]陈梦雷辑	60.00	华龄
古今图书集成术数丛刊:选择(全一册)	[清]陈梦雷辑	50.00	华龄
古今图书集成术数丛刊:星命(全三册)	[清]陈梦雷辑	180.00	华龄
古今图书集成术数丛刊:术数(全三册)	[清]陈梦雷辑	200.00	华龄
四库全书术数初集(全四册)	郑同点校	200.00	华龄
四库全书术数二集(全三册)	郑同点校	150.00	华龄
四库全书术数三集:钦定协纪辨方书(全二册)	郑同点校	98.00	华龄
增补鳌头通书大全(全三册)	[明]熊宗立撰辑	180.00	华龄
增补象吉备要通书大全(全三册)	[清]魏明远撰辑	180.00	华龄
绘图三元总录	郑同编校	48.00	华龄
绘图全本玉匣记	郑同编校	32.00	华龄
周易正解:小成图预测学讲义	霍斐然著	68.00	华龄
周易初步:易学基础知识36讲	张绍金著	32.00	华龄
周易与中医养生:医易心法	成铁智著	32.00	华龄
增补校正邵康节先生梅花周易数全集	[宋]邵雍撰	58.00	华龄
梅花心易阐微	[清]杨体仁撰	48.00	华龄
梅花易数讲义	郑同著	58.00	华龄
白话梅花易数	郑同编著	30.00	华龄
一本书读懂易经	郑同著	38.00	华龄
白话易经	郑同编著	38.00	华龄
周易象数学(精装)	冯昭仁著	98.00	华龄
知易术数学:开启术数之门	赵知易著	48.00	华龄
术数入门——奇门遁甲与京氏易学	王居恭著	48.00	华龄
壬奇要略(全5册:大六壬集应钤3册,大六壬口诀纂1册,御定奇门秘纂1册)	肖岱宗郑同点校	300.00	九州
白话高岛易断(上下)	[日]高岛嘉右卫门	128.00	九州

书 名	作 者	定 价	出版社
周易虞氏义笺订（上下）	[清]李翊灼校订	78.00	九州
周易明义	邸勇强著	73.00	九州
论语明义	邸勇强著	37.00	九州
统天易数	秦宗臻著	68.00	城市
润德堂丛书六种：新命理探原	袁树珊著	30.00	燕山
润德堂丛书六种：命谱	袁树珊著	60.00	燕山
润德堂丛书六种：大六壬探原	袁树珊著	30.00	燕山
润德堂丛书六种：选吉探原	袁树珊著	30.00	燕山
润德堂丛书六种：中西相人探原	袁树珊著	30.00	燕山
润德堂丛书六种：述卜筮星相学	袁树珊著	30.00	燕山
天星姓名学	侯景波著	38.00	燕山
解梦书	郑同	58.00	燕山

周易书斋是国内最大的专业从事易学术数类图书邮购服务的书店，成立于2001年，现有易学及术数类图书、古籍影印本、学习资料等现货6000余种，在海内外易学研究者中有着巨大的影响力。请发送您的姓名、地址、邮编、电话等项短信到13716780854，即可免费获取印刷版的易学书目。或来函（挂号）：北京市102488信箱58分箱 邮编：102488 王兰梅收。

1、QQ：(周易书斋2)2839202242；QQ群：(周易书斋书友会)140125362。免费下载本店易学书目：http://pan.baidu.com/s/1i3u0sNN
2、联系人：王兰梅 电话：13716780854，15652026606，(010)89360046
3、邮购费用固定，不论册数多少，每次收费7元。
4、银行汇款户名：**王兰梅**。请您汇款后**电话通知我们所需书目**以及汇款时间、金额等项，以便及时寄出图书。
   邮政：601006359200109796 农行：6228480010308994218
   工行：0200299001020728724 建行：11005799980130074603
   交行：6222600910053875983 支付宝：13716780854
5、京东－学易斋官方旗舰店网址：xyz888.jd.com
6、学易斋官方微信号：xyz15652026606

北京周易书斋敬启